中国社会科学院创新工程学术出版资助项目

中国企业管理研究会社会责任专业委员会

企业社会责任议题管理：
理论建构与实践探索

Corporate Social Responsibility Issue Management:
Theory Development and Practice Exploration

肖红军 著

经济管理出版社
ECONOMY & MANAGEMENT PUBLISHING HOUSE

图书在版编目（CIP）数据

企业社会责任议题管理：理论建构与实践探索/肖红军著．—北京：经济管理出版社，2017.3

ISBN 978 - 7 - 5096 - 4972 - 5

Ⅰ.①企…　Ⅱ.①肖…　Ⅲ.①企业责任—社会责任—研究　Ⅳ.①F272 - 05

中国版本图书馆 CIP 数据核字（2017）第 036128 号

组稿编辑：申桂萍
责任编辑：侯春霞
责任印制：黄章平
责任校对：超　凡　王纪慧

出版发行：经济管理出版社
　　　　　（北京市海淀区北蜂窝 8 号中雅大厦 A 座 11 层　100038）
网　　　址：www. E - mp. com. cn
电　　　话：（010）51915602
印　　　刷：玉田县昊达印刷有限公司
经　　　销：新华书店
开　　　本：710mm × 1000mm/16
印　　　张：18. 75
字　　　数：317 千字
版　　　次：2017 年 3 月第 1 版　2017 年 3 月第 1 次印刷
书　　　号：ISBN 978 - 7 - 5096 - 4972 - 5
定　　　价：69.00 元

前　言

"这是最好的时代，也是最坏的时代；是智慧的时代，也是愚蠢的时代；是信仰的时代，也是怀疑的时代；是光明的季节，也是黑暗的季节；是充满希望的春天，也是令人绝望的冬天；我们的前途拥有一切，我们的前途一无所有；我们正走向天堂，我们也正直下地狱。"英国作家狄更斯的这一犹如晨钟暮鼓般的警世恒言，不仅是对随后一个世纪里世界发展潮流的印证，而且是对当前企业社会责任发展形势的写照。无论是经久不衰的企业社会责任运动，还是日益壮大的世界可持续发展网络；无论是颇具变革性的联合国2030年可持续发展议程生效，还是全球瞩目的社会责任国际标准发布；无论是欧盟持续发布企业社会责任战略，还是中国将企业社会责任上升为国家意志、国家政策和国家战略……所有这些似乎都表明，这是企业社会责任发展的"最好的时代"、"充满希望的春天"。然而，频繁发生的企业社会责任重大缺失事件、屡见不鲜的企业伪社会责任行为、日益泛滥的企业社会责任设租寻租现象、严重滞后的企业社会责任理论发展、外热内冷的企业社会责任实践、曲高和寡的企业社会责任推进群体、矛盾重重的企业履行社会责任环境、甚嚣尘上的企业社会责任发展悲观论……所有这一切似乎又表明，这是企业社会责任发展的"最坏的时代"、"令人绝望的冬天"。

世界潮流，浩浩荡荡，顺之则昌，逆之则亡。企业社会责任作为推动全球可持续发展的时代潮流，无论是笑迎"春天"的乘势而上，还是苦度"冬天"的砥砺奋进，都将继续前行、势不可当，这是所有企业需要认清和顺应的"大势"。然而，企业社会责任发展要走出当下困境和实现持续健康推进，需要不忘初心、重温道路、不断自省、去伪存真，需要回归理性、去除浮华、真抓实干、开拓创新，需要层层落地、大众参与、多方合作、广泛认同。特别是，企业社会责任发展涉及企业、政府、公民社会等多元社会主体，既是所有社会主体行为与经济社会发展相互作用的宏观共同演化结果，也是不同社会主体行为之间互动影响的微观共同演化结果，因此企业、政府、公民社会等多元社会主体共同推动着企业社会责任生态系统的自组织、自进化和自发展。从现实运作来看，企业社会责任的落实主体是不计其数的企业，落实基础是科学理性的认知，落实关键是不折不扣的实干，落实机制是高效规范的管理，落实重点是多元议题的落地。对于特定企业来说，"千里之行，始于足下"、"不积跬步，无以至千里；不积小流，无以成江海"，实践企业社会责任的切入点和主要抓手是要对一个个企业社会责任议题进行落实，进而渐进式地实现由量变到质变，这是因为企业社会责任作为一种具有普适性的价值观和理念，其最终落地完全取决于构成企业社会责任内容构面的一个个社会责任议题是否得到有效落实。

综观国内外企业对社会责任议题的落实实践，不难发现处于"必然王国"的企业占据绝大多数，而迈入"自由王国"的企业则少之又少，社会责任议题落实结果更是"少数欢乐多数愁"、"喜少忧多"。究其原因，主要是绝大多数企业没有掌握企业社会责任议题的运行规律，缺乏对企业社会责任议题的主动性管理，企业社会责任议题的落实带有严重的经验主义色彩、零敲碎打痕迹和无意识行为倾向。显然，随意的、凭经验的、零星的、无意识的企业社会责任议题落实方式，必然会引致企业落实社会责任议题的失败，给企业带来危机，对社会造成危害。近年来，企业因对环境保护、食品安全、公共安全、用户信息保护等关系公众基本权益和健康安全的社会责任议题落实不到位，导致了诸如"农夫山泉"标准门事件、携程用户信用卡信息泄露、上海福喜过期肉事件、西门子被曝在华行贿、天津港"8·12"瑞海危险品仓库特别重大火灾爆炸事故、百度"魏则西"事件等许多危及社会和企业的恶性事件发生，引发了全社会对企业如何有效落实社会责任议题、真正做到对社会负责任这一问题的高度关注。

企业是兼具经济属性与社会属性的主体，落实社会责任议题也必然涉及经济利益与社会利益的双重考量。正如德鲁克指出的，在市场经济体制下，企业利益与社会利益之间并不存在根本的冲突，但也并不能像新古典经济学者所想象的那样能够自动地实现，而是要依靠管理。也就是说，企业落实社会责任议题要最大限度地增进社会福利，其实现机制归根结底只能是管理，即开展有效的企业社会责任议题管理。然而令人遗憾的是，与企业社会责任领域普遍存在有效知识供给不足相一致，企业社会责任议题管理的理论研究、方法探寻和工具开发都相当匮乏，基本上处于空白，这无疑会使企业开展社会责任议题管理的实践探索缺乏理论指引、方法指导和工具运用。鉴于此，本书首次尝试对企业社会责任议题管理进行理论建构，力图从理论上回答企业社会责任议题管理的基本问题，同时对企业开展社会责任议题管理的实践构造方法、探索范式、寻找对策，以便为企业成功开展社会责任议题管理和有效落实社会责任议题提供有益指导。

本书沿着"提出问题—解释问题—解决问题"的脉络，对企业社会责任议题管理的概念、价值、理念、方法和误区进行了系统研究。第一，本书从议题视角和企业社会责任视角分别对企业社会责任议题进行了理解和界定，刻画出企业社会责任议题的特征与类型，分析了企业社会责任议题的生命周期；在此基础上，从作为议题管理的一个分支、作为企业社会责任管理的组成部分、作为对企业社会责任议题的管理活动三个视角对企业社会责任管理的内涵进行了分析，提出企业社会责任议题管理的四类功能，即更加有效地开展社会压力回应的"外部—直接"功能、更加高效地落实社会责任议题的"内部—直接"功能、增进利益相关方关系与社会形象的"外部—间接"功能、提升价值创造能力与责任竞争力的"内部—间接"功能。第二，本书构建了由理念目标模块、核心过程模块、工作机制模块、协同互动模块、支撑保障模块组合而成的企业社会责任议题管理框架体系，对企业社会责任议题管理的收集与识别、优先级评估、分类管理策略、策划与实施、绩效评价与改进等全过程以及企业社会议题管理的日常工作机制进行了详细分析。第三，本书构建了"2+7"的企业社会责任议题管理理念画卷模型，并对外部视野、守法合规、社会与环境风险防范、综合价值创造、透明运营、利益相关方参与和合作、社会资源整合与优化配置、健康生态圈和可持续性九大理念的含义及其在社会责任议题管理中的应用进行了详细阐述。第四，本书对企业社会责任议题管理的方法进行了研究，重点阐述了责任边界管理、战略融合、全生命周期管理、跨界合作、平台化履责、"互联网+"、社会化沟通、品牌化运作八种方法，分别对它们的含义或核心思想、主要做法、实现方式和在社会责任议题落实中的应用进行了论述。第五，本书对企业社会议题管理中可能出现的40种典型误区进行了识别和分析，包括20种认知误区和20种行为误区，以便正本清源，防止企业社会责任议题管理落入相应的陷阱。

本书的写作缘于笔者协助国网辽宁朝阳供电公司编制《供电企业社会责任议题管理手册》，思于笔者最近三年协助国家电网公司开展社会责任根植项目制，升于与企业社会责任领域众多从业人员的思想碰撞和学术交流，成于企业界和学术界诸多有识之士的无私帮助和鼎力支持。在此，要特别感谢国网能源研究院李伟阳副院长，国家电网公司刘心放处长、谭同江副处长和浮婷博士，国网浙江省电力公司余兆忠主任和董毓华副主任，国网辽宁省电力公司褚佳峰处长，国网辽宁朝阳供电公司刘志伟书记、孙国权副总经济师和窦靖波副主任，他们在社会责任议题管理和社会责任根植项目制上的许多真知灼见与实践心得为本书的构思提供了重要启发，可以说，如果没有国家电网公司开创性的社会责任根植项目制探索并且笔者有幸参与其中，那么也就不会有本书的诞生。在本书的写作与出版过程中，中国企业管理研究会社会责任专业委员会的张力女士、华夏银行的姜静女士、中国社会科学院研究生院的阳镇同学提供了文献查阅归类、案例收集整理等工作帮助，经济管理出版社申桂萍编辑为本书的出版付出了辛勤劳动，在此表示由衷的感谢。

本书作为对企业社会责任议题管理进行专门研究的首次尝试，目的是希望起到抛砖引玉的作用，由于笔者水平限制，书中难免存在各种各样的不足，恳请各位专家与读者批评和指正。

目 录

第一章 企业社会责任议题管理的概念体系

由于企业社会责任议题管理是企业社会责任与企业管理的新领域和新分支，目前尚未引起研究者的关注，更没有得到系统的研究，因此正确理解和合理界定企业社会责任议题管理的相关概念，形成这一新领域和新分支的概念体系，将是深入研究企业社会责任议题管理问题的前提，也是在实践中科学推进企业社会责任议题管理的基础。

第一节 正确理解企业社会责任议题

虽然企业社会责任议题这一术语经常被人们使用，但却鲜有人对其进行概念界定，更没有人对其特征、类型和生命周期进行系统性研究，其结果是人们对企业社会责任议题这一术语并没有真正理解，因此亟须进行开创性探索和深入研究。

一、理解企业社会责任议题的两种视角

企业社会责任议题这一术语是由"企业社会责任"和"议题"两个术语组合与交叉而成的（见图1-1），因此可以从议题视角和企业社会责任视角分别对这一概念进行理解。

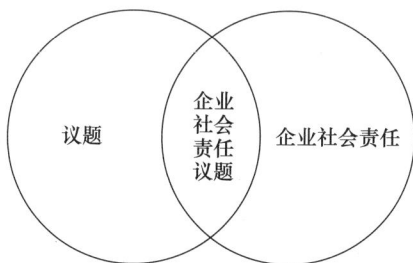

图1-1 企业社会责任议题和议题与企业社会责任的关系

1. 基于议题视角理解企业社会责任议题

议题（Issue）最早是公共关系与公共政策领域的术语，后来经过发展逐步被引入组织与管理领域中。也正因如此，目前学者们对议题概念的界定也主要从这两个视角予以展开。从公共关系与公共政策视角来看，议题通常被界定为"一个关于事实、价值观或者政策的可辩论的问题"（Heath 和 Nelson，1986），往往被认为是公共政策的前身。从组织与管理视角来看，议题源于企业与社会的互动，当企业与利益相关方和社会公众之间在期望满足上出现较大差距时，公共议题或社会议题就会产生。表1-1归纳了对议题概念界定的代表性观点。

表1-1 对议题概念界定的代表性观点

视角	学者	概念界定
公共关系与公共政策	Gruning 和 Hunt（1984）	议题是一个有争议且可供公众讨论的话题，公众特指参与并围绕这个涉及公共利益的话题进行讨论的利益相关方
	Crable 和 Vibbert（1995）	只要某些团体或组织意识到某些社会问题的存在，议题就已经产生了；议题能够成为议题，就是不同群体对于有限利益的竞争，以及对于问题解决之道的争论
	Heath（1997）	议题产生于各方对事实、真相、价值观、政策和组织行为的争论，当争论和冲突越来越剧烈，就可能需要通过立法或者修正公共政策加以解决
	廖为建（2000）	议题是一种悬而未决，没有固定方案，又有广泛社会影响的问题，这种问题叫议题
	胡百精（2008）	议题是针对特定公共利益问题产生的讨论和纷争，它可以被认为是常态与危机相互转化的中介地带，但更多地反映为公共意见的集合及其趋势
组织与管理	Buchholz（1988）	公共议题的产生，是由于社会价值观的改变，或因企业的运作与社会中既存的价值发生抵触，这两种情况都足以造成公众期望与企业表现的差距，而对企业形成一种压力
	Frederick（1992）	社会议题的产生，通常是因为企业表现无法满足利益相关方或公众的期望，也就是二者之间出现了差距；而当企业表现与利益相关方的期望差距变大时，议题就会出现，这时利益相关方或公众可能会采取行动要求企业加以改善

资料来源：根据相关文献整理。

议题可以有很多种分类方式，既可以按照内容性质分为政治议题、经济议题、科技议题、社会议题、环境议题，也可以按照影响范围分为国际性议题、国内议题、地方性议题和社区议题。无论按照何种方式分类，每一类议题均可以按照是否涉及伦理问题而进一步划分为伦理性议题和非伦理性议题，企业社会责任议题则是每一类中的伦理性议题，如图 1-2 所示。

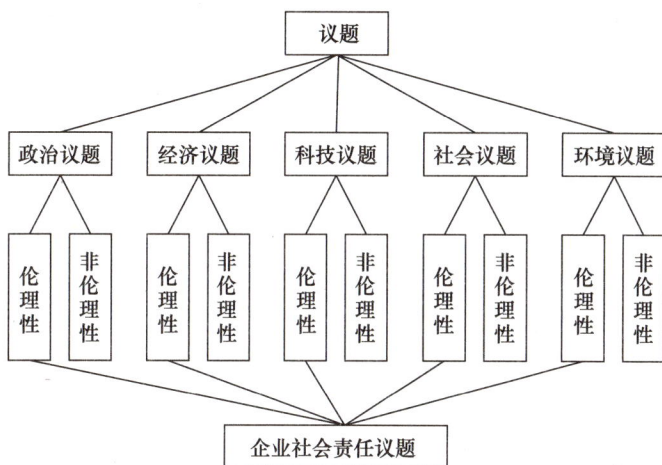

图 1-2　议题与企业社会责任议题的关系

2. 基于企业社会责任视角理解企业社会责任议题

企业社会责任是在特定的制度安排下，企业通过透明和道德的行为，有效管理自身决策和活动对社会、利益相关方、自然环境的影响，追求在预期存续期内最大限度地增进社会福利的意愿、行为和绩效（李伟阳和肖红军，2010）。企业社会责任总体上可以分为两个层次：思想理念与行为实践。在思想理念层面，企业社会责任本身是一种可持续发展观，意味着企业行为必须能够最大限度地增进社会福利；在行为实践层面，企业社会责任要求企业必须落实对社会负责任的思想理念，以透明和道德的方式有效管理自身决策和活动对社会、利益相关方、自然环境的影响。企业社会责任思想理念在现实中要真正转化为企业对社会负责任的行为实践，首先需要确定企业履行社会责任的内容边界，而企业社会责任主题则是企业社会责任内容边界的重要反映。在企业社会责任主题之下，则是一个个具体的企业社会责任议题。当然，企业社会责任议题仍然可以继续分解成多个子议题或社会责任项目，形成从企业社会责任理念到社会责任项目的概念伞状图，如图 1-3 所示。

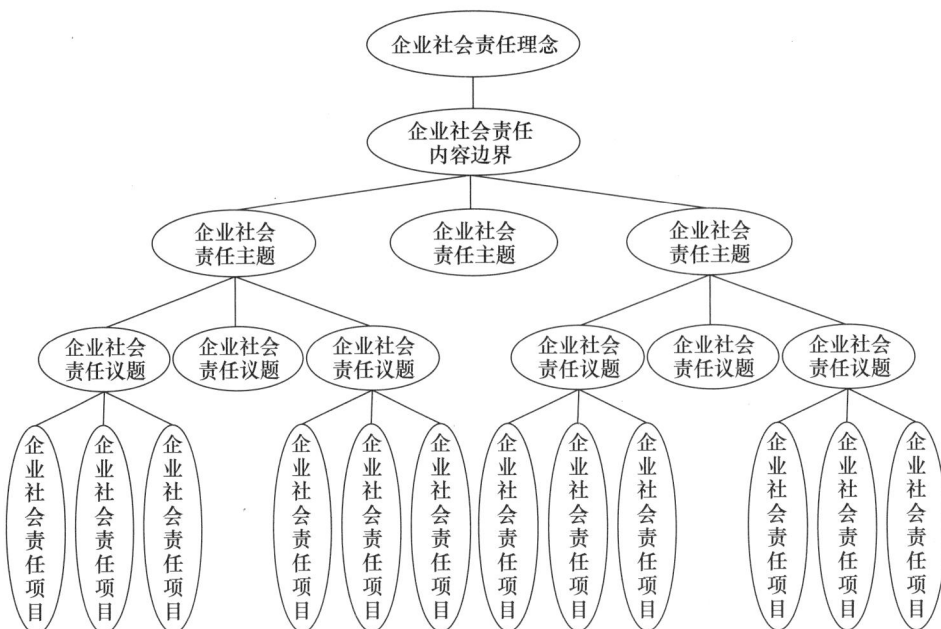

图 1-3　企业社会责任与企业社会责任议题的关系

二、企业社会责任议题的内涵与特征

从议题视角与企业社会责任视角结合来看，企业社会责任议题是对企业社会责任主题的分解与落实，属于伦理性议题，这意味着我们首先需要正确理解企业社会责任主题，并充分考虑其伦理属性，从而正确理解企业社会责任议题。

1. 企业社会责任主题的概念理解

企业社会责任主题是企业履行社会责任的核心领域，它界定了企业社会责任的内容边界与范围。企业社会责任主题之间既相互独立又相互依存，共同构成了一个完整系统的企业社会责任观。

企业社会责任主题有多种划分方式，包括基于社会责任理论的主题划分方式和基于社会责任标准倡议的划分方式。从前者来看，最具代表性的划分依据是三重底线理论、金字塔理论和利益相关理论；从后者来看，最具代表性的划分依据包括社会责任国际标准 ISO26000、联合国可持续发展目标（2030 年）、联合国全球契约十项基本原则、可持续发展报告编写标准（GRI4.0）、社会责任国家标准 GB/T 36000 - 2015《社会责任指南》、《关于中央企业履行社会责任的指导意见》。具体内容如表 1 - 2 所示。

表 1 - 2 企业社会责任主题划分依据

社会责任主题划分依据		社会责任主题
理论依据	三重底线理论	经济责任、社会责任、环境责任
	金字塔理论	经济责任、法律责任、伦理责任、慈善责任
	利益相关方理论	股东责任、政府责任、客户责任、员工责任、伙伴责任、社区责任……
政策标准依据	社会责任国际标准 ISO26000	组织治理、人权、劳工实践、环境、公平运营实践、消费者问题、社区参与和发展
	联合国可持续发展目标（2030 年）	消除贫困；消除饥饿；良好健康与福祉；优质教育；性别平等；清洁饮水与卫生设施；廉价和清洁能源；体面工作和经济增长；工业、创新和基础设施；缩小差距；可持续城市和社区；负责任的消费和生产；气候行动；水下生物；陆地生物；和平、正义与强大机构；促进目标实现的伙伴关系
	联合国全球契约十项基本原则	人权、环境、劳工、反腐败
	（可持续发展报告编写标准 GRI 4.0）	经济、环境、劳工实践、人权、社会、产品责任
	社会责任国家标准 GB/T 36000 - 2015《社会责任指南》	组织治理、人权、劳工实践、环境、公平运营、消费者问题、社区参与和发展
	《关于中央企业履行社会责任的指导意见》	坚持依法经营诚实守信、不断提高持续盈利能力、切实提高产品质量和服务水平、加强资源节约和环境保护、推进自主创新和技术进步、保障生产安全、维护职工合法权益、参与社会公益事业

资料来源：根据相关资料整理。

除了依据一般性的社会责任政策标准进行企业社会责任主题界定外，很多行业也制定了自身的社会责任标准倡议，并在其中明确了本行业企业社会责任主题，如中国工业经济联合会制定的《中国工业企业社会责任管理指南（2015）》、中国电子工业标准化技术协会社会责任工作委员会编制的《中国电子信息行业社会责任指南》、中国纺织工业协会制定的《中国纺织服装企业社会责任管理体系总则及细则（2008 年版）》（CSC9000T）、中国建筑业协会等编制的《关于建筑业企业履行社会责任的指导意见》、中国有色金属工业协会编制的《中国有色金属工业企业社会责任指南》、中国五矿化工产品进出口商会编制的《中国对外矿业投资行业社会责任指引》、中国对外承包工程商会编制的《中国对外承包工程行业社会责任指引》、中国乳制品工业协会编制的《乳制品企业社会责任指南》、中国皮革协会编制的《中国皮革行业社会责任指南》、中国银监会制定的《关于加强银行业金融机构社会责任的意见》、中国银行业协会制定的《中国银行业金融机构企业社会责任指引》、国家工商总局制定的《直销企业履行社会责任指引》、中小企业合作发展促进中心与中小企业全国理事会编制的《中国中小企业社会责任指南》等。具体内容如表 1 - 3 所示。

表 1 - 3　行业性企业社会责任主题

社会责任主题划分依据		社会责任主题
行业	标准规范	
工业	《中国工业企业社会责任管理指南（2015）》	公平运营、顾客与消费者权益、绿色制造、安全生产、技术创新与运用、和谐劳动关系、可持续供应链管理、社区参与和发展
电子信息	《中国电子信息行业社会责任指南》	责任治理、技术创新与应用、员工权益、安全与健康、资源节约与环境保护、诚信运营、供应链合作、消费者关系、虚拟社区管理、社区参与和发展
纺织工业	《中国纺织服装企业社会责任管理体系总则及细则（2008 年版）》	歧视、工会组织与集体协商、童工与未成年工、强迫或强制劳动、劳动合同、工作时间、薪酬与福利、骚扰与虐待、职业健康与安全、环境保护、公平竞争
建筑业	《关于建筑业企业履行社会责任的指导意见》	诚实守信，依法经营；保障生产安全；保证工程质量和服务质量；推进自主创新和技术进步；节能减排，保护环境；维护职工合法权益；不断提高持续盈利能力；积极参与社会公益事业
有色金属	《中国有色金属工业企业社会责任指南》	提高经营业绩、加强环境保护、依法诚信经营、推进自主创新和技术进步、维护员工合法权益、积极参与公益事业
矿业	《中国对外矿业投资行业社会责任指引》	组织治理、公平运营实践、供应链管理、人权、劳工实践、职业健康安全、环境、社区参与
工程承包	《中国对外承包工程行业社会责任指引》	质量安全、员工发展、业主权益、供应链管理、公平竞争、环境保护和社区发展

社会责任主题划分依据		社会责任主题
行业	标准规范	
乳制品	《乳制品企业社会责任指南》	组织治理、消费者关系、供应链管理、员工权益、环境保护、诚信运营、社区参与和发展
皮革	《中国皮革行业社会责任指南》	构建和谐劳动关系，保障员工的合法权益；构建资源节约型、环境友好型的皮革产业
银行业	《关于加强银行业金融机构社会责任的意见》	维护股东合法权益，公平对待所有股东；以人为本，重视和保护员工的合法权益；诚信经营，维护金融消费者合法权益；反不正当竞争，反商业贿赂，反洗钱，营造良好市场竞争秩序；节约资源，保护和改善自然生态环境；改善社区金融服务，促进社区发展；关心社会发展，支持社会公益事业
	《中国银行业金融机构企业社会责任指引》	经济责任、社会责任、环境责任
直销行业	《直销企业履行社会责任指引》	法律社会责任、经济社会责任、道德社会责任
中小企业	《中国中小企业社会责任指南》	责任管理、员工责任、环境责任、市场责任、社区责任

资料来源：根据相关资料整理。

　　表1-2中的理论与标准给出的只是一般性的社会责任主题，表1-3中列出的也仅仅是行业性的通用社会责任主题，而单个企业在确定自身的社会责任主题时，通常需要在识别企业的行业特性和核心社会功能的基础上，综合一项或多项社会责任理论和标准，从而制定出既满足理论与标准要求又符合自身特点与价值观的社会责任主题。以国家电网公司为例，国家电网公司的社会责任主题经历了从12项责任内容到四大责任领域的演变过程（见表1-4）。其中，12项责任内容是国家电网公司依据利益相关方理论以及众多社会责任标准倡议确定而成，分别包括科学发展、安全供电、科技创新等12项社会责任主题。后来，随着对公司价值的深入思考和对企业核心社会功能的分析，以及借鉴ISO26000对于社会责任的定义、主题、议题的界定，国家电网公司从外部视角将12项责任内容整合归纳为四大责任领域，即保障可靠可信赖的电力供应、企业与社会和谐发展、企业与环境和谐发展、保证透明运营和接受社会监督，使得国家电网公司的社会责任主题更能契合社会的需求

和期望。

表1-4 国家电网公司社会责任主题的演变

公司视角的责任主题	外部视角的责任主题
科学发展	
安全供电	
卓越管理	保障可靠可信赖的电力供应
科技创新	
全球视野	
优质服务	
服务三农	
员工发展	企业与社会和谐发展
伙伴共赢	
企业公民	
环保低碳	企业与环境和谐发展
沟通合作	保证透明运营和接受社会监督

资料来源：根据国家电网公司历年社会责任报告整理。

2. 企业社会责任议题的定义

企业社会责任议题是企业社会责任主题下的关键性问题，是对企业社会责任主题的任务分解。这些议题如下：

——对经济、社会、环境可持续发展有重要影响；

——对利益相关方或公众有重要影响并受到利益相关方或公众广泛关注；

——涉及道德伦理或价值观的悬而未决的问题；

——与企业有直接或间接关联，受到企业影响或对企业产生影响。

企业社会责任议题应当隶属于企业社会责任主题，并同时满足以上四个属性。特别需要指出的是，企业社会责任议题必须是"涉及道德伦理或价值观的悬而未决的问题"，如果仅仅是纯粹性的技术问题或商业性问题，那么就难以成为真正意义上的企业社会责任议题。例如，对于人工智能问题，如果仅仅是纯粹的人工智能技术研发，那么它就不能成为企业社会责任议题；但如果是人工智能的技术伦理问题，就是一个有效的企业社会责任议题。

按照以上的定义，一些企业社会责任标准规范均列出了一般性的企业社会责任议题，为企业寻找和实践企业社会责任议题提供了指引。例如，社会责任国际标准 ISO26000 就将其七大核心主题进行分解，列出了 37 个一般性的企业社会责任议题，如表 1-5 所示。

表 1-5 ISO26000 列出的 37 个一般性企业社会责任议题

核心主题	具体议题
组织治理	组织治理
人权	尽责审查，人权风险状况，避免同谋，处理申诉，歧视和弱势群体，公民权利和政治权利，经济、社会和文化权利，工作中的基本原则和权利
劳工实践	就业和雇佣关系，工作条件和社会保护，社会对话，工作中的健康与安全，工作场所中人的发展与培训
环境	防止污染，资源可持续利用，减缓并适应气候变化，环境保护、生物多样性和自然栖息地恢复
公平运行实践	反腐败，负责任的政治参与，公平竞争，在价值链中促进社会责任，尊重产权
消费者问题	公平营销、真实公正的信息和公平的合同实践，保护消费者健康与安全，可持续消费，消费者服务、支持和投诉及争议处理，消费者信息保护与隐私，基本服务获取，教育和意识
社区参与和发展	社区参与，教育和文化，就业创造和技能开发，技术开发与获取，财富与收入创造，健康，社会投资

资料来源：根据 ISO26000 文件整理。

3. 企业社会责任议题的特征

企业社会责任议题融合了"议题"和"企业社会责任"的特点，概括起来主要有以下五个方面的特征：

一是影响性。影响性是企业社会责任议题最基本的特征。任何一项企业社会责任议题都会对经济社会环境可持续发展产生某种程度的影响，对利益相关方、社会公众或企业带来一定的影响。这种影响可能是积极影响，也可能是消极影响；可能是直接影响，也可能是间接影响；可能是现实影响，也可能是潜在影响。

二是话题性。企业社会责任议题往往具有一定的争议性，容易引起广泛的讨论，通常以话题的形式在社会上或某个利益相关方圈子内被关注和讨论。

三是伦理性。企业社会责任议题往往涉及价值观判断或道德伦理考量，属于伦理性议题，人们在企业社会责任议题上的争论很大程度源于对其所涉及价值观或道德伦理性的分歧。

四是聚焦性。企业社会责任议题不同于企业社会责任主题的宽广范畴，往往表现为具体的话题、事件、工作或诉求，议题的主体和影响的客体也往往都是特定的群体，因此具有较高的聚焦性。

五是动态性。企业社会责任议题会随着外部社会经济发展和利益相关方期望而动态变化。有些议题随着问题的解决或自身的变化而慢慢退出公众关注的视野，也有些议题会随着外部环境的改变越来越受到重视。动态性的一个具体表现就是企业社会责任议题具有生命周期。

示例 1 - 1：反电信诈骗作为社会责任议题的五大特性

反电信诈骗是近几年较为热门的企业社会责任议题。该议题同时具有影响性、话题性、伦理性、聚焦性和动态性五大特征。

影响性。电信诈骗问题无论是对受害对象、通信企业、金融机构、政府等利益相关方，还是对全社会的文明进步进程，都具有广泛的影响。从受害对象来说，电信诈骗不仅意味着经济损失，而且往往带来心灵上的伤害；从通信企业和金融机构来说，电信诈骗往往会使人们将责任归咎于它们，认为它们在提供通信服务或金融服务过程中对消费者保护不力，进而对这些企业的形象造成影响；从政府来说，电信诈骗事件的频频发生，导致社会公众对自身的财产安全、信息安全问题产生担忧，并将部分责任归结为政府监管不力，对政府的声誉也造成影响；从全社会来看，电信诈骗问题引发社会诚信危机，扰乱正常社会秩序，对社会文明进步产生不良影响。

话题性。电信诈骗问题可能在社会公众的每一个人身上发生，潜在地与每一个人关系密切，并且给社会带来恶劣的影响，因此具有很强的话题性。这种话题性表现为两个方面：一方面，当电信诈骗事件发生后，无论是媒体、社会公众还是相关的行业内，都将电信诈骗问题作为一个重要话题进行热烈的讨论；另一方面，对于电信诈骗的责任主体以及如何实现反电信诈骗，都是悬而未决的具有争议性的问题。

伦理性。电信诈骗显然是一种恶行，不仅涉及社会诚信缺失的价值观问题，而且直接反映出严重的道德伦理丧失问题。深层次来看，电信诈骗

问题对涉事主体的伦理道德性也形成拷问，通信企业对垃圾短信的过滤不力、金融机构对用户信息的保护不力、社会机构（如房屋中介）对用户信息的兜售等，都涉及它们的行为是否合乎道德伦理要求的争议。

聚焦性。反电信诈骗问题的聚集性体现在两个方面：一方面，反电信诈骗作为一项企业社会责任议题被提出，是建立在多个电信诈骗事件发生的基础上，关注点也聚焦于不同主体在反电信诈骗中应当承担的责任、如何规避电信诈骗事件的发生等具体问题上；另一方面，反电信诈骗只是聚焦于社会诚信主题、信息技术道德伦理主题等社会责任主题中的一个具体特定话题。

动态性。在信息通信技术应用不发达的时期（如在中国手机普及率相对较低时），电信诈骗事件很少发生，社会各界对其也不关注，因此反电信诈骗问题并没有成为一项企业社会责任议题。而随着信息通信技术的广泛应用，金融业态创新程度的显著提高，以及社会机构对用户信息的广泛拥有，具有社会影响力的电信诈骗事件频频发生，由此引发媒体、社会公众、通信企业、金融机构、政府等社会各界的高度关注，这使得反电信诈骗问题成为一项重要的企业社会责任议题。但是，如果未来经过各方的共同努力治理，电信诈骗事件可能逐渐消失，届时社会各界对该议题的关注也将慢慢淡化。

三、企业社会责任议题的类型

企业社会责任议题类型的划分既可以从议题本身属性角度出发，采用一般性议题的分类标准，即以议题内容性质或议题影响范围为依据，也可以从企业视角出发，根据议题与企业的关联程度和发挥的价值特性进行分类。在现实中，后一种分类方法更具有实用价值，更符合企业开展社会责任议题管理与实践的需要。

企业社会责任强调企业与社会之间的相互依存性，表现为自内而外的链接和自外而内的链接两种形式（Porter 和 Kramer，2010）。前者指的是企业将日常业务运营活动嫁接到社会之中，后者指的是不仅企业的经营活动会影响社会，反过来，外部的社会条件也会影响企业。类似地，企业与社会责任议题之间的关联性也能区分为自内而外的链接和自外而内的链接两种方向，这两种方向的不同组合就能划分出不同类型的社会责任议题。当企业与社会责任议题之间仅有微弱关联性甚至关联性缺失时，这类社会责任议题就属于普通议题；当企业与社会责任议题之间的关联性以自内而外的链接为主导方式时，这类社会责任议题就是价值链主导型议题；当企业与社会责任议题之间的关联性以自外而内的链接为主导方式时，这类社会责任议题就属于竞争环境主导型议题。如图1-4所示。

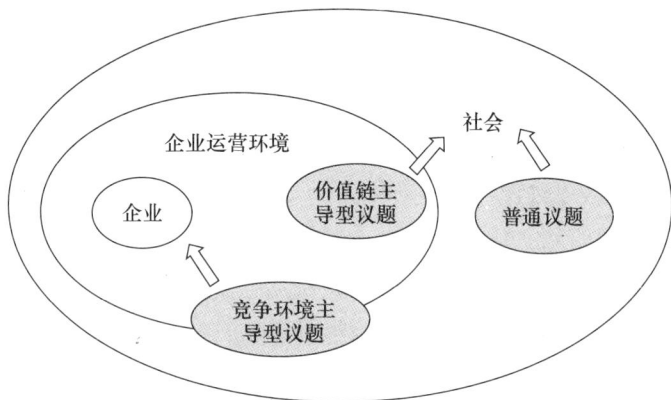

图1-4　不同类型社会责任议题与企业和社会的关系

进一步来看，Porter和Kramer（2010）对普通议题、价值链主导型议题和竞争环境主导型议题三类企业社会责任议题也进行了区分（见表1-6）。普通议题虽然对社会有重要意义，但是它既不受企业运营的明显影响，也不影响企业的长期竞争力。价值链主导型议题会受到企业经营活动的显著影响，反映出企业价值链与社会的由内而外关系。竞争环境主导型议题存在于企业外部运营环境，这些议题会在企业运营所在地对企业竞争力的影响因素造成巨大影响。

需要指出的是，"企业社会责任议题属于哪种类型"这一问题具有两个方面的特点：一是相对性。对于从事不同经营业务范围的企业而言，同一企业社会责任议题可能归属于不同的议题类型，即企业社会责任议题属于哪种类型与特定企业密切相关。例如，气候变化对于软件企业来说属于普通议题，而对于节能减排服务企业来说则是价值链主导型议题。二是动态性。企业社会责任议题所处的类型不是一成不变，而是会随着经济社会发展、利益相关

表 1-6 不同类型企业社会责任议题的特点

类型	普通议题	价值链主导型议题	竞争环境主导型议题
特点	这些议题一般独立于企业运营环境，既不受企业运营的明显影响，也不对企业的长期竞争力构成明显影响	这些议题存在于企业价值链环境之中，会受到企业经营活动的显著影响，包括积极影响或消极影响	这些议题与企业运营环境有一定关联，会对企业竞争力造成显著影响，包括积极影响或消极影响
示例（电网企业）	保护文物古迹、关注弱势群体、反歧视	重大活动保供电、大面积停电事故、绿色电网	电能替代、气候变化

资料来源：笔者根据 Porter 和 Kramer（2010）整理。

方诉求变化以及议题本身的发展而动态变化。例如，气候变化在还没有成为敏感的环境问题之前，对企业而言是普通的社会责任议题，但随着该议题越来越影响到地球生命的可持续发展而受到社会各界的重视，对于能源型企业而言，它就变成了竞争环境主导型议题。

四、企业社会责任议题的生命周期

每一项企业社会责任议题会随着外部经济社会环境的变化和利益相关方关注点的转移而在时空上具有动态性，并集中表现为其受到的社会关注度在不同时期呈现出一定的变化规律，即从点、线到面逐渐扩大，由个人到团体，由私人范畴转入公共领域，进而成为社会大众关注的焦点，之后再逐渐退出社会公众视线。也就是说，按照受到社会关注度的演变，企业社会责任议题发展表现出生命周期特点，并经历潜伏期、发生期、发展期、热点期、消退期等不同阶段，如图 1-5 所示。

在潜伏期，企业社会责任议题包含了一个确认的现象，但处于潜伏之中，趋势并不明显，对经济社会发展的影响尚未暴露出来，还没有引起社会公众和利益相关方的关注，只是一些专家或少量公众可能已经察觉，在极小的范围内可能会被讨论。可以说，这一时期还不能称得上是真正的企业社会责任议题。在发生期，企业社会责任议题对经济社会发展的影响开始显露出来，一小部分群体为推动议题进行活动，相关的一些媒体开始关注并在小范围内进行报道，社会公众和利益相关方对议题形成一定的了解和认识，但无论是

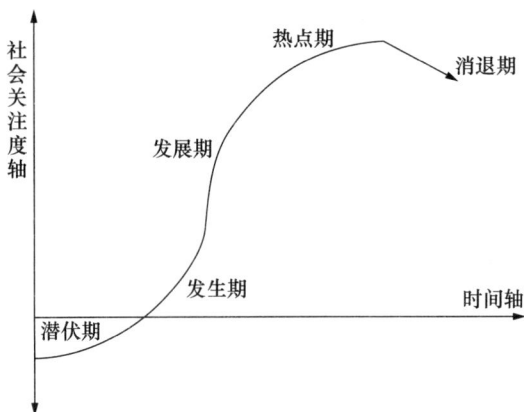

图 1-5　企业社会责任议题的生命周期

关注度还是认知度，总体上都还处于较低水平。在发展期，企业社会责任议题对经济社会发展的影响与日俱增，显现程度也不断增强，越来越多的群体对议题进行关注、讨论甚至争论，媒体报道数量与频次逐步增多，社会公众与利益相关方对议题给予较高的关注，认知水平也不断提升。在热点期，企业社会责任议题对经济社会发展的影响达到很高程度，并完全显露出来，社会各界与利益相关方对议题给予了极大的关注，大量群体投入资源能力参与到议题解决中，议题成为全社会关注的热点。在消退期，企业社会责任议题在各方共同努力下逐步得到解决，议题对经济社会发展的影响逐步减弱，社会公众和利益相关方对议题的关注也逐渐淡化，议题最终退变成不再是企业社会责任议题。企业社会责任议题在生命周期不同阶段的特点如表 1-7 所示。

表 1-7　企业社会责任议题生命周期详解及示例

阶段	社会关注特点	示例说明（雾霾问题）
潜伏期	还没有进入公众视野，不被利益相关方关注，也没有被正式纳入关注和应对的议程，但是在极小范围内被讨论	20 世纪 80 年代之前——经济发展对环境的影响尚未显现，雾霾这个议题就处于潜伏期，不被公众注意，仅有少量有前瞻性眼光的环境专家关注该议题
发生期	被小范围地予以报道，公众对该议题有了一定的认识，但还没有成为关注的焦点	20 世纪 80 年代至 20 世纪末——随着工业化的逐步发展，北方个别城市的空气污染问题开始出现并受到小范围的关注

续表

阶段	社会关注特点	示例说明（雾霾问题）
发展期	关于该议题的报道和讨论逐渐增多，公众对议题予以较高的关注，有成为焦点的可能性	21世纪初至2012年——环境问题更加凸显，对于各地雾霾问题的报道日益增多，政府、学术界和NGO都对此给予了关注，雾霾日渐成为关注的焦点
热点期	对该议题的报道和讨论非常热烈，公众对议题给予极大的关注，是当前社会责任领域的焦点和敏感话题	从2013年至今——随着2013年初的10多天时间里我国中东部大部分地区被雾霾笼罩，空气质量达到严重污染，雾霾从此成为全社会关注的热点，政府、企业、学术界等纷纷出台政策和计划共同应对雾霾问题
消退期	社会公众和利益相关方对该议题逐渐丧失关注和讨论的兴趣，相关报道也在逐渐减少	未来某一天——随着经济结构的转型发展和对环境污染的治理，雾霾问题终将像当年伦敦、洛杉矶等发达国家的雾霾一样得到根治，从而该议题也将逐渐淡出公众关注的视野

第二节　正确理解企业社会责任议题管理

企业践行社会责任的主要方式是落实好每一个与之相关的社会责任议题，而企业对社会责任议题落实的成效又取决于有效的管理。也就是说，企业社会责任议题管理的有效性很大程度上决定企业社会责任实践的表现，因此加强社会责任议题管理是企业提升社会责任绩效的重要内容。

一、企业社会责任议题管理术语的三种由来

企业社会责任议题管理这一术语可以从三种视角考察其由来：作为议题管理的一个分支、作为企业社会责任管理的组成部分、作为对企业社会责任议题的管理活动。

1. 作为议题管理的一个分支

议题管理（Issue Management）这一名词首先于20世纪70年代在公共关系学领域出现。Chase（1977）第一次正式提出了议题管理的概念，并将其定义为"公司能够用以识别、分析、管理出现的问题，并在问题被公众熟知之

前对此做出回应的一种手段"①。之后，议题管理在公共关系学领域日益受到关注和重视，多个学者对议题管理的概念进行了界定，总体上可以概括为两种视角：过程视角和功能视角，相应的代表性观点如表 1-8 所示。

表 1-8　议题管理概念界定的代表性观点

视角	学者	概念界定
过程视角	Arrington (1984)	议题管理是一种过程，在此过程中，帮助企业参与并响应外在环境的改变，利用企业的专业能力，有效参与对组织具有冲击的议题，并在议题形成过程中发挥型塑与解决的能力
	Heath 和 Cousino (1990)	议题管理是企业组织将公共政策议题整合进组织内部的决策过程
	Ramsy (1993)	议题管理是一种系统性的过程模式，是帮助执行者辨识、分析及管理公共政策议题的过程模式
功能视角	美国议题管理协会 (1982)	了解、动员、协调与引导组织所有的策略与政策规划，以及公共关系手段，以有效地影响目标人群或相关组织
	Buchholz (1989)	议题管理意指组织对其外在环境的公众所关心的议题做出有效的回应，并且借机涉入公众议题，并依据对公共政策议题的分析与研究来发展对策
	Heath (1997)	议题管理是企业组织在公共政策形成过程中的一种资源管理，通过公共政策的研究，了解社会责任所在和民之所欲，然后运用双向沟通的方式来促进共识、化解冲突
	Coombs (1999)	议题管理是一套有系统的方法，目的在于引导议题如何发展及应该如何解决，使事端朝有利于组织的方向发展

资料来源：根据相关文献整理。

　　无论是过程视角还是功能视角，议题管理本质上来说属于企业对自身与外部发展环境的关系管理范畴，最终需要解决的问题都是如何更有效地管理企业面对的各种伦理性和非伦理性议题，一方面为这些议题的解决做出应有的最大贡献，另一方面也使企业自身的发展变得更加可持续。对于伦理性议题和非伦理性议题，它们在议题管理的内容构成和主要过程上具有共通性，都包括议题识别与定义、议题的监测与分析、议题的管理目标及其优先性设

---

　　① 卜正珉. 公共关系：政府公共议题决策管理 [M]. 中国台北：扬智文化事业有限公司，2003.

定、议题管理策略的选择与执行（胡百精，2008），但它们在具体的决策依据和实施方法上却存在某些差异，企业在操作上应区分伦理性议题管理和非伦理性议题管理。因此，作为伦理性议题管理中的重要内容，企业社会责任议题管理可以看作是议题管理中的一个分支。

2. 作为企业社会责任管理的组成部分

企业社会责任管理是指确保企业履行相应社会责任，实现良性发展而建立的组织结构、制度安排与运行程序。按照李伟阳和肖红军（2012）构建的企业社会责任管理体系模型，完整的企业社会责任管理应当包括四大模块（见图1-6）：一是管理目标模块，包括坚持以科学的企业社会责任观为指导、优化企业使命、丰富企业价值观、实施可持续发展战略、实现社会责任的"全员参与、全过程覆盖、全方位融合"五大要素。二是管理机制模块，包括责任领导力、公司治理结构、社会责任推进管理、优化决策管理、优化流程管理、完善制度建设、完善绩效管理七大要素。三是管理内容模块，包括优化业务运营、优化职能管理、优化运行机制、社会责任议题管理、利益相关方管理、社会沟通管理六大要素。四是管理动力模块，包括充分发挥利益相关方驱动作用和充分发挥社会环境驱动作用两大要素。由此可见，企业社会责任议题管理是企业社会责任管理体系中管理内容模块的六大要素之一，也就是说，企业社会责任议题管理是企业社会责任管理的组成部分之一。

3. 作为对企业社会责任议题的管理活动

如果不去考虑企业社会责任议题管理与议题管理、企业社会责任管理的关系，而是将其作为一个独立的术语来进行理解，则企业社会责任议题管理可以看作一种管理行为或管理活动。作为一种管理行为或管理活动，企业社会责任议题管理有其自身的管理目标、管理对象、管理内容、管理方法和管理工具，其目的是确保企业能够更加有效地落实所面对的社会责任议题。

二、企业社会责任议题管理的定义与特征

1. 企业社会责任议题管理的定义

不管是作为议题管理的一个分支，还是作为企业社会责任管理的组成部分，抑或是作为对企业社会责任议题的管理活动，企业社会责任议题管理的概念理解均不能脱离对最本源的"管理"的理解。基于此，企业社会责任议题管理就是对企业的社会责任议题进行计划、组织、指挥、监督和协调的一系列控制活动，是企业社会责任议题的系统性落实机制。

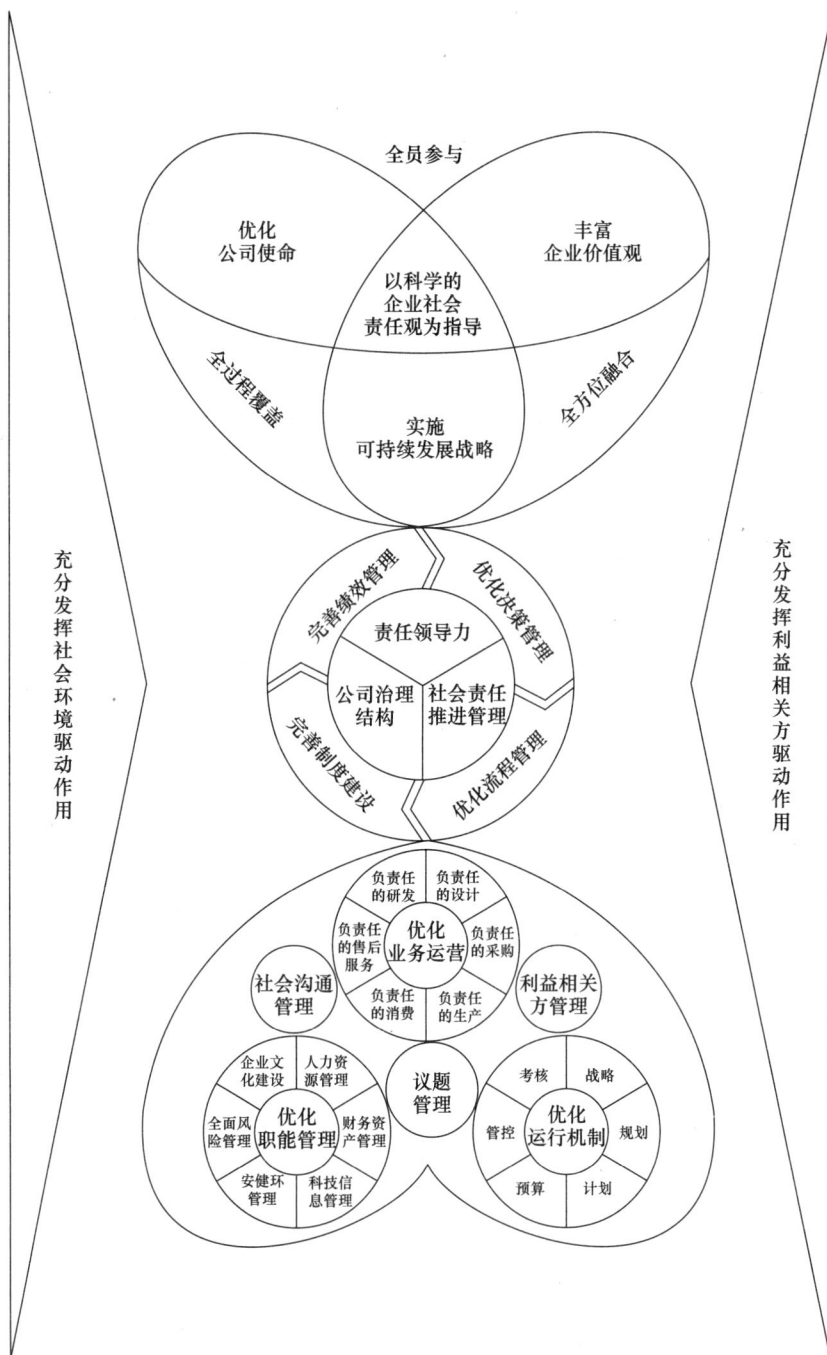

图1-6 完整的企业社会责任管理构成

资料来源：李伟阳和肖红军（2012），略有修改。

按照管理层次的差异，企业社会责任议题管理可以分为议题个体层面的管理和组织层面的整体议题管理，前者是对单个社会责任议题的管理，后者是对整个企业所有社会责任议题的管理。根据企业社会责任议题管理的定义，议题个体层面的管理就是对单个社会责任议题进行计划、组织、指挥、监督和协调的一系列控制活动，具体包括议题收集与识别、议题分析与定义、议题实施方案制定、议题实施与监督、议题实施绩效评估、议题改进。组织层面的整体议题管理是对企业所有社会责任议题所进行的计划、组织、指挥、监督、协调和控制活动，具体包括社会责任议题整体战略制定、社会责任议题整体规划制定、社会责任议题实施计划编制、社会责任议题实施预算编制、社会责任议题实施组织分工、社会责任议题实施与监控、社会责任议题实施绩效评估与考核、社会责任议题改进。相比较于议题个体层面的管理，组织层面的整体议题管理包含的内容更多，尤其是对不同社会责任议题之间的协调与整体管理策略设计。

2. 企业社会责任议题管理的特征

企业社会责任议题管理具有五个方面的特征（见图1－7）：

一是管理对象的聚焦性。企业社会责任议题管理的对象是一个个独立的社会责任议题，相关的组织、计划、实施、监督和协调等行为都是以社会责任议题为焦点并围绕着这些议题而展开。管理对象的聚焦性提高了议题管理的资源集中度和管理效率，这是企业社会责任议题管理的特点与优势之一。

二是管理主体的多元性。企业社会责任议题涉及企业运营的各个环节，关系经济、社会、环境和所有利益相关方，因此企业社会责任议题管理不是企业某一个职能部门的事情，而是需要企业各层级、各部门、各单位的共同参与和配合。管理主体的多元性决定了社会责任议题管理包含更多的协调工作。

三是管理思维的前瞻性。具有前瞻性的思维和眼光也是企业社会责任议题管理的特征之一，因为开展企业社会责任议题管理往往需要提前预判某些议题对于社会或企业的价值与影响，主动关注外部舆论、诉求与期望，超前做出应对策略并开展行动。

四是管理策略的差异性。不同的社会责任议题具有不同的价值属性和社会影响，受到不同程度的社会关注，处于不同的生命周期阶段，所有这些特征都对社会责任议题管理提出了不同的策略要求。因此，开展社会责任议题管理需要针对不同的议题制定差异化的应对策略。

五是管理过程的开放性。企业社会责任议题的影响性决定了企业社会责任议题管理过程的开放性。每一项社会责任议题都涉及对经济、环境或社会的影响，涉及利益相关方的利益。因此，需要在管理过程中纳入利益相关方参与和沟通，充分尊重和采纳利益相关方的意见和期望。

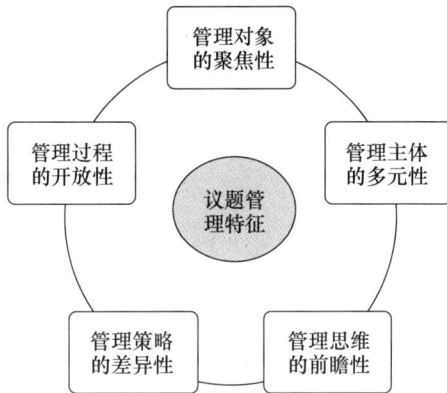

图1-7　企业社会责任议题管理的特征

三、企业社会责任议题管理与相关概念的关系

正确理解企业社会责任议题管理的概念，还需要对其与企业社会责任议题实践、企业社会责任推进管理等相关概念的联系和区别进行分析。

1. 企业社会责任议题管理和企业社会责任议题实践的关系

就像企业社会责任管理与企业社会责任实践之间的关系一样，企业社会责任议题管理与企业社会责任议题实践之间既有联系，又有区别。企业社会责任议题实践是企业针对某项社会责任议题所开展的具体落实行为和活动，核心是议题分解任务的执行活动，基本特点是行为活动往往具有一定的随意性，缺乏系统性的工作思维和体系化的工作方法，效果具有不确定性。例如，企业组织开展一次关爱孤寡老人的志愿者服务活动，就是在开展志愿服务的社会责任议题实践。与企业社会责任议题实践不同，企业社会责任议题管理是对社会责任议题进行计划、组织、指挥、监督和协调，强调对社会责任议题实践的系统性管理、结构化设计、制度化约束和流程化实施，其目的是使社会责任议题实践能够秉持科学的社会责任理念，符合综合价值创造要求的目标，更具合理的议题实践策划设计、规范化的议题实施过程、创新性的社会沟通与透明度管理以及基于综合价值的绩效评价。企业社会责任议题管理本质上是要推动企业社会责任议题实践更具价值效率，更具可持续性。

如果将企业社会责任议题管理理解为组织层面的整体议题管理，那么它可以被认为是企业社会责任议题实践的系统化、结构化、制度化与流程化，如图1-8所示。其中，系统化指的是社会责任议题管理要求企业将社会责任议题实践作为一项整体性工作来部署、策划、实施和监督。社会责任实践不再是片面的工作或某个部门的事情，而是整个企业的职责与义务，需要各个部门之间的协调和配合。结构化指的是社会责任议题管理要求将企业的社会责任议题依据社会责任主题分成不同的议题类型，分析其相应的价值属性和资源条件，根据不同的生命周期阶段制定差异化的应对策略和实施方案。社会责任实践不再是松散的、各自为政的活动，而是具有一定层次、序列和结构的工作。制度化指的是社会责任议题管理要求企业建立一整套关于社会责任议题管理的部署、推进、监督和考核的制度文件和工具，确保社会责任议题实践能够更加规范有序和可持续。社会责任实践不再是依据经验的活动，而是有章可循、有据可依的工作。流程化指的是社会责任议题管理要求企业将社会责任议题实践纳入一个规范的工作流程中，按照议题收集与识别、议题分析与定义、议题实施方案制定、议题实施与监督、议题实施绩效评估、议题改进的工作程序开展企业的社会责任议题实践。社会责任议题实践不再是随意性的活动，而是有着完善的工作流程和步骤的规范行为。

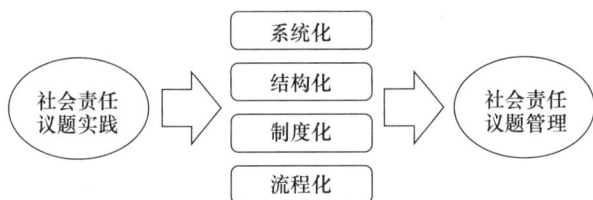

图1-8 企业社会责任议题管理与企业社会责任议题实践的关系

2. 企业社会责任议题管理与企业社会责任推进管理的关系

企业社会责任推进管理是企业为实现社会责任理念和社会责任管理方法在各层级、各部门、各单位的全面落地而提供的支持、协助与推动机制。企业社会责任推进管理通常是企业社会责任推进部门的工作，可以认为是企业的一项新的具有较高协调要求的职能管理。与企业社会责任议题管理类似，企业社会责任推进管理也是企业社会责任管理的重要组成部分，其主要工作内容包含组织开展企业社会责任理念宣贯、机构搭建、规划编制、制度建设、能力提升、报告编制、外部沟通、指导协调和监督考核等。

当将企业社会责任议题管理理解为议题个体层面的管理时，企业社会责任推进管理通过一系列的支持、协助与推动行为为企业社会责任议题管理提供支撑与保障；当将企业社会责任议题管理理解为组织层面的整体议题管理时，企业社会责任推进管理不仅为企业社会责任议题管理的开展提供支撑与保障，而且二者之间在管理内容上也有部分的交集，即对企业所有社会责任议题进行的协调工作，包括整体层面的战略制定、规划制定、计划编制、预算编制、实施指导、绩效评估。这意味着组织层面的整体议题管理中的多议题协调工作通常也是由企业社会责任推进部门来承担，而不同议题所涉及的主要责任部门则往往是议题个体层面的管理主体。企业社会责任议题管理与企业社会责任推进管理之间的关系如图1-9所示。

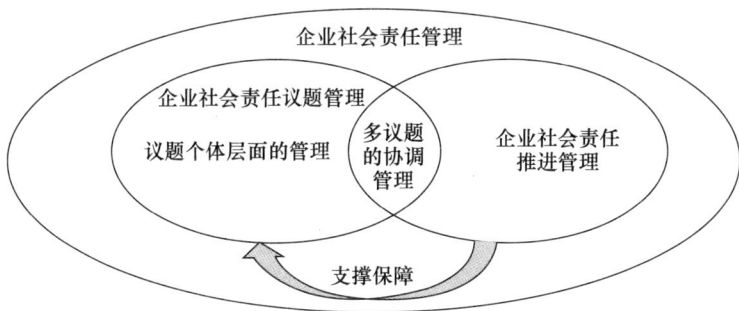

图1-9　企业社会责任议题管理与企业社会责任推进管理的关系

第三节　正确理解企业社会责任议题管理的功能

随着全球企业社会责任运动的持续深入发展，企业社会责任议题管理作为企业社会责任管理的新兴领域越来越受到企业重视，究其原因在于企业社会责任议题管理日益成为企业有效开展内质外形建设、提升社会价值与商业价值的重要方式。

一、企业社会责任议题管理的功能分类

企业社会责任议题管理的功能实际上就是满足企业开展社会责任议题管理的动机程度。通常来说，企业开展社会责任议题管理的动机既可以分为外部动机与内部动机，也可以分为直接动机与间接动机，如果将这两种分类结合起来，那么企业开展社会责任议题管理的动机就可以细分为四类："外部—直接"动机、"内部—直接"动机、"外部—间接"动机、"内部—间接"动机（见图 1 – 10）。相应地，企业社会责任议题管理的功能也可以划分为四类功能，分别是"外部—直接"功能，即更加有效地开展社会压力回应；"内部—直接"功能，即更加高效地落实社会责任议题；"外部—间接"功能，即增进利益相关方关系与社会形象；"内部—间接"功能，即提升价值创造能力与责任竞争力。

	直接动机	间接动机
外部动机	更加有效地开展社会压力回应	增进利益相关方关系与社会形象
内部动机	更加高效地落实社会责任议题	提升价值创造能力与责任竞争力

图 1 – 10　企业社会责任议题管理的四类功能

二、"外部—直接"功能：更加有效地开展社会压力回应

正如议题管理之所以会出现一样，企业社会责任议题管理的首要着眼点就是如何更加主动和有效地回应外部对企业参与解决社会问题的期望压力。实际上，自 20 世纪 60 年代开始，企业所处的社会环境发生了巨大变化，突出表现就是不得不面对来自社会各个领域的"特殊利益团体"对企业在多个特定社会议题上的发难。20 世纪 60 年代初由肯尼迪总统签署《消费者权利法案》而引发的"消费者运动"、1973 年能源危机最终推动形成的"环境保护运动"、20 世纪 60 年代后期开始兴起的公民权利运动和女权运动、20 世纪 90 年代发起的"生产守则运动"等各种国际社会运动几乎渗透到了每一个行业，而形形色色的"特殊利益团体"在诸如反战争、枪支管制、堕胎、种族歧视、老年化、贫富差距、食品安全等数以百计的特定议题上对企业提出批评与参

与解决期望。

　　时至今日，社会对企业参与解决社会问题的期望甚至要求不减反增，各类国际组织和各国政府通过规划议程、制定标准甚至立法的方式对企业参与解决社会问题提出明确的要求，企业对此不得不做出应有的回应。从国际组织来看，联合国在 2015 年 9 月召开的可持续发展峰会上，193 个会员国通过了"变革我们的世界——2030 年可持续发展议程"，涉及经济发展、社会进步和环境保护三位一体的 17 个可持续发展目标以及 169 个子目标，并呼吁所有企业利用它们的创造力和创新能力来应对可持续发展的挑战。联合全球契约组织早在 2000 年启动时就提出了工商企业应当遵守的全球契约十项基本原则，实质上就是要求企业对人权、环境、劳工、反腐败四个主题下的十个议题进行有效管理和回应。国家标准化组织在 2010 年 11 月发布的社会责任国际标准 ISO26000 中，明确提出包括工商企业在内的各类组织应当关注与参与七大主题下的 37 个社会责任议题。此外，国际人权组织、国际劳工组织、国际环境组织等均推动形成了旨在解决特定社会问题的国际公约，并明确要求企业予以遵守。从各国政府来看，一方面，通过制定国家标准的方式明确企业需要落实的社会责任议题，如 2015 年 6 月，中国正式发布了社会责任国家标准，提出了企业需要实践的七大核心主题和 31 个社会责任议题；另一方面，通过更具强制性的立法方式对企业参与解决相关社会问题进行约束，如各个国家在环境保护法、消费者权益保护法、劳动法、反腐败法、慈善法等都对企业在这些议题上的合理行为进行了明确要求。

　　针对日益增强的外部期望和要求，企业不得不重新思考企业与社会关系的问题，不得不对迫在眉睫的社会需求和不断强化的社会期望做出回应，不得不通过企业社会回应（Corporate Social Responsiveness）来应对社会压力和进行社会问题管理（Social Issue Management）。由此，企业社会回应对于企业来说不是一个表面上的应付问题，而是一个普遍性的管理问题。Ackerman 和 Bauer（1976）认为，企业社会回应是一种企业战略，是一个包括认识、应对和制度化三个阶段的管理过程，是应对不同时期公众预期变化的新技术和新管理技能，是一种制度化的决策方式。企业社会回应包括环境评估、利益相关方管理和社会问题管理三个方面（Wood，1991），是一个包括从不回应到预防性回应的连续统一体（Continuum）（Carroll，1979）。而作为企业实施的一种主动性、系统性、前瞻性和聚焦化的社会问题管理模式，企业社会责任议题管理将使得企业社会回应更具成效，社会压力应对更加自如。

三、"内部—直接"功能：更加高效地落实社会责任议题

当企业需要对社会问题做出回应成为不争事实时，那么企业如何参与这些社会问题的解决就成为企业运营和管理的重要内容之一，由此，如何高效地落实社会责任议题就转变成企业开展社会责任议题管理的直接性和内在性动机。事实上，一方面，企业面临的社会问题林林总总，可以选择的社会责任议题也非常之多，但企业所拥有的资源是有限的，不可能参与所有社会问题的解决，也不可能对所有的社会责任议题进行回应，这意味着企业对待不同社会责任议题应当有不同的管理策略，需要根据多种因素选择适宜企业落实的社会责任议题。例如，对于特定企业来说，在联合国设定的2030年可持续发展目标中，不可能全面致力于169个子目标中的所有社会责任议题，而是应当选择最适宜企业的领域予以推进。另一方面，即使在所选定的企业社会责任议题中，企业也不可能同等施策和用力，而是需要按照一定的标准明确不同企业社会责任议题的优先顺序，并以此进行合适的资源配置，确保企业在最关注的社会责任议题上能够得到充分落实。此外，企业在多个社会责任议题的实施过程中，需要对不同社会责任议题之间进行协调与控制，因为它们不仅可能跨越不同层级、不同部门和不同单位，而且相互之间可能还存在联系或冲突。因此，从最大化企业社会责任议题实施效率和最充分发挥企业资源配置效用的角度，企业社会责任议题管理无疑将能发挥不同议题之间的协同效应以及价值创造效应。

更进一步，从历史演变的角度来看，在议题管理的思想与概念提出之前，企业对于各种社会问题要么漠不关心，对于外部期望与要求不予回应，要么将其作为外部事项进行被动回应，采取机械化的一次性处理方式。特别是，即使在一些与企业运营有关的社会问题上，企业也往往采取事后公关和灭火的方式予以应对。这种传统的处理态度和方式导致企业在应对外部给予的参与解决社会问题的压力上总是处于被动状态，而且对于参与解决社会问题严重缺乏效率。在议题管理的思想与概念提出之后，虽然一些先行企业开展探索了议题管理模式，但目前绝大多数企业对于各种议题仍然采取无意识的、零星的、割裂的实践方式。在企业社会责任领域，很多企业似乎都知道自身需要落实各种社会责任议题，但在实际运行中要么凭借主观判断选定议题，要么根本缺乏议题管理思维，社会责任议题实施带有很强的随意性和主观性。与企业社会责任议题的传统落实方式和目前大多数企业所采取的经验范式相

比较，企业社会责任议题管理模式由于对议题采取系统化、结构化、制度化、规范化和流程化的管理，因此能够确保企业社会责任议题的落实更有成效。

四、"外部—间接"功能：增进利益相关方关系与社会形象

企业履行社会责任的重要内容就是要有效管理企业运营对利益相关方和社会的影响，增进利益相关方对企业的了解、理解、支持与合作，这意味着企业开展社会责任议题管理、更加有效地落实社会责任议题，其外在功能就是增进和提升企业与利益相关方关系。而且，由于企业社会责任议题管理的直接功能是要保证企业高效地落实社会责任议题，更加主动与有效地参与解决社会问题，因此其间接效果将是形成企业与社会的互动，增进社会对企业的认可与认同，提升企业的社会形象与社会声誉。

当今时代，随着企业生态系统理念以及企业与社会共生思想的流行，企业"合法性"的获取越来越倚仗不同类型的利益相关方和众多的社会公众，企业要获得更有质量和可持续的发展，更是离不开与利益相关方的密切沟通和合作。正因如此，加强利益相关方管理和社会公众关系管理，构建紧密的利益相关方关系与和谐的社会公众关系，已经成为企业社会责任管理甚至企业管理的重要内容。然而，一方面，随着社会责任理念在全社会的普及程度不断提高，加上责任投资、责任消费、责任采购、责任创新、责任制造等思想的广泛渗透，利益相关方对企业的期许与要求不再局限于相互之间创造的商业利益，而且越来越关注众多的社会问题，希望企业对众多的社会责任议题做出回应与管理，也就是说，利益相关方的价值偏好呈现出多元化。显然，企业社会责任议题管理能够有效考虑利益相关方的多元化价值偏好，能够更具针对性地回应利益相关方在相关社会责任议题上的关切。另一方面，对于企业来说，利益相关方管理和社会公众关系管理除了日常的关系维护和沟通行为之外，最终的管理落地必须要有实实在在的依托载体，而企业社会责任议题显然是其中的主要载体之一。这意味着企业社会责任议题管理有助于利益相关方管理和社会公众关系管理的落地，能够提升利益相关方管理和社会公众关系管理的成效。

更加深入地来看，如果我们考察企业社会责任议题与利益相关方之间的联系，总体上可以将企业社会责任议题区分为两大类：一类是有明确的利益相关方指向，与特定利益相关方的直接利益相关联，如社会责任国际标准ISO26000所列出的消费者问题与劳工实践两大主题，其下的社会责任议题就

分别针对消费者与员工两大利益相关方；另一类是没有明确的利益相关方指向，关乎所有社会成员的利益，如 ISO26000 所列出的人权主题和环境主题，其下的社会责任议题就与所有社会公众的利益相关。无论是针对第一类社会责任议题，还是对于第二类社会责任议题，企业社会责任议题管理要求在各项议题的策划、实施与监控过程中都需要分析和考虑利益相关方与社会公众在该项议题上的诉求，同时尽可能地推动利益相关方参与，实现相互之间的价值增进、透明提升和认同深化，从而有利于促进企业与利益相关方和社会公众构建形成和谐的关系，提升企业的社会形象。

五、"内部—间接"功能：提升价值创造能力与责任竞争力

企业社会责任议题管理作为企业社会责任管理的重要组成部分，理应服务于企业社会责任管理之于企业功能的提升。而从企业社会责任管理的演进来看，它大致经历了基于纯粹道德驱动的社会责任管理、基于社会压力回应的社会责任管理、基于社会风险防范的社会责任管理、基于财务价值创造的社会责任管理以及基于综合价值创造的社会责任管理五个阶段（李伟阳和肖红军，2010），这五个阶段反映出企业社会责任管理的驱动力与追求目标的不同。与此类似，企业开展社会责任议题管理也不仅有其外部驱动力，即迫于外部的压力和提升外部形象的需要，而且往往也会有自身的深层内在追求，即增强企业财务价值创造能力与责任竞争力。

企业社会责任议题管理可以通过三条路径来促进企业财务价值的增值与责任竞争力的提升，具体包括：一是部分企业社会责任议题的落实能够促进企业的业务创新，尤其是与企业经营业务密切相关的社会责任议题，如雾霾议题的落实对于从事空气净化器生产的企业而言就能促进产品与业务创新。实际上，Drucker（1984）指出，社会需要和问题可以转化为有利可图的商业机会。Porter 和 Kramer（2006）提出战略性企业社会责任概念，认为战略性企业社会责任超越良好的企业公民和减轻有害的价值链影响，转向少数几个能带来显著社会和经济效益的活动或议题，这些议题的落实既有利于社会，也有利于提高企业竞争力。Porter 和 Kramer（2011）提出"共享价值"思想，认为企业在解决社会问题时，实际上也给自己创造经济利益带来了巨大的机遇；企业选择与自身业务有交叉的社会问题予以参与解决，可以在创造社会价值的同时获得经济利益。二是部分企业社会责任议题的落实可以促进企业的管理创新、制度创新、流程创新和沟通创新。一些社会责任议题本身就是

与企业的生产运营和企业管理密切相关，如安全健康议题，而在这些领域企业往往又存在薄弱环节与突出问题，亟须进行系统解决。企业以落实这些社会责任议题为契机，深入研究相关问题，重新审视与之相关的流程、制度和管理方式，从而可以优化企业的管理素质和运行素质。三是企业社会责任议题管理可以沿着"企业社会绩效—企业财务绩效"的路径增强企业的责任竞争力。虽然目前对于"企业社会绩效—企业财务绩效"的关系尚无统一的结论，但已有不少的实证研究结果显示二者之间存在正相关关系，其中可能存在某些中介变量或调节变量。而在这些研究中，部分学者对于企业社会绩效的衡量正是以企业在关键社会责任议题上的表现作为指标，由此可以说明企业社会责任议题实施绩效有利于企业财务绩效的提升。

第二章　企业社会责任议题管理的基本内容

作为企业社会责任与企业管理的新领域和新分支，企业社会责任议题管理要实现从概念到实践的转变，首要问题是要回答企业社会责任议题管理包括哪些基本内容。因为只有明确了企业社会责任议题管理的内容模块及主要构件，企业在采用社会责任议题管理模式时才能有章可循和有的放矢。

第一节　企业社会责任议题管理的框架体系

企业社会责任议题管理的框架体系是由企业社会责任议题管理相互联系的各内容模块以某种方式组合而成的整体，它不仅能够反映出企业社会责任议题管理由哪些内容模块构成，而且可以体现出这些内容模块之间的联系与秩序。

一、框架体系的构建思路

企业社会责任议题管理的框架体系构建应当考虑以下五个方面：

一是反映管理的过程视角。企业社会责任议题管理的框架体系构建核心在于反映企业社会责任议题管理的全过程，体现管理的计划、组织、指挥、监督、协调和控制等全流程的职能。

二是实现两个层次的融合。企业社会责任议题管理的框架体系应当涵盖企业社会责任议题管理的两个层次，即议题个体层面的管理和组织层面的整体议题管理，并运用管理的过程视角对二者进行融合，既确保企业社会责任议题管理的整体效果，又使企业各层级、各部门和各单位对单个社会责任议题的管理能从操作层面上予以把握。

三是坚持企业运行的整体观。企业社会责任议题管理的框架体系构建不能将企业社会责任议题管理与企业的业务运营和管理割裂开来，而是要将企业社会责任议题管理置身于企业整体运营中，不仅要反映出企业社会责任议题运行本身的规律，而且要体现出企业社会责任议题管理的核心要素与企业其他运营管理要素的关系。

四是体现议题管理的特殊性。企业社会责任议题管理的框架体系构建虽然需要反映一般管理的过程视角，但也必须体现出企业社会责任议题管理作为议题管理分支的特殊性，即管理的对象具有社会性和话题性，因此需要采取自外而内的管理方式，强调从社会问题中识别、定义、监测与分析社会责任议题，并在管理过程中高度重视与外部的互动。

五是运用 PDCA 管理思想。计划（Plan）、实施（Do）、检查（Check）、行动（Act）的 PDCA 循环是任何一项活动有效进行的一种合乎逻辑的工作程序，企业社会责任议题管理也不例外，因此企业社会责任议题管理的框架体系构建应当运用这一通用的管理思想。

二、模块化框架体系模型

按照以上的构建思路，企业社会责任议题管理的框架体系由五大模块组合而成：理念目标模块、核心过程模块、工作机制模块、协同互动模块、支撑保障模块，如图 2 - 1 所示。

理念目标模块是企业社会责任议题管理应当以落实企业的社会责任理念为指引，以服务和实现企业的可持续发展目标为着眼点。核心过程模块是企业社会责任议题管理的主体内容，包括企业社会责任议题的收集与识别、优先级评估、分类管理策略、策划与实施、绩效评价与改进等环节。工作机制模块是企业社会责任议题管理的重要内容，包括企业社会责任议题规划、计划、预算、协调和考核等环节。协同互动模块是企业社会责任议题管理与企业其他运营管理要素的互动协同，不仅企业社会责任议题管理的核心过程模块会要求企业的战略管理、基础管理（决策管理、流程管理、绩效管理）、职能管理（人力资源管理、财务资产管理、科技信息管理、安健环管理、风险管理和企业文化建设）、专项管理（沟通管理、利益相关方管理、社会责任推进管理）和业务运营方式做出优化调整，而且企业的这些运营管理要素也会影响到企业社会责任议题管理的核心过程模块。支撑保障模块是企业有效开展社会责任议题管理所需的支撑保障条件，包括相应的能力建设、制度优化和资源匹配。从企业社会责任议题管理的基本内容来看，主要指的是核心过程模块和日常工作机制模块。

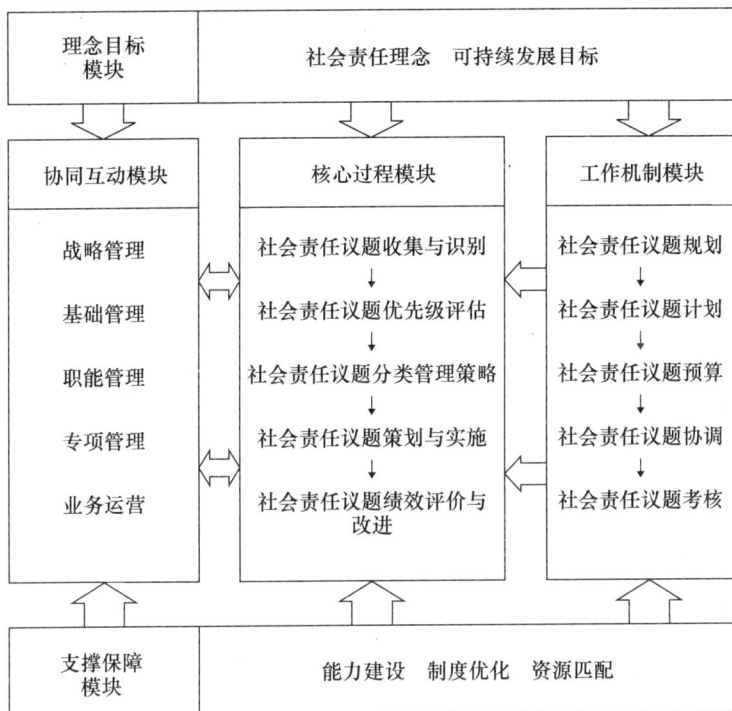

图 2 - 1 企业社会责任议题管理的模块化框架体系

第二节 企业社会责任议题的收集与识别

企业社会责任议题的收集与识别是企业落实社会责任议题的基础，也是企业社会责任议题管理在操作层面上的第一步。企业只有知道自身有哪些需要关注的社会责任议题，才可能开展后续的社会责任议题管理活动。企业社会责任议题的收集与识别阶段主要包括三项工作：系统收集、识别与定义、议题库构建。

一、企业社会责任议题的系统收集

企业社会责任议题收集是一项系统的工作，必须采取发散性、开放式的思维，多渠道、多方式、多群体地获取尽可能丰富的社会责任议题。按照获取方式的不同，企业社会责任议题收集的来源主要包括四类：经验来源，即从企业社会责任标准规范或最佳实践中获取；内部来源，即从企业外部环境监测与内部员工参与中获取；外部来源，即从与利益相关方、社会组织与外部专家的调查中获取；理论来源，即从企业社会责任理论出发正向推导获取。

1. 经验来源：从企业社会责任标准规范或最佳实践中获取

企业社会责任标准规范往往采取多利益相关方参与的方式制定，不仅汇集了不同利益相关团体的关注点，凝聚了大量专家的智慧，而且总结和反映了大量一流企业的良好实践。例如，制定社会责任国际标准 ISO26000 的参与专家来自 90 多个国家和 40 多个国际性组织和具有广泛基础的区域性组织，涉及社会责任的不同方面，他们来自六个不同方面的利益相关团体：消费者、政府、产业、劳工、非政府组织以及服务、支撑、研究、学术和其他（ISO，2010）。因此，企业社会责任标准规范中所列出的议题可以作为企业收集社会责任议题的基础来源。但是，由于企业社会责任标准规范林林总总，企业不可能也没有必要对所有社会责任标准规范进行收集查找，重点应当是主流的国际标准规范（如 ISO26000）、国家标准规范（如 GB/T36000）以及适用于企业的行业性标准规范、特定群体（如中小企业、跨国公司）标准规范、地方性标准规范，如图 2-2 所示。

	通用性	行业性	特定群体
国际	交流标准规范	适用标准规范	适用标准规范
国家	主流标准规范	适用标准规范	适用标准规范
地方	适用标准规范	适用标准规范	适用标准规范

图 2-2　企业对社会责任标准规范的选择方式

企业从社会责任标准规范中收集社会责任议题时应当回答四个方面的问题：标准规范中列出了哪些社会责任议题？标准规范设置这些社会责任议题背后的逻辑是什么？标准规范对每一个社会责任议题是如何界定的？标准规范所列出的每一个社会责任议题的适用范围是什么？

除了企业社会责任标准规范外，企业还可以从国际或国内一流公司的优秀实践中分析它们所关注的社会责任议题，并作为自身社会责任议题收集的来源。对于这一来源，需要注意三个方面：一是对象的选择。企业应当选择三类公司作为研究分析对象，即社会责任表现一流的国际或国内公司、社会责任表现领先的行业内公司、在特定社会议题上具有卓越表现的公司。二是信息的来源。企业可以通过这些公司公开披露的信息（如社会责任报告或可持续发展报告）、媒体报道、第三方研究报告等方式获取它们所关注的社会责任议题，在必要和有条件的情况下，企业也可以通过走访方式更加深入地了解它们关注的社会责任议题。三是议题的获取。企业从这些公司收集社会责任议题时也需要回答四个问题：它们关注哪些社会责任议题？它们为什么关注这些社会责任议题？这些社会责任议题与它们所秉承的社会责任观是什么关系？这些社会责任议题的适用范围是什么？

2. 内部来源：从企业外部环境监测与内部员工参与中获取

现代企业的发展处于高度动态变化的外部环境中，企业往往会因应战略管理的需要而对外部环境进行监测，包括政策法律环境、经济环境、行业环境、社会与自然环境、技术环境。其中，企业对政策法律环境和社会与自然环境的监测能够为企业收集社会责任议题提供来源。从对政策法律环境的监测来看，新出台的政策和法律往往是为了解决新出现的社会问题或已经存在的社会顽疾，也反映了政府比较关注的社会问题，这些社会问题或社会顽疾有可能成为企业需要关注的社会责任议题。例如，中国近些年来对一系列法律法规进行了修订更新，如出台新环保法、新消费者权益保护法等，这些法律出台的目的就是解决环境保护主题与消费者问题主题中的新兴议题或原有议题的新的解决方法。企业对监测到的政策法律应当考虑两个方面：这些政策法律关注的社会问题是什么？它们对解决这些社会问题提出了哪些要求？从对社会与自然环境的监测来看，企业往往将重点置于两个方面：一是对自身业务运营或未来发展方向有较大影响的社会问题监测，尤其是一些热点问题或前瞻性问题，这类问题极有可能成为企业的社会责任议题；二是企业舆情监测，包括舆论和公众对有关企业的任何话题的讨论、报道和反映，它往往反映出社会对企业负责任行为的期望，其中一些企业与社会的互动性话题可能成为企业的社会责任议题。

企业社会责任议题的内部来源还可以通过内部员工群策群力的方式获取，操作上可以采取两种模式：一是组织召开小范围的社会责任议题座谈会，参与人员主要是一些具有较强外部视野、与外部打交道较多并具有开拓性思维的员工代表，鼓励他们就企业可以关注哪些社会责任议题展开头脑风暴（Brain Storm）。二是开展广泛的社会责任议题征集活动，向各层级、各部门和各单位征集企业可以关注的社会责任议题。

3. 外部来源：从与利益相关方、社会组织与外部专家的调查中获取

利益相关方由于受到企业决策和运营影响或影响企业决策与运营，利益相关方调查对于企业收集社会责任议题至关重要，因为利益相关方可以帮助企业识别特定议题与其决策和活动的相关性（ISO，2010）。通过开展利益相关方调查，收集利益相关方对企业的意见、建议和期望，从中可以寻找利益相关方最为关注的问题，这也将成为企业社会责任议题的重要外部来源。

利益相关方调查应以定期的问卷调查为主，以日常工作交流、企业电子邮箱、服务热线等渠道收集的信息为辅。问卷调查通常是在系统设计的框架下进行，可以收集到更为全面的信息反馈。日常工作中的各类渠道收集的信息往往较为零散、琐碎，但对于识别利益相关方最为关注的议题和对该议题的理解、认知和意见表达等，该渠道获取的信息通常更为丰富具体。企业在设计调查问卷时，应该针对不同的利益相关方设计不同的问卷，每个利益相关方可能关注的议题要提前在问卷中有所预设，并针对这些议题逐项地向利益相关方提问。针对每个议题设计的问题应包含：对该议题的重视程度、企业在该议题上的表现、企业在该议题上的改进建议等内容，可以设计为选择题也可以设计为填空题，依据需要调查的深度而定。同时，也要设计开放性的问题由利益相关方自由表达对企业的意见和诉求，以便获取一些利益相关方真心关切但企业尚未发现或涉及的议题。

正如ISO26000所指出的，"对于确定组织行为的规范及对组织行为的期望，利益相关方无法替代更广泛的社会。即使某一事项未被组织所咨询的利益相关方具体确认出来，但该事项也可能与组织的社会责任有关。"[1] 这也表明，企业除了开展利益相关方调查获取外部期望和议题信息之外，还需要了解更广泛的社会的关注与期望，包括社会组织和社会公众两大群体。这里的社会组织我们界定为除企业、政府之外的第三方力量，一般以非政府组织（NGO）或非营利组织（NPO）为主。社会组织往往是某些社会问题或社会利益的代言人，通过监督、对抗、合作等多种方式，成为推动企业履行社会责任的重要外部力量，甚至可能成为影响企业运营成败的关键因素。因此，通过对社会组织的调查，可以获取它们在一些社会问题上的态度，这也将是企业社会责任议题来源的重要补充。

企业在对社会组织开展调查时，首先需要识别出在运营所在地中与自身

---

[1] ISO，ISO26000：Guidance on Social Responsibility. Geneva：ISO，2010.

关系较为密切的社会组织有哪些，并对这些社会组织在当地的影响力、关心的主要议题、开展的活动以及风格特征等信息进行收集。通过分析识别自身的社会责任议题，对管理和实施这些议题寻找与社会组织的合作机会。对于面临社会组织直接挑战的企业，尤其要重视社会组织提出来的问题，将这些问题作为重点议题予以关注。

无论是经验来源、内部来源，还是对利益相关方和社会组织的调查，获取的社会责任议题往往更多是现实的、已然较为明显和突出的社会问题，对于一些潜在的、前瞻性的、可能对未来有重大影响的社会问题则可能涉及较少，而这些社会问题则往往是各个领域的专家所关注的。因此，企业尤其是具有广泛影响力的大型企业，开展社会责任议题收集时还应当对社会责任领域、前瞻性专业领域的各类外部专家进行调查，获取一些深层次的、前瞻性的社会责任议题。

4. 理论来源：从企业社会责任理论出发正向推导获取

对于一些具有较强研究实力的大型企业来说，结构化、系统性、高层次的社会责任议题收集方式是基于企业社会责任理论正向推导出自身应当关注的社会责任议题。这种方式要求企业不仅对社会责任有深刻的理解，而且要对自身所从事的行业、社会责任各主题领域的知识具有充分的储备。

为了保证从社会责任理论出发正确推导出企业应当关注的社会责任议题，企业可以考虑采用层层递进的逻辑思路开展工作（见图2-3）：首先，企业应当深刻理解企业社会责任的真正内涵，把握企业社会责任的本质特征和要求，并结合企业所处的行业属性、所有制性质、规模特征等，构建符合客观要求与企业实际的社会责任观；其次，对这一社会责任观进行剖解，运用社会责任边界理论，考虑企业自身的特质，构建合适的企业社会责任内容边界模型，确定出企业的社会责任内容边界范围；再次，根据企业社会责任内容边界模型，运用企业与社会关系理论，考虑企业自身的特质，确定出企业履行社会责任的内容模块；最后，根据各内容模块的内部结构，分解形成不同的主题，再对各主题进行分解，形成相应领域的社会责任议题。

二、企业社会责任议题的识别与定义

企业从各种途径收集到的应当关注的事项（Items）非常之繁多，但它们并不都是企业的社会责任议题，因此在对它们进行深入分析之前，需要对其进行识别。如果它们被确定为企业的社会责任议题，还需要对其进行定义。

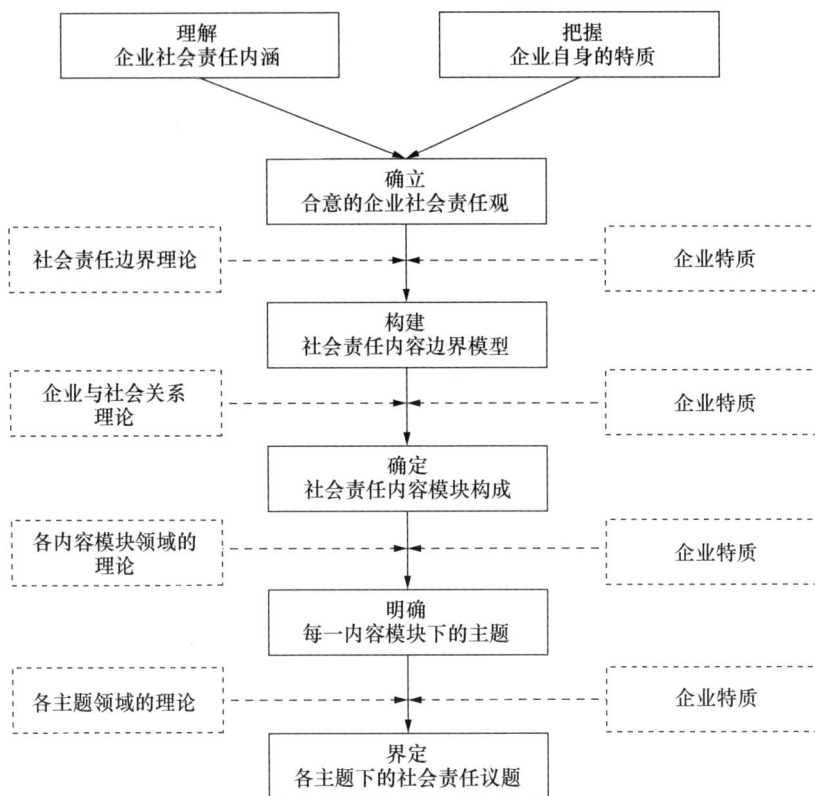

图 2-3　企业从社会责任理论推导社会责任议题的逻辑思路

1. 识别企业的社会责任议题

企业社会责任议题的识别就是对所收集到的每一个"事项"进行甄别，判断其是否是社会责任议题以及是否可能成为企业的社会责任议题，从而剔除不是社会责任议题的事项以及与企业毫无关联的社会责任议题，最终形成可能的企业社会责任议题清单。企业社会责任议题的识别本质上是对收集到的所谓"社会责任议题"进行初筛，这项工作非常重要，因为剔除不是社会责任议题的事项以及与企业毫无关联的社会责任议题，不仅能够减少后续深入分析企业社会责任议题的时间与成本投入，而且能够避免它们对后续企业社会责任议题分析结果的干扰和影响。在操作方式上，为了最大限度地避免误甄别与误判断，企业社会责任议题的识别可采用联合小组模式，即由企业内部相关主要部门代表与少量外部专家组成联合小组共同进行甄别，并且应当至少经历初甄与复审两个环节，最终形成的企业社会责任清单还需联合小组共同审议通过。

企业社会责任议题的识别可以采用层层递进的三步骤法（见图2-4）：

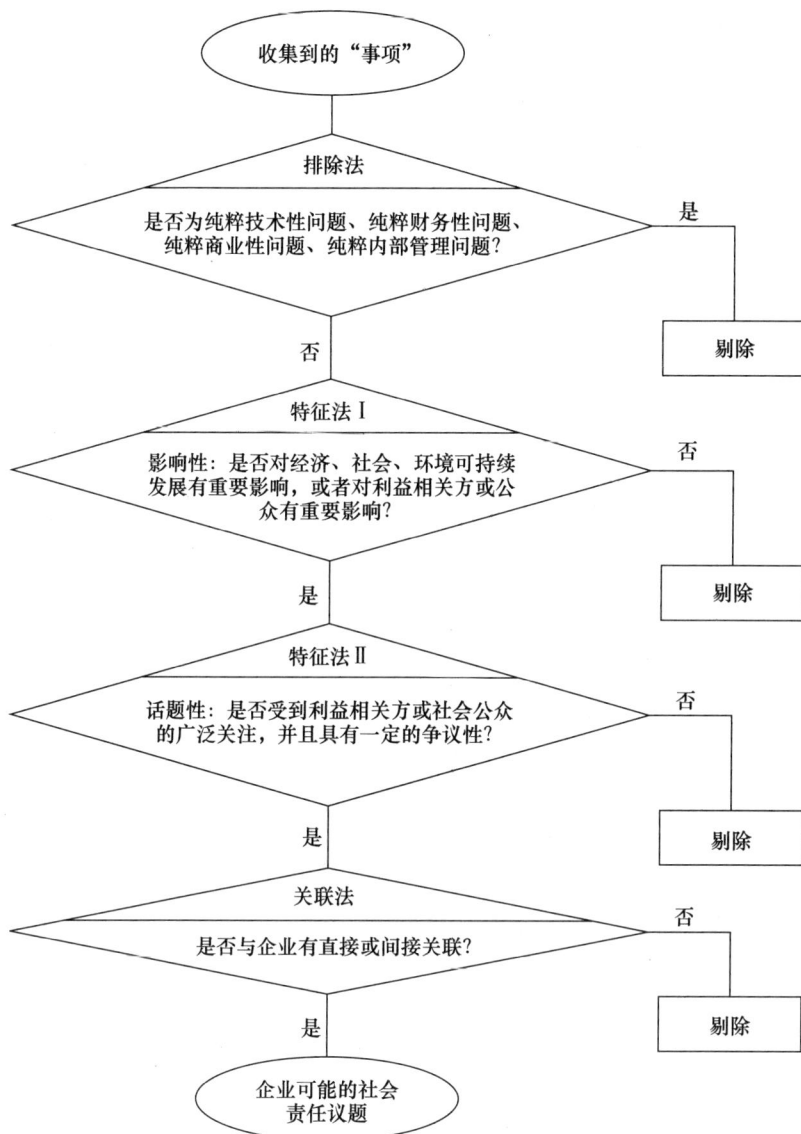

图 2-4 企业社会责任议题的识别程序

第一步，使用排除法。一般而言，纯粹技术性问题、纯粹财务性问题、纯粹商业性问题、纯粹内部管理问题均不是社会责任议题。例如，中央企业在开展社会责任议题收集时，必然会从国务院国资委出台的《关于中央企业履行社会责任的指导意见》中收集，但这一文件中列出的"不断提高持续盈利能力"主题及其下的议题就是纯粹财务性问题，应当予以排除。第二步，使用特征法。根据社会责任议题的影响性特征，判断所甄别的事项是否对经济、社会、环境可持续发展有重要影响，或者对利益相关方或公众有重要影响；根据社会责任议题的话题性特征，判断所甄别的事项是否受到利益相关方或社会公众的广泛关注，并且具有一定的争议性。第三步，使用关联法。对于经过前面两个步骤筛选后的社会责任议题，还需要考察它们是否与企业有直接或间接关联。如果没有关联性，它们就不应当成为企业的社会责任议题。例如，矿山生态修复是一个社会责任议题，但它对于一个纺织企业来说则不是可能的社会责任议题。

2. 定义企业的社会责任议题

识别出企业可能的社会责任议题之后，企业还需要对每个社会责任议题进行定义，以便各层级、各部门和各单位在每个社会责任议题上能形成统一的理解，避免因理解上的差异而影响后续对社会责任议题的分析与落实。从要件上来看，企业针对每一社会责任议题的定义应当包括三个要素：议题名称、议题含义、议题内容。议题名称应当准确规范、简洁明了，尽可能使用广泛认可的术语进行表达，不要生硬造词。议题含义的阐述应当科学合理，在保证准确的前提下，尽可能的通俗易懂，便于员工理解。议题内容的描述可以是对该社会责任子议题的列举，也可以是社会对企业在该社会责任议题上的行动期望与要求。企业针对每一社会责任议题的定义可以参考 ISO26000 对议题的描述方式，如示例 2 - 1 所示。

示例 2 - 1：ISO26000 对人权主题下"公民权利和
政治权利"议题的定义

议题名称

公民权利和政治权利

议题描述

公民权利和政治权利包括诸如生命权、有尊严的生活、免受酷刑权、人的安全权、个人财产权、个人自由和尊严，以及面临犯罪指控时享有的法律程序权和公正的听证权等绝对权利。这些权利还包括言论和表达自由，和平集会和结社自由，宗教自由，信仰自由，免受随意干涉隐私、家庭、住所或通信，荣誉或声誉免受攻击，公共服务获取权和参加选举权。

相关行动和期望

组织宜尊重个人的所有公民权利和政治权利。包括以下示例但不限于它们：

——生命权。

——言论和表达自由，组织不宜压制任何人的意见或观点，即使他在内部或外部批评组织。

——和平集会和结社自由。

——不受国界限制，通过任何方式寻求、接收与传播信息和思想的自由。

——个人财产权或共同财产权，以及免受被任意剥夺财产的权利。

——在受到任何内部纪律处分之前，有权要求组织履行适当程序并享有公正的听证权。任何纪律措施宜是恰当的，并不得包含体罚或遭受非人道或侮辱性的对待。

资料来源：ISO（2010）。

在操作方法上，企业针对每一社会责任议题进行定义可以采用如下的逻辑思路予以展开（见图2-5）：第一步，判断国际公约与标准、国家法律与标准中是否对该议题有进行界定，如果有，则直接采用，否则进入下一步；第二步，判断行业标准与规范中是否对该议题有专业或专门性的界定，如果有，也可直接采用，否则进入下一步；第三步，判断学术上对该议题是否有明确的界定，如果有，企业可根据实际情况改造界定，否则，企业就需要创造性地对该议题进行界定。

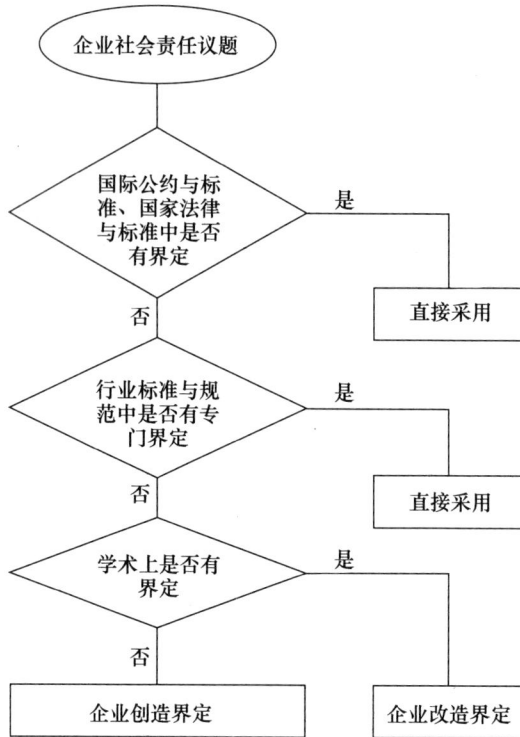

图 2-5 企业对社会责任议题进行定义的方法逻辑

三、企业社会责任议题库的构建

经过收集、识别与定义，企业就可以形成一份相对完整的社会责任议题清单，但这份清单在结构化程度、规范化程度、信息关联程度、操作便捷程度、动态更新冗余度上都不高。因此，对于有着上百项现实与潜在社会责任议题的大型企业来说，利用信息技术构建企业社会责任议题库尤其必要。企业社会责任议题库不仅能够解决单纯社会责任议题清单在结构化、规范化、信息关联、操作上和动态更新上存在的各种局限性，而且可以拓展企业社会责任议题管理的许多功能，实现对企业社会责任议题的系统化、规范化、动态化、共享化、智能化、一体化管理。

企业社会责任议题库的构建可以通过人工智能（AI）和数据库（DB）两项计算机技术的有机结合，最终实现企业社会责任议题的信息存储、文件存储、查询统计、管理维护等基本功能。基于此，企业社会责任议题库通常可以由议题信息库、议题文档库、查询统计功能模块、管理维护功能模块等构成（见图2-6）。议题信息库一般包括议题基本信息、议题分类信息、议题状态信息。基本信息主要对不同社会责任主题下的各个议题进行信息采集，涵盖议题名称、议题含义、议题内容、议题来源等；分类信息主要是按照不同的分类依据，将不同社会责任议题进行归类，以便于查询与管理，如可分为价值链主导型议题、竞争环境主导型议题、普通议题；状态信息主要是指企业在各个社会责任议题上开展的情况，包括议题项目情况以及议题绩效情况。议题文档库是对各个社会责任议题涉及的文档资料进行集中存储，既包括企业在实施该社会责任议题时涉及的文档，也涵盖针对该社会责任议题所收集的外部文档资料。基于议题信息库和议题文档库，企业可根据不同维度对社会责任议题进行相关查询与统计分析，也可以对每一个社会责任议题进行动态的管理与维护更新。

图2-6　企业社会责任议题库的构成

第三节　企业社会责任议题的优先级评估

企业的资源是有限的，不可能对社会责任议题库中的所有议题都投入大量资源，即使企业有较为充足的资源，也不可能对每个议题均匀发力。相反，从提升社会责任议题实施效率和效果的角度，企业应当对不同的社会责任议题差异化配置资源，这要求企业建立一套科学合理的评估机制，对不同社会责任议题实施的优先次序进行评估。

一、优先级评估指标体系构建

评估指标体系的构建对企业社会责任议题优先级的确定至关重要。企业应当在充分理解企业社会责任议题概念与特征的基础上，借鉴国际国内已有的探索成果，结合企业实际，构建形成一套在实践中经得起检验的社会责任议题优先级评估指标体系。

1. 国内外机构与企业构建的评估指标体系

全球报告倡议组织（GRI）在其发布的《可持续发展报告指南》G4 版中为评估社会责任议题的重要性与优先顺序提供了依据，认为应当同时考虑两个指标：对经济、环境和社会影响的显著性以及对利益相关方评价和决策的影响（见图 2-7）。这两个指标都反映了社会责任议题的外部影响，忽略了社会责任议题对企业自身的影响。而且，社会责任议题对经济、社会和环境的影响与对利益相关方的影响在一定程度上具有交叠，因此运用这两个指标

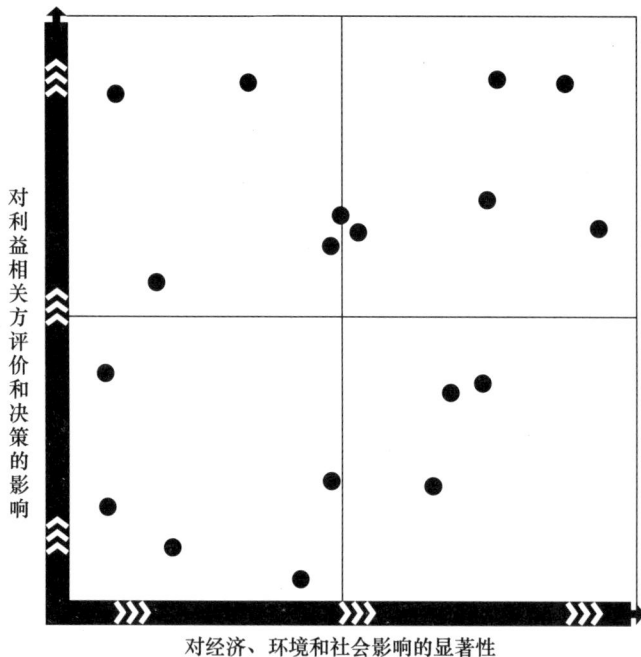

图 2-7　对社会责任议题优先顺序的评估矩阵

资料来源：GRI（2013）。

对社会责任议题的优先次序进行评估并不合适。

　　除了机构之外，一些企业也探索构建了社会责任议题优先级别的评估指标。例如，富士施乐中国从"对公司战略发展的重要性"和"对利益相关方的重要性"两个方面对社会责任议题的优先次序进行了评估，如图 2 - 8 所示；英特尔中国从"对英特尔业务的影响"和"对多个利益相关方的重要性"两个方面对社会责任议题的优先次序进行了评估，如图 2 - 9 所示；中国五矿从"对公司发展的重要程度"和"利益相关方的关注程度"两个方面对社会责任议题的优先次序进行了评估，如图 2 - 10 所示。由此可见，这些公司均是从对利益相关方的影响和对企业自身发展的重要程度两个维度确定社会责任议题的优先级别。这是从内部影响和外部影响两个视角来评价社会责任议题的重要性，这样的评估指标相对全面，但缺少了对社会责任议题本质特征的反映。根据企业社会责任议题的定义，企业社会责任议题是具有社会聚焦性特点，并受到利益相关方和社会公众广泛关注的那部分议题。因此，社会责任议题的社会关注度在评估优先级别的过程中不可或缺。

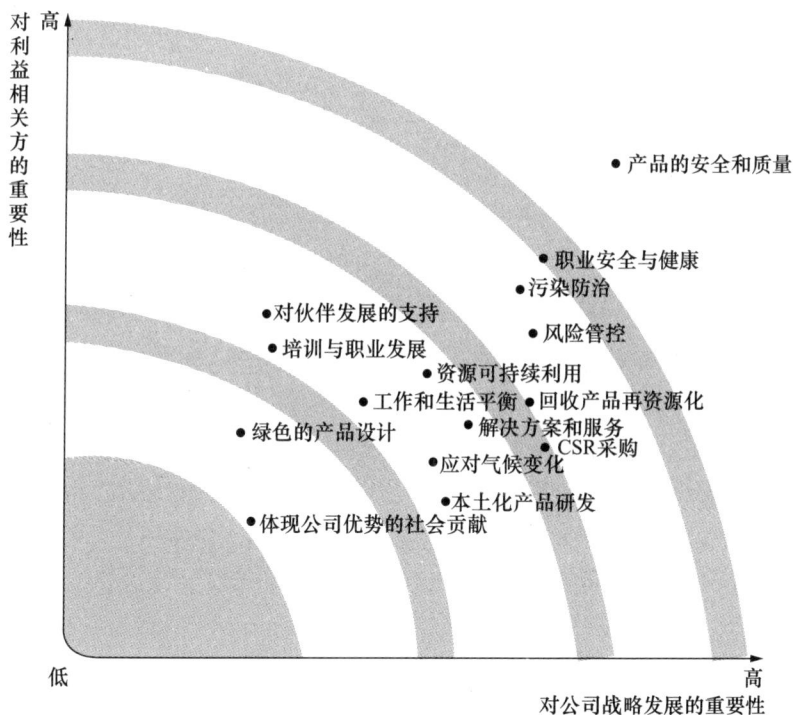

图 2 - 8　富士施乐中国对社会责任议题优先次序的评估

资料来源：《2015 富士施乐中国可持续发展报告》。

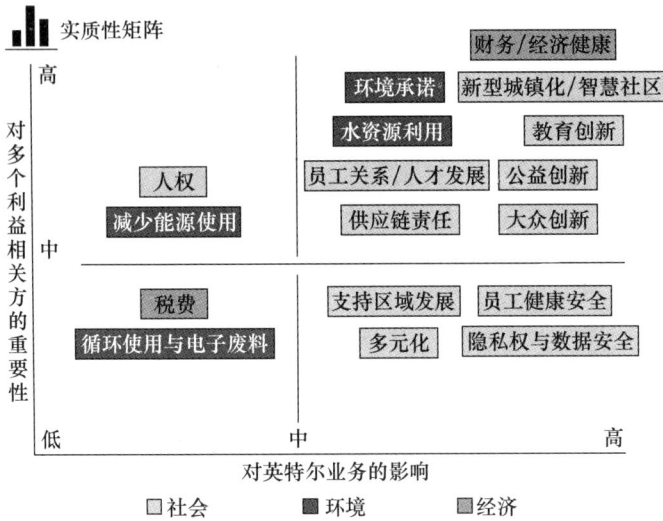

图 2-9　英特尔中国对社会责任议题优先次序的评估

资料来源：《2014~2015 英特尔中国企业社会责任报告》。

图 2-10　中国五矿对社会责任议题优先次序的评估

资料来源：《2014 中国五矿集团公司可持续发展报告》。

　　当然，也有一些企业注意到了社会关注度对评估社会责任议题优先级别的作用。例如，国家电网公司对社会责任议题优先次序的评估就综合考虑了价值创造和社会关注两个维度（见图2-11）。其中，价值创造维度评估具体议题与综合价值创造的相关性、重要性和可行性；社会关注维度评估社会和利益相关方对具体议题的关注程度。这两项评估指标较为全面地反映了社会责任议题的本质和特征，但是对于什么是综合价值缺乏更加清晰的定义和解释，而这里的社会关注一般仅考虑利益相关方的关注程度，忽略了公众舆论和社会组织对议题的影响力。

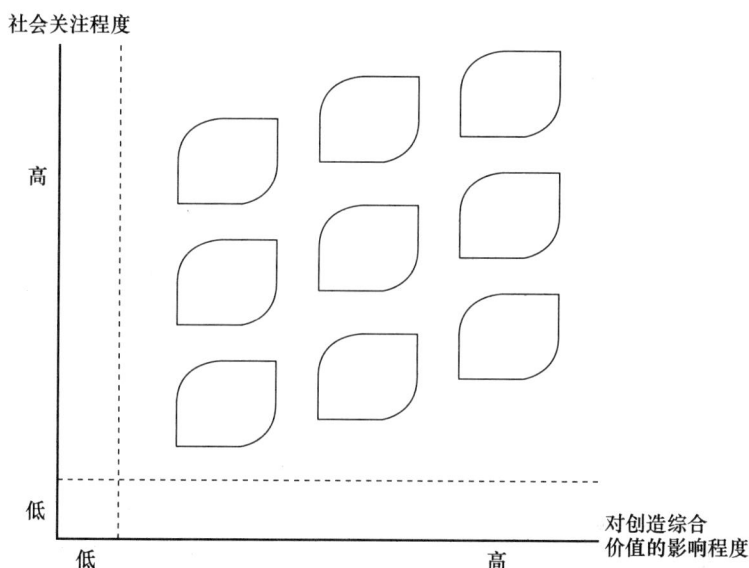

图2-11　国家电网公司对社会责任议题优先次序的评估

资料来源：《国家电网公司社会责任报告2015》。

2. 企业社会责任议题优先级别的综合评估指标体系

　　根据企业社会责任议题的定义与特征，任何一项社会责任议题对于企业的重要性与优先性，不仅取决于其对经济、社会、环境可持续发展的影响，而且要关注它对企业发展与竞争力的影响，同时也要考虑它所受到的社会关注程度。由于每项社会责任议题都具有复杂的、多元的甚至相互矛盾的特征，实施某项社会责任议题可能对社会做出贡献，但同时可能会对企业竞争力产生负面影响，可能有利于促进经济发展，但同时可能带来生态环境的损害。因此，每一项社会责任议题的影响性评估都应当考虑综合性影响，运用综合价值指标进行评价，包括实施该议题带来的经济影响、社会影响、环境影响和企业竞争力影响。社会关注度则包括利益相关方的关注、社会组织的关注和媒体公众的关注。基于此，可以构建企业社会责任议题优先级的综合评估指标体系，如图 2-12 所示。

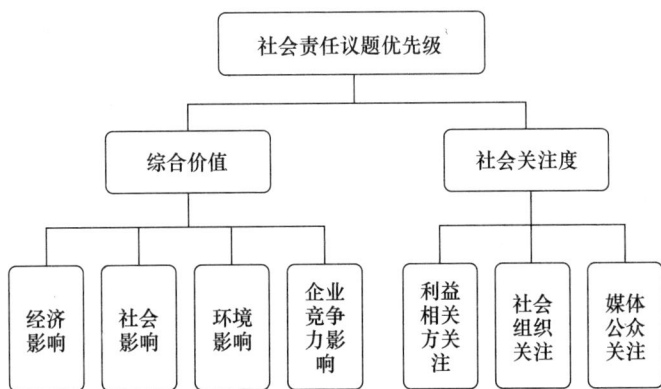

图 2-12　企业社会责任议题优先级的综合评估指标体系

进一步来看，企业还应当对每个维度的各评估指标建立具体的分析框架，如表 2-1 所示。对于综合价值维度的评估指标，企业可以通过考察在某项社会责任议题上作为和不作为分别带来的内外部影响具体分析，对于社会关注度维度的评估指标，则主要分析不同利益相关方、社会组织与媒体公众的关注点和态度。

表 2-1　企业社会责任议题优先级各评估指标的分析框架

评估维度	评估指标	分析要点
综合价值	经济价值	实施该议题将给地方经济建设、相关产业发展、上下游企业、运营所在社区带来哪些贡献？不实施该议题可能带来哪些损害？
	社会价值	实施该议题将给社会福利、公平正义、透明道德、人民生活品质等方面带来哪些贡献？不实施议题可能带来哪些损害？

续表

评估维度	评估指标	分析要点
综合价值	环境价值	实施该议题将给能源资源可持续、生态环境保护、生物多样性等带来哪些贡献？不实施该议题可能带来哪些损害？
	企业竞争力价值	该议题与企业的关联程度？实施该议题将对企业的生产运营、文化、品牌等带来哪些正面或负面的影响？不实施可能带来哪些负面的影响？
社会关注度	利益相关方关注	有哪些利益相关方对该议题提出明确的关注或重视？利益相关方对企业在该议题上作为的态度、评价如何？利益相关方的期望是什么？
	社会组织关注	有哪些社会组织对该议题提出明确的关注或重视？关注该议题的社会组织的影响力如何？是否采取了针对企业的相关行动？有无合作的可能？
	媒体公众关注	该议题在媒体上的曝光率如何？负面消息和正面消息各占多少？公众对企业的态度总体上如何？

二、优先级评估指标赋值

明确社会责任议题优先级评估指标及其分析框架后，企业还应当制定每个指标的赋值规则，以便在一个可比的条件下对各社会责任议题的指标表现进行打分，并最终形成各社会责任议题在综合价值与社会关注度两个维度上的得分。

1. 综合价值的赋值规则

社会责任议题的综合价值是实施该议题所带来的经济价值、社会价值、环境价值和企业竞争力价值的集合。在考虑一项社会责任议题是否重要，是否需要给予高优先级别时，需要从该议题产生的经济、社会、环境和企业竞争力等各个方面的影响综合权衡和考虑。对于积极型的社会责任议题，往往考虑该议题带来的贡献，而消极型议题则主要从不作为可能带来的损害来确定议题的影响。综合价值的赋值规则应当根据相应评估指标的分析框架，分别确定各细项实现程度所对应的分值范围。表2-2给出了综合价值各项评估指标的建议赋值规则，企业可以此为基础，根据实际情况构建更加适用的赋值规则。

表2-2 综合价值各项评估指标的建议赋值规则

评估指标	权重	分值	赋值说明
经济价值	20%	80~100	牵涉众多的利益相关方； 实施带来的经济贡献巨大； 或不作为带来的经济损失巨大
		60~80	牵涉一定数量的利益相关方； 实施带来的经济贡献较大； 或不作为带来的经济损失较大
		0~60	牵涉很少的利益相关方； 实施带来的经济贡献较小； 或不作为带来的经济损失较小
社会价值	20%	80~100	牵涉众多的利益相关方； 实施带来的社会贡献巨大； 或不作为带来的社会损失巨大
		60~80	牵涉一定数量的利益相关方； 实施带来的社会贡献较大； 或不作为带来的社会损失较大
		0~60	牵涉很少的利益相关方； 实施带来的社会贡献较小； 或不作为带来的社会损失较小
环境价值	20%	80~100	牵涉众多的利益相关方； 实施带来的环境贡献巨大； 或不作为带来的环境损失巨大
		60~80	牵涉一定数量的利益相关方； 实施带来的环境贡献较大； 或不作为带来的环境损失较大
		0~60	牵涉很少的利益相关方； 实施带来的环境贡献较小； 或不作为带来的环境损失较小

评估指标	权重	分值	赋值说明
企业竞争力价值	40%	80~100	与企业关联度很强； 实施可带来较大的竞争力提升； 或不作为可带来较大的竞争力损害
		60~80	与企业关联度较强； 实施可带来一定的竞争力提升； 或不作为可带来一定的竞争力损害
		0~60	与企业关联度较低； 实施对企业竞争力影响不大； 或不作为对企业竞争力影响不大

2. 社会关注度的赋值规则

社会责任议题的社会关注度是指利益相关方、社会组织和媒体公众三大类群体对议题的关心程度和参与热情，具体包括议题在关注群体中的曝光程度、关注群体本身的影响力以及关注群体对该议题提出的意见建议的多寡等内容。在考虑一项社会责任议题应该被如何对待时，社会关注度是一项重要指标。社会关注度的赋值规则应当根据相应评估指标的分析框架，分别确定各细项实现程度所对应的分值范围。表2-3给出了社会关注度各项评估指标的建议赋值规则，企业可以此为基础，根据实际情况构建更加适用的赋值规则。

表2-3 社会关注度各项评估指标的建议赋值规则

评估指标	权重	分值	赋值说明
利益相关方关注	40%	80~100	该议题受到绝大部分利益相关方的关注； 关注该议题的利益相关方具有很大的影响力； 对议题的实施给出了非常多的意见或建议
		60~80	该议题受到部分利益相关方的关注； 对议题的实施有少量的意见或建议
		0~60	该议题仅在少数利益相关方中受到关注； 对议题的实施没有明确的意见或建议

评估指标	权重	分值	赋值说明
社会组织关注	30%	80～100	该议题受到较多社会组织的关注； 关注该议题的社会组织具有很大的影响力； 对企业已经采取了较多强有力的行动
		60～80	该议题受到部分社会组织的关注； 关注该议题的社会组织影响力一般； 对企业采取了一定的行动
		0～60	该议题仅受到极个别社会组织的关注； 关注该议题的社会组织影响力一般； 对企业尚未采取行动
媒体公众关注	30%	80～100	该议题在近期媒体报道上成为焦点话题； 有很多关于企业的报道； 公众反响强烈，有很多的评论和转载量
		60～80	该议题在媒体报道中较多地出现； 有部分关于企业的报道； 公众反响较为强烈，有一定的评论和转载量
		0～60	该议题较少出现在媒体上； 几乎没有关于企业在该议题上的报道； 公众也较少提及或评论该议题

3. 赋值与测算各维度得分

针对每项社会责任议题的综合价值，企业可依据相应的赋值规则，采用专家打分与议题分析相结合的方法，确定其在各评估指标的分值。社会责任议题的综合价值最终得分是将各类价值的得分乘以相应的权重再求和，即：

$$综合价值 = \sum（各类价值的）权重 × 分值$$

针对每项社会责任议题的社会关注度，企业应结合利益相关方调查、社会组织分析和舆情监测等议题收集渠道中得到的信息，确定其在各评估指标上的分值。社会责任议题的社会关注度最终得分是将各类关注群体的得分乘以相应的权重再求和，即：

$$社会关注度 = \sum（各类群体的）权重 × 分值$$

三、优先级判断与分析

测算出每一项社会责任议题的综合价值得分和社会关注度得分后，企业还需要根据这两个维度的得分对所有社会责任议题进行优先级判断与分析。

1. 优先级判断矩阵

如果把综合价值作为横轴，并将得分高于 80 分界定为高价值、60 分与 80 分之间界定为中价值、小于 60 分界定为低价值，同样，社会关注度作为纵轴，并将得分高于 80 分界定为高关注、60 分与 80 分之间界定为中关注、小于 60 分界定为低关注，那么所有社会责任议题就可以分成九大类（见图 2 - 13）："高价值—高关注"议题、"高价值—中关注"议题、"中价值—高关注"议题、"高价值—低关注"议题、"中价值—中关注"议题、"低价值—高关注"议题、"中价值—低关注"议题、"低价值—中关注"议题、"低价值—低关注"议题。

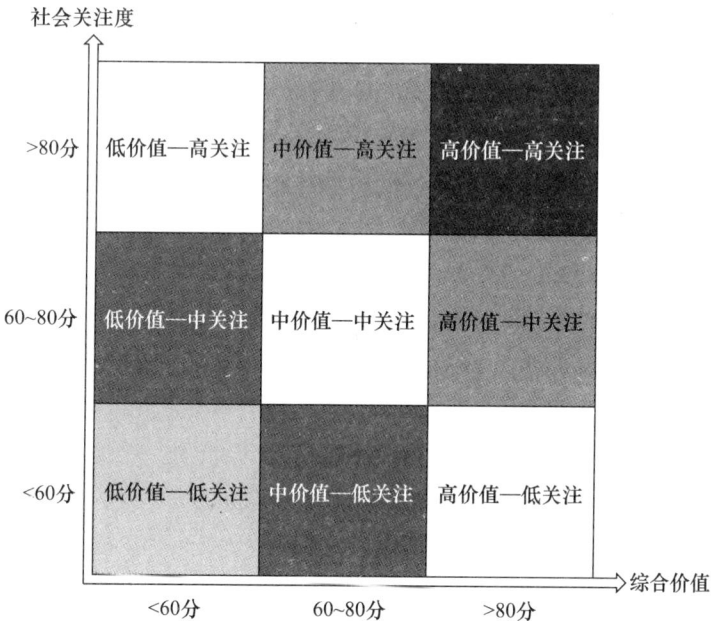

社会关注度		
>80分 低价值—高关注	中价值—高关注	高价值—高关注
60~80分 低价值—中关注	中价值—中关注	高价值—中关注
<60分 低价值—低关注	中价值—低关注	高价值—低关注
<60分	60~80分	>80分　综合价值

图 2 - 13　企业社会责任议题优先级判断矩阵

通常而言，企业社会责任议题的优先级可以分为五个等级，即高优先级

（★★★★★）、次高优先级（★★★★）、中等优先级（★★★）、次低优先级（★★）、低优先级（★）。在以上九类议题中，"高价值—高关注"议题属于高优先级，"高价值—中关注"议题、"中价值—高关注"议题属于次高优先级，"高价值—低关注"议题、"中价值—中关注"议题、"低价值—高关注"议题属于中等优先级，"中价值—低关注"议题、"低价值—中关注"议题属于次低优先级，"低价值—低关注"议题属于低优先级。需求指出的是，对于特定企业来说，任何一个社会责任议题综合价值的高中低，既需要考虑绝对值判断，也需要考虑相对值判断，由此不同社会责任议题对于不同企业可能属于不同的类型。

2. 高优先级社会责任议题

高优先级社会责任议题主要是"高价值—高关注"议题，是所有社会责任议题中最为重要、最需要优先关注和管理的议题。这类议题牵涉众多利益相关方甚至全体社会公众的利益，对经济、社会、环境或企业自身可能带来巨大的影响，并受到利益相关方、社会组织或媒体公众的广泛关注、讨论或行动。一般来说，"高价值—高关注"议题更多集中在具有重大负面影响，或与社会热点关系紧密，同时企业在其中能够发挥重大影响的领域。这类社会责任议题在企业内通常属于跨部门、跨专业的议题，是贯穿企业全流程的重要议题。

每个行业的企业高优先级社会责任议题可能有所不同，但一般都有属于其行业特征的"高价值—高关注"议题。例如，对于化工、冶炼等行业企业而言，环境污染议题就是一个"高价值—高关注"议题。这些企业的环境污染议题如果得不到切实有效的管理，就可能对周边甚至流域范围内造成严重的污染，危及广大居民的健康安全，也将给企业的合规运营和社会形象带来打击，甚至造成企业破产倒闭等风险，进一步影响到当地的经济发展和社会就业。同时，环境污染议题的社会关注度也非常高，不仅政府相关部门关心并督促企业的污染管理，企业周边的群众更会关心、关注甚至抗议企业的污染行为，关心该议题的环保组织也会在其中积极地活动和发挥监督的作用。而环境污染作为当前各国社会公共议题中的热点问题之一，也一直受到媒体界的密切关注。一旦发生环境污染危机事件，媒体都会争相报道，让整个事件持续发酵成引发更多问题的导火索，给企业带来难以控制的灾难。又如，食品安全议题对于食品行业企业、安全生产议题对于石油、天然气和化工行业企业都属于"高价值—高关注"议题，处于高优先级。

3. 次高优先级社会责任议题

次高优先级社会责任议题包括"高价值—中关注"议题和"中价值—高关注"议题，也是企业需要重点关注与管理的议题。"高价值—中关注"议题对经济、社会、环境或企业自身可能带来巨大的影响，并受到数量较多的直接利益相关方与相关社会组织的关注、讨论或行动，而社会公众或媒体对其关注度较低。一般而言，"高价值—中关注"议题更多集中于具有重大正面影响并与企业自身的业务密切相关、涉及直接利益相关方数量较多但与社会公众的利益缺乏直接联系的那部分议题。例如，对于电网企业来说，电能替代就是一个"高价值—中关注"议题。电能替代涉及能源替代问题，无论是对于经济发展、环境保护还是社会进步，都具有重大的积极现实意义。同时，它也是电网企业增供扩销和业务提升的重要途径。电能替代涉及数量较多的高耗能企业、传统能源使用方式的居民用户，这些企业与居民用户因为使用成本、安全与便捷等利益问题而对电能替代非常关注，地方政府因为电能替代与经济社会发展转型相关也对电能替代有一定的关注，能源类社会组织因为涉及自身专业领域而对电能替代较为关注，但更广泛的社会公众因为与自身利益并没有直接关系而关注度较低。

"中价值—高关注"议题对经济、社会、环境等各系统的影响程度较低，但对利益相关方与企业自身却可能产生巨大的影响，并受到利益相关方、社会组织或媒体公众的广泛关注、讨论或行动。一般而言，"中价值—高关注"议题往往集中于企业活动与利益相关方诉求之间容易引发矛盾、触发社会风险的社会热点问题。例如，对于基础设施建设类企业，反暴力拆迁就是一个"中价值—高关注"议题。在城市化进程加快的今天，基础设施建设往往涉及征占地和居民拆迁问题，反暴力拆迁虽然不会直接对经济、社会、环境带来明显的影响，但对居民的利益和企业顺利开展基础设施建设都具有直接影响。然而，居民拆迁问题涉及基本民生问题，暴力拆迁不仅会损害居民的基本权利和利益，而且容易引发群体性事件等社会风险，因此政府、社会公众与媒体都比较关注这一议题。现实中，一旦发生暴力拆迁事件，媒体与社会舆论都会迅速聚焦，并可能放大事件使其演变成为企业的危机。

4. 中等优先级社会责任议题

中等优先级社会责任议题包括"高价值—低关注"议题、"低价值—高关注"议题和"中价值—中关注"议题，也是企业需要适度关注的议题。"高价值—低关注"议题对经济、社会、环境可持续发展或企业持续发展具有重大影响，但受到利益相关方和社会公众的关注较少，仅仅有小部分专家或专业性组织关注。一般来说，"高价值—低关注"议题往往是那些代表未来方向的新技术、新模式、新现象所引发的并且尚处于潜伏期或发生期的伦理性议题，这类议题通常与企业所从事的业务有密切关联。例如，对于智能技术企业，人工智能的伦理性就是一个"高价值—低关注"议题。人工智能作为一项前沿性技术，其伦理符合性不仅关系到整个社会未来的可持续发展，甚至对整个人类未来的演进都有重大影响，而且还对智能技术企业存在的"合法性"产生影响。然而，人工智能的伦理性问题正处于议题的潜伏期，目前仅仅有少量专家在关注，而社会公众与利益相关方对这一问题尚没有认识到，关注也极少。

"低价值—高关注"议题对经济、社会、环境以及利益相关方、企业自身的影响都较小，但却受到社会广泛的关注。一般来说，"低价值—高关注"议题主要集中于带有一定争议性、实际负面影响小但被夸大的议题。社会公众由于知识信息的不对称或对新生事物的天然排斥、恐惧等多种原因，对这类本身并没有太大负面影响的议题产生强烈的对抗情绪，并通过网络媒体等载体广为传播，甚至一些缺乏科学精神的以对抗为特征的社会组织或社会公众人物也参与其中，共同为企业打造了一个复杂的令人挠头的舆论氛围和公关局面。例如，对于电信企业来说，"电磁辐射"就是一个"低价值—高关注"议题。以通信企业基站的电磁辐射议题为例，移动通信基站辐射的电磁辐射，是一种频率在 $0 \sim 300 GHz$ 的电磁波，它不会引起物质电离，一般也不会破坏分子结构，因此理论上并不会对人类的健康造成危害。在科学实验中，也没有确凿证据证明位于国际电磁波安全标准之下的手机、基站这类非电离的电磁波辐射对人体有害。但是，广大居民对电磁辐射问题却极为敏感，闻"辐射"而色变，不能客观理智地看待电磁辐射的影响，经常抵制抗议建在居住地周边的移动基站，导致移动基站的无奈拆除。资料显示，上海电信在 2011 ~ 2013 年共拆除站点 116 个，其中涉及居民抵制的有 34 个；上海移动有 100 个左右的基站因居民投诉被拆迁；而上海联通自 2011 年以来，已经拆迁基站 432 个；广东中山基站每年被逼拆迁 208 个，损失超过 7000 万元……极大地影响了通信企业的正常经营，并进一步影响到广大消费者的通信需求。

"中价值—中关注"议题对经济发展、社会进步、环境优化具有一定的促进作用但却不是实质性的，或者仅仅对一定范围内的利益相关方有影响，对企业的影响也不是实质性的，同时主要是直接利益相关方和感兴趣的群体对其给予关注，社会公众与媒体的关注度不高。一般而言，"中价值—中关注"议题往往集中于那些与企业业务关联度不大、涉及一定范围的利益相关方、具有一定积极影响的议题。例如，对于大多数企业来说，"社区投资和参与"就是一个"中价值—中关注"议题。社区投资和参与对于企业运营所在地的社区居民具有一定的积极价值，可以增加社区的就业和税收，改善社区的基础设施条件，也能一定程度上增进企业与社区关系，优化企业发展环境，但对企业业务运营的影响却可能不是实质性的。与此同时，地方政府、社区居民对"社区投资和参与"关注度较高，但也局限于社区范围内，社会公众与媒体对这一议题的关注不多。

5. 次低优先级社会责任议题

次低优先级社会责任议题包括"中价值—低关注"议题和"低价值—中关注"议题，也是企业可以少量关注的议题。"中价值—低关注"议题对经济、社会、环境可持续发展具有一定的影响但不是实质性的，对利益相关方或企业的影响程度不高，同时只有少数的社会组织与专家对其给予关注。一般来说，"中价值—低关注"议题主要是处于企业业务运营的辅助环节、与利益相关方的核心利益关联度低、具有一定积极影响的议题。例如，对于食品生产企业来说，"绿色包装"就是一个"中价值—低关注"议题。绿色包装对于环境可持续发展具有一定的促进作用，但不是关键性与实质性要素，同时对于食品消费者也不是重点关注的核心利益，对于食品加工企业竞争力有一定影响但也仅仅是辅助性因素。食品消费者因为不涉及自身核心利益，对于绿色包装的关注较少；社会公众与媒体也许是因为此议题的影响有限，也许是因为兴趣点不在此，相应的关注也较少；一些绿色环保组织和专家对绿色包装有一定的关注，但总体上也并不是特别强烈。

"低价值—中关注"议题对经济、社会、环境以及利益相关方、企业自身的影响都较小，但直接利益相关方和感兴趣的群体对其会比较关注，社会公众与媒体的关注度不高。一般而言，"低价值—中关注"议题主要集中于那些涉及一定范围的利益相关方、实际影响或效用不大的议题。例如，对于日常用品生产企业来说，通用设计就是一个"低价值—中关注"议题。通用设计是指对于产品的设计和环境的考虑是尽最大可能面向所有使用者的一种创造设计活动。在当今时代，由于需求的差异化与个性化日益加速，各种生产制造技术与组织方式的高度发达，针对不同群体（包括残疾人）的差异化产品设计不仅能够快速高质地得到生产，而且能够更加有效和更加充分地满足不同群体的效用需求。因此，通用设计在当今时代的价值影响本质上来说已经相对较低。然而，由于残疾人群体期望无论在生活还是工作中，都能获得平等对待，同时习惯性的诉求以及社会对残疾人的关注都使得残疾人对通用设计较为关注，残疾人组织也倡导通用设计，但社会公众与媒体对此的关注度却比较低。

6. 低优先级社会责任议题

低优先级社会责任议题主要是"低价值—低关注"议题，也是企业可以暂不关注的议题。"低价值—低关注"议题对经济、社会、环境以及利益相关方、企业自身的影响都较小，并且社会公众与媒体、利益相关方对其的关注度都很低，只有少数专业性的社会组织与感兴趣的专家和人士对其有一定的关注。一般而言，"低价值—低关注"议题主要集中于那些与经济、社会、环境可持续发展关联度不高以及没有涉及特定的直接利益相关方、处于潜伏期或发生期的议题。例如，对于食品加工企业来说，"动物福利"就是一个"低价值—低关注"议题。动物福利本质上来说对经济、社会、环境可持续发展的影响不大，也没有对特定的直接利益相关方群体产生影响，对企业竞争力的影响也相对较低。与此同时，动物福利在国内目前仍处于发生期，只有少数动物组织、动物专家和动物喜爱人士对动物福利较为关注，而社会公众和媒体对其关注度较低。

第四节　企业社会责任议题分类管理策略

企业在确定各社会责任议题的优先级之后，还必须明确针对每一类社会责任议题的管理策略，在此基础上才能有效地制定与实施各社会责任议题的实施方案。

一、分类管理策略的确定思路

企业社会责任议题管理策略是企业为提升某项社会责任议题的绩效水平而制定的管理战略或总体纲领，它由一系列具体的行动方案组合而成，体现了企业在该议题上的理念、态度和行动。企业社会责任议题管理策略本质上是企业回应社会问题的战略姿态，它决定企业对参与解决社会问题的资源投入意愿和方式创新动力。根据 Wilson（1975）提出以及 Wartick 和 Cochran（1985）完善的企业社会回应 RDAP 模型，企业对于社会问题的回应可以采取四种策略和态度：反应型（Reactive）、防御型（Defensive）、适应型（Accommodative）和前瞻型（Proactive）。周国银（2012）在此基础上，提出了抗拒型（Obstructive），反应型（Reactive）、防御型（Defensive）、适应型（Accommodative）和前瞻型（Proactive）的ORDAP社会责任战略模型，并对每一类战略进行了特征刻画，如表2-4所示。

表2-4　企业社会责任战略类型

社会责任战略类型	战略意图	行为特征
抗拒型	短期利润导向，抗拒或逃避法律，拒绝回应利益相关方的要求，以损害或牺牲利益相关方为代价谋取利润	·领导明确反对或不回应 ·缺乏组织保障，冒险或放任风险，没有风险控制 ·没有预算资源投入 ·利益相关方满意度很低
反应型	风险导向，被动回应利益相关方的需要，末端控制，基于法律或最低标准满足利益相关方的要求，拒绝额外要求	·领导口头应酬，内心抵触 ·组织保障不明，事后风险控制 ·必要时投入资金，计划外预算 ·利益相关方满意度低
防御型	超越守法，效率/成本导向，基于短期合作目标，旨在提高成本收益率，价值链控制，满足利益相关方的基本要求	·领导支持知情，但不活跃 ·职能部门负责，政策保障，风险减小，过程风险控制 ·少量资金支持 ·利益相关方满意度中等
适应型	企业转型，竞争力/机会导向，基于中长期合作目标，价值链优化，旨在创造竞争力和战略优势，满足利益相关方的合理要求	·领导亲自指导，经常参与 ·高层经理指导，跨部门协作，计划保障，内化，风险预防 ·有足够资金保证 ·利益相关方满意度高
前瞻型	超越要求，愿景/使命导向，主动与利益相关方结盟，价值链重组，倡导长远预测/规划，开拓增长平台，行业/地区领袖	·领导榜样作用，以身作则 ·高级经理领导，全员参与，体系保障，持续改善，风险预测/根除 ·资金优先支持 ·利益相关方满意度很高

资料来源：周国银（2012）。

RDAP 模型描绘出了企业对社会问题的回应态度与策略，也可以是企业对待每一项社会责任议题可以采取的基本策略。但是，RDAP 模型还缺乏企业可以采取的另外一种策略，即不回应的策略，这一策略也不是周国银（2012）提出的 ORDAP 模型中的抗拒型战略，因为不回应并不是企业要抗拒或逃避法律、以损害或牺牲利益相关方为代价谋取利润。为此，企业对待社会责任议题的管理策略可以在 RDAP 模型基础上，增加一种观望型（Wait - and - See）策略，即企业社会责任议题的五类管理策略（WRDAP）：观望型策略、反应型策略、防御型策略、适应型策略和前瞻型策略。其中，观望型策略是一种不回应策略，反应型策略是一种被动回应策略，防御型策略是一种适度管理策略，适应型策略是一种积极管理策略，前瞻型策略是一种创新性管理策略。而且，这五类管理策略在管理导向、领导行为、资源投入、组织方式和体系化程度上是存在差异的。

根据社会责任议题类型的不同，企业针对性采取的管理策略也有明显差异（见图 2 - 14）。一般来说，针对高优先级社会责任议题，企业可采取前瞻型策略；针对次高优先级社会责任议题，企业可采取适应型策略；针对中等优先级社会责任议题，企业可采取防御型策略；针对次低优先级社会责任议题，企业可采取反应型策略；针对低优先级社会责任议题，企业可采取观望型策略。进一步来看，由于每一类社会责任议题在综合价值与社会关注度上存在差异性，而综合价值管理的重点在于企业的实际行动，社会关注的应对重点在于企业的沟通行为，因此企业针对每一类社会责任议题在"行动力 + 沟通力"的策略组合上也是有差别的。这里的行动力代表"做"的程度，行动力越强，则表明企业在实施该议题上所牵涉的对企业自身的行为、制度、流程、技术或商业模式等方面的涉入和变革越深。沟通力代表"说"的程度，沟通力越强，则表明企业在实施该议题上所牵涉的对外的宣传、参与和合作的程度越深，覆盖面越广。为此，还应当在 WRDAP 策略的基础上，针对相应的社会责任议题开展具体的"行动力 + 沟通力"组合分析。

二、前瞻型策略

前瞻型策略是一种主动的、创新性的社会责任议题管理策略，适用于"高价值—高关注"社会责任议题。前瞻型策略意味着企业对"高价值—高关注"社会责任议题的管理是以使命愿景为导向，将落实该类社会责任议题作为承担使命和实现愿景的重要行动。前瞻型策略要求企业领导在落实"高价

社会关注度

>80分	低价值—高关注 (防御型策略)	中价值—高关注 (适应型策略)	高价值—高关注 (前瞻型策略)
60~80分	低价值—中关注 (反应型策略)	中价值—中关注 (防御型策略)	高价值—中关注 (适应型策略)
<60分	低价值—低关注 (观望型策略)	中价值—低关注 (反应型策略)	高价值—低关注 (防御型策略)
	<60分	60~80分	>80分

综合价值

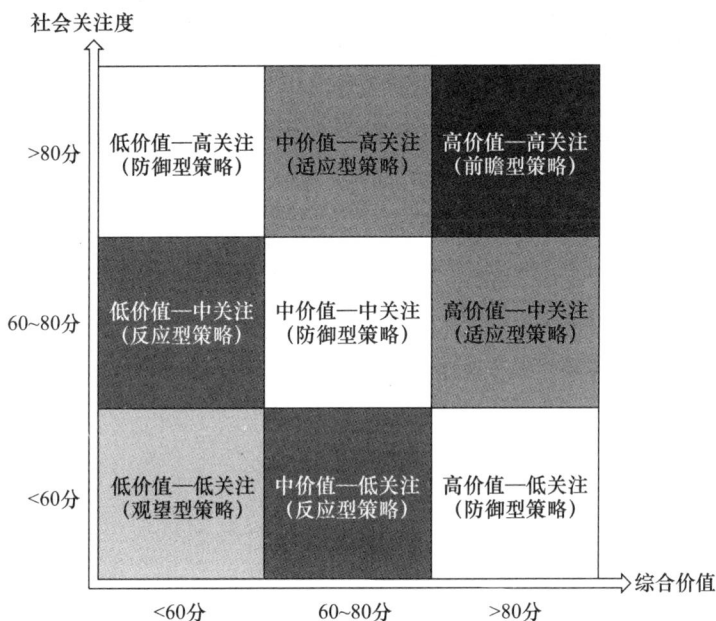

图 2 - 14 企业针对不同类型社会责任议题的管理策略

值—高关注"社会责任议题时要发挥表率作用,不仅要做出承诺,而且要以身作则和以身示范;企业在资金、人力以及物资等资源投入上,都将优先支持与满足对落实"高价值—高关注"社会责任议题的需要;企业高层管理者亲自领导,全员参与和保障"高价值—高关注"社会责任议题的落实;企业通过改进与变革自身的行为、制度、流程、技术或商业模式、沟通方式等,构建系统化、规范化、结构化、制度化、流程化的管理体系,全面保障"高价值—高关注"社会责任议题的落实。

前瞻型策略要求企业对"高价值—高关注"社会责任议题采取"强行动力 + 强沟通力"的双管齐下策略,企业必须同时将对外的沟通、参与和传播与对内的管理、技术、业务创新变革甚至发展战略结合起来。具体来说,"高价值—高关注"社会责任议题主要包括两类:一类是容易对社会造成重大负面影响的议题,另一类是涉及社会热点同时企业可以在其中发挥重要作用的议题。对于第一类议题,企业应对的策略重点是从内部的管理、技术等各个方面做好对负面影响的防范和化解,尽可能降低议题对社会带来的损害程度;同时建立透明运营与社会监督机制,向社会定期披露公司关于该议题的管理和实践绩效，必要时邀请关心该议题的媒体、社会组织、受影响群体等外部相关方到企业参观访问和督促企业改进工作；此外，还要建立一整套议题爆发负面危机时的应急预案，尤其要做好应对舆论危机的沟通传播预案。对于第二类议题，企业应将这类议题融入自身的发展战略中，以前瞻性的眼光、开放包容的态度、创新求变的思维为议题的解决贡献企业的力量，并对议题实施的全过程进行品牌化运作，将此类议题打造成为企业新的业务增长点。

三、适应型策略

适应型策略是一种积极的、预防性或进取性的社会责任议题管理策略，适用于"高价值—中关注"社会责任议题和"中价值—高关注"社会责任议题。适应型策略意味着企业对这两类社会责任议题的管理是以竞争力或机会为导向，将实施这两类社会责任议题作为改善竞争环境、提升竞争力、增加商业机会的重要手段。适应型策略要求企业领导在落实这两类社会责任议题时亲自指导，必要时参与其中；企业为这两类社会责任议题实施提供充足的资金、人力以及物资等资源保证；企业高层管理者亲自指导，跨部门协作落实这两类社会责任议题；企业通过积极的预案管理，优化管理流程与制度，改进技术或商业模式、沟通方式，为落实这两类社会责任议题提供体系化保障。

企业在采用适应型策略时，应区分"高价值—中关注"社会责任议题和"中价值—高关注"社会责任议题在"行动力＋沟通力"上的组合差异。对于"高价值—中关注"社会责任议题，由于它更多集中于具有重大正面影响并与企业自身的业务密切相关、涉及直接利益相关方数量较多但与社会公众的利益缺乏直接联系的那部分议题，因此可采取"强行动力＋中沟通力"的行动侧重型（高阶）策略。企业应当通过优化业务流程、改进技术或商业模式，加强与利益相关方的沟通、参与和合作，不仅最大限度地增进企业在该项议题上的积极价值，而且赢得利益相关方的理解、认同、支持与合作。对于"中价值—高关注"社会责任议题，由于它往往集中于企业活动与利益相关方诉求之间容易引发矛盾、触发社会风险的社会热点问题，因此可采取"中行动力＋强沟通力"的沟通侧重型（高阶）策略。企业一方面要在守法合规的基础上，最大限度地考虑利益相关方的合理期望与要求，想方设法地在利益认同、价值认同上达成一致；另一方面要创新社会沟通方式，投入充足资源，不仅通过多种途径加强与利益相关方的沟通，而且要向社会公众与媒体做好相关传播，同时全面做好风险预案，建立危机防范与应对机制，最大限度地预防与化解可能发生的社会风险。

四、防御型策略

防御型策略是一种适度的、保守性的社会责任议题管理策略，适用于"高价值—低关注"社会责任议题、"中价值—中关注"社会责任议题和"低价值—高关注"社会责任议题。防御型策略意味着企业对这三类社会责任议题的管理是以合法化为导向，将实施这三类社会责任议题作为获取和增强企业在运营所在地或社会上的"合法性"的重要举措。防御型策略要求企业领导知晓并支持这三类社会责任议题的落实，但给予的指导较少，参与度较低；企业为落实这三类社会责任议题提供必要的资金、人力以及物资等资源支持，但资源供给量不会很多；企业高层管理者对这三类社会责任议题的实施一般不介入，主要由议题涉及的职能部门负责推进；企业通过持续监测、积极研究、主动参与、创新模式、加强沟通等多种途径，保证这三类社会责任议题能够得到恰当的落实。

企业在应用防御型策略时，需要针对"高价值—低关注"社会责任议题、"中价值—中关注"社会责任议题和"低价值—高关注"社会责任议题分别确定"行动力＋沟通力"的策略组合。对于"高价值—低关注"社会责任议题，由于它往往是那些代表未来方向的新技术、新模式、新现象所引发的并且尚处于潜伏期或发生期的伦理性议题，通常与企业所从事的业务有密切关联，因此可采取"强行动力＋弱沟通力"的行动主导型策略。企业应当加强对这类社会责任议题的持续监测和动态监测，针对这类社会责任议题开展研究和准备，并通过改进和变革自身的管理、技术、业务模式等内向型行动做好可能的未来应对，同时与外部的专业性组织和专家就相关问题进行交流与互动。对于"中价值—中关注"社会责任议题，由于它往往集中于那些与企业业务关联度不大、涉及一定范围的利益相关方、具有一定积极影响的议题，因此可采取"中行动力＋中沟通力"的双力平衡型策略。企业应当主动参与这类社会责任议题，创新落实这类社会责任议题的方式，尽可能地增进这类社会责任议题对利益相关方的价值获得感。与此同时，企业还应当拓宽沟通渠道，创新沟通载体，优化沟通方式，加强与利益相关方的沟通、交流、合作，必要时向社会公众和媒体进行少量传播。对于"低价值—高关注"社会责任议题，它主要集中于带有一定争议性、实际负面影响小但被夸大的议题，因此可采取"弱行动力＋强沟通力"的沟通主导型策略。企业对这类社会责任议题的落实重点在于做好充分的沟通解释工作，不仅要制定系统的、详细的利益相关方沟通方案和社会传播方案，而且要创新沟通方式、拓展沟通渠道、提升沟通技巧、丰富沟通载体，引导利益相关方和社会的正确认知，以便消除利益相关方和社会的误解。此外，企业还应全面做好风险防范预案，加强过程风险预警和管控，提升危机应对能力，最大限度地将这类社会责任议题可能引发的风险提前化解。

五、反应型策略

反应型策略是一种被动的、局部性的社会责任议题管理策略，适用于"中价值—低关注"社会责任议题和"低价值—中关注"社会责任议题。反应型策略意味着企业对这两类社会责任议题的管理是以风险管控为导向，将落实这两类社会责任议题作为企业降低可能出现的社会风险与环境风险的行动之一。反应型策略要求企业在这两类社会责任议题上，基于法律或最低标准满足利益相关方和社会诉求，拒绝额外要求；企业领导知晓这两类社会责任议题，但并不关心与关注；企业在必要时对这两类社会责任议题的落实提供少量的资金、人力以及物资等资源支持，往往是计划外预算；没有明确的专门组织保障，往往是为应对外部要求而由相关业务部门或管理部门临时负责；企业在权衡成本效率的基础上，要么通过改善业务运营辅助环节，要么通过改进利益相关方沟通，以便在这两类社会责任议题上对来自外部的压力做出一定反应。

企业在采用反应型策略时，应对"中价值—低关注"社会责任议题和"低价值—中关注"社会责任议题的"行动力＋沟通力"策略组合进行区分。对于"中价值—低关注"社会责任议题，由于它主要是处于企业业务运营的辅助环节、与利益相关方的核心利益关联度低、具有一定积极影响的议题，因此可采取"中行动力＋弱沟通力"的行动侧重型（低阶）策略。企业对这类社会责任议题的落实重点在于评估业务运营辅助环节的改进可能性以及成本效率，通过业务流程优化、成本削减与效率提升等方式提升业务运营的积极影响。与此同时，企业应加强与关注这一类社会责任议题的社会组织与专家的沟通和合作，不仅让他们了解企业的努力与进展，而且利用他们的专业优势来落实这类社会责任议题。对于"低价值—中关注"社会责任议题，由于它主要集中于那些涉及一定范围的利益相关方、实际影响或效用不大的议题，因此可采取"弱行动力＋中沟通力"的沟通侧重型（低阶）策略。企业对这类社会责任议题的落实重点在于向所涉及的直接利益相关方和感兴趣群体进行必要的解释，让他们了解和理解这类社会责任议题对其的价值与影响有限，而企业的替代性方案能够更好地满足其需要。

六、观望型策略

观望型策略是一种等待性的、暂不做回应的社会责任议题管理策略，适用于"低价值—低关注"社会责任议题。观望型策略意味着企业领导对这类社会责任议题尚无明确的态度，关注也较少；企业无论是在行动力上还是沟通力上，都暂时不投入相应的资源，属于双力缺失型策略；企业没有明确的部门对这类社会责任议题负责，往往是与外部社会组织或专家接触的部门会有所涉猎；企业针对这类社会责任议题的重点工作是进行定期评估，考察其是否向其他类型的社会责任议题转化，以便对管理策略进行相应的调整。

第五节　企业社会责任议题的策划与实施

针对每一类社会责任议题确定总体的管理策略之后，企业对每个社会责任议题的管理就进入策划与实施阶段，相应的主要工作包括确定议题落实主体、制定议题实施方案、推进议题具体实施、开展议题过程监控等。

一、确定议题落实主体

一般来说，企业对于每个社会责任议题的落实可以采取两种组织方式：职能化模式与项目制模式。职能化模式指的是企业将某项社会责任议题的落实任务和责任分解到各个部门或业务单元，由责任部门或业务单元和协作部门或业务单元按照分工将其作为自身的一项日常运营管理工作予以完成，而社会责任推进部门则承担指导与监督角色，如图 2－15 所示。职能化模式依托企业现有的组织结构，社会责任议题落实的责任与任务分散于不同的部门或业务单元，相互之间的协调工作往往较多，执行效率与资源配置效率相对不高，比较适用于社会责任议题落实任务相对简单且易于明确划分、涉及部门或业务单元较少的情境。

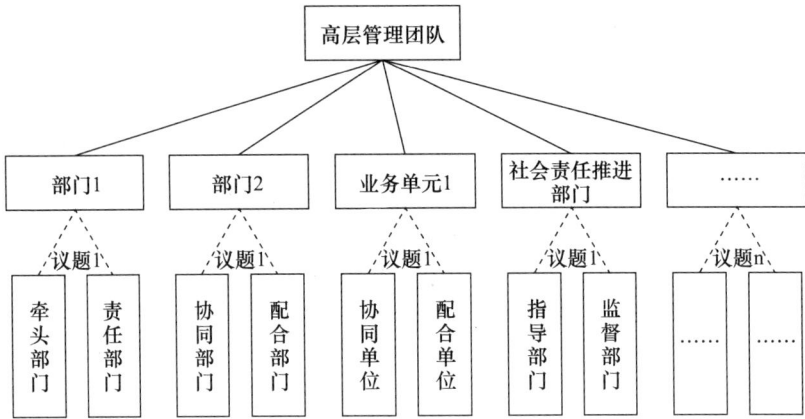

图 2－15　企业社会责任议题落实的职能化模式

　　项目制模式指的是企业将落实某项社会责任议题当作一个项目，按照项目化运作的方式对该项社会责任议题进行管理，也即从落实某项社会责任议题所涉及的各部门或业务单元抽调人员共同组成一个项目组，将落实该项社会责任议题的所有任务集中由项目组完成。由此，各社会责任议题项目组与各职能部门或业务单元形成一个矩阵结构，如图 2－16 所示。项目制模式不仅能够集中资源对社会责任议题项目形成支撑，而且可以将任务与责任聚焦于项目团队，减少职能化模式中的部门间协调，执行效率与资源配置效率都相对比较高。项目制模式比较适合涉及多个部门或业务单元、重要程度较高、任务较为复杂、资源投入需求较大的社会责任议题。

　　从不同类型的社会责任议题来看，高优先级社会责任议题和次高优先级社会责任议题往往由于涉及多个部门或业务单元、重要程度较高、任务较为复杂、资源投入需求较大，因此比较适合采用项目制模式予以落实；中等优先级社会责任议题、次低优先级社会责任议题和低优先级社会责任议题则因为涉及部门或业务单元相对较少、重要程度相对较低、任务相对简单、资源投入也相对不大，因此比较适合采用职能化模式予以落实。表 2－5 为不同类型社会责任议题的落实主体。

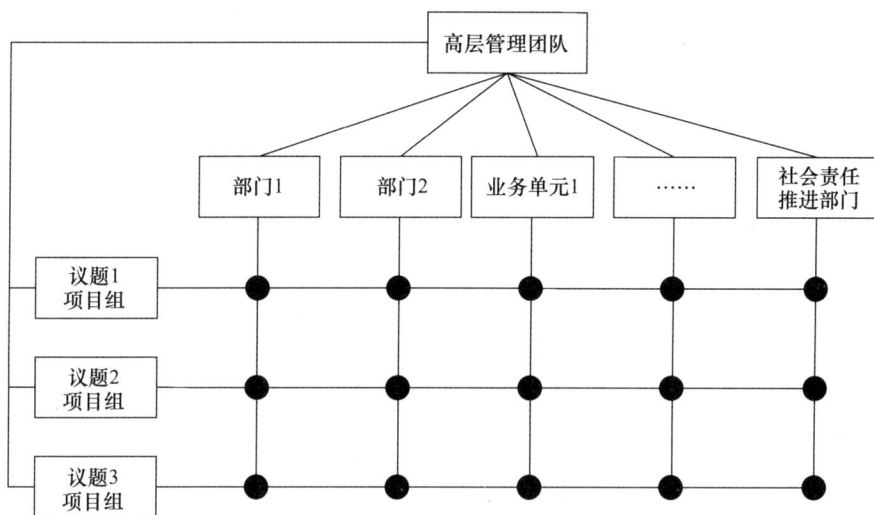

图 2 – 16　企业社会责任议题落实的项目制模式

表 2 – 5　不同类型社会责任议题的落实主体

社会责任议题类型	执行机构	协作机构	指导监督部门	高层管理者参与
高优先级 社会责任议题	项目化模式，由高层管理者任组长，执行机构、协作机构、社会责任推进部门等部门或业务单元共同组成项目团队			
次高优先级 社会责任议题	项目化模式，由高层管理者指导，执行机构、协作机构、社会责任推进部门等部门或业务单元共同组成项目团队			
中等优先级 社会责任议题	议题本身的负责部门或业务单元	相关的部门或业务单元	社会责任推进部门	不介入
次低优先级 社会责任议题	议题本身的负责部门或业务单元	相关的部门或业务单元	社会责任推进部门	知晓，不关心和不关注
低优先级 社会责任议题	根据需要确定	相关的部门或业务单元	社会责任推进部门	无明确态度

二、制定议题实施方案

对于高优先级社会责任议题、次高优先级社会责任议题和中等优先级社会责任议题，每一个议题在具体实施之前都应制定详细的实施方案。如果社会责任议题的落实采用职能化模式，则由执行机构负责制定议题实施方案；如果采用项目制模式，则由项目团队负责制定议题实施方案。对于高优先级社会责任议题和次高优先级社会责任议题，其实施方案应当经过社会责任推进部门审核以及高层管理者批复方可付诸具体实施，必要时需要召开专家意见征询会以及利益相关方沟通会；对于中等优先级社会责任议题，其实施方案应当通过社会责任推进部门同意并报备高层管理者，才可以进入具体实施环节。

一个完整的社会责任议题实施方案应当包括 10 方面内容（见图 2-17）：背景与意义，主要分析企业实施该社会责任议题的内外部环境，以及实施该社会责任议题对于企业和社会的价值；现状评估，主要是对企业在该社会责

图 2-17　企业社会责任议题实施方案的内容

任议题上的表现情况进行分析，必要时可对标一流企业在该社会责任议题上的表现；预期目标，主要为企业实施该社会责任议题设置预期目标，可以分解为直接目标和间接目标；基本思路，主要阐述企业实施该社会责任议题需要遵循的指导思想、主要原则以及相应的主导逻辑、方式方法；主要任务，主要是阐述企业实施该社会责任议题包括哪些内容模块；重点项目，主要是设计和策划企业实施该社会责任议题可以重点开展的项目；沟通策略，主要是对企业在实施该社会责任议题过程中的利益相关方沟通方案进行策划；工作步骤与任务分工，主要是对实施该社会责任议题的主要任务和工作内容进行程序设计与时间计划，同时明确每项工作的责任部门或人员、协同部门或人员；风险评估与应对策略，主要是对企业在实施该社会责任议题过程中可能出现的传统风险、社会风险和环境风险进行预判和评估，并提出相应的应对策略；保障机制，主要是对实施该社会责任议题进行深入思考和延伸拓展，分析其中的潜在问题和推进时需注意的关键环节、保障机制，如制度支撑、组织体系、资源保障等。

三、推进议题具体实施

企业在制定社会责任议题实施方案之后，即可按照实施方案对社会责任议题进行具体实施。如果社会责任议题的落实采用职能化模式，就需要责任部门或业务单元、协同部门或业务单元、社会责任推进部门等按照部门联动与多方参与的方式，按照任务分工各司其职、相互协同、共同推进。与此同时，在具体执行过程中应充分协调和调动各方资源与优势，保持与利益相关方的沟通，了解利益相关方对社会责任议题实施的意见建议和诉求。如果社会责任议题的落实采取项目制模式，则应当按照项目管理的规范程序予以实施，将绘制的社会责任议题"蓝图"转变为实实在在的项目实体或可见的载体。社会责任议题项目团队按照实施方案策划的工作步骤、时间进度、工作要求、资源规划等，全面推进项目的各项工作。在这一过程中，社会责任议题项目团队不仅要通过定期或不定期的会议、互联网与通信工具等加强团队成员之间的沟通，而且需要创新与外部利益相关方和社会的沟通方式，增进相互之间的合作，必要时在实施之前就将重要外部利益相关方纳入项目团队，组成联合工作组，提升重要外部利益相关方的参与感和获得感。需要指出的是，社会责任议题项目在实施管理过程中，管理重点不同于传统的"时间—成本—质量"三要素，而是转变成"时间—利益相关方—内外部资源—综合价值"四要素，如图 2 - 18 所示。

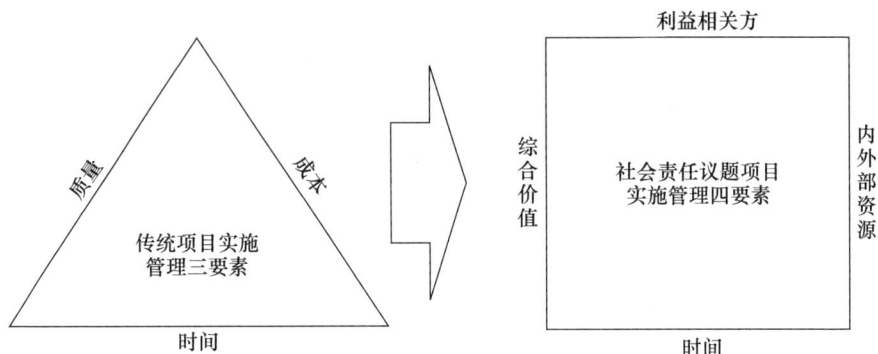

图 2 - 18   社会责任议题项目实施管理的四要素

四、开展议题过程监控

企业对于社会责任议题的实施应当遵循动态管理原则，制定常态化的社会责任议题实施过程监控机制，密切跟踪社会责任议题实施的每一个阶段，定期分析社会责任议题实施的进展、成效与问题，并进行修正与改进，确保社会责任议题的实施能够达到预期的目标或实现最好的效果。从监控方法来看，无论是在职能化模式中还是在项目制模式中，都应采取目标监控的方法，即将社会责任议题实施实际进展与所设定的目标进行比较分析。为了实现这一点，需要对社会责任议题实施过程中的管理四要素进行监控，即针对综合价值实现程度的价值监控、针对利益相关方诉求合理满足与关系管理情况的外部监控、针对内外部资源利用与满足程度的资源监控、针对实施进度与时间管理要求的节点监控。如果监控发现，这四要素没有偏离社会责任议题实施方案中设定的预期目标，则按照计划继续行动；否则，就要对设定的预期目标是否合理进行重新审视，如果目标合理，则修正行动，如果目标不合理，则修正目标，并进入下一轮监控循环，如图 2 - 19 所示。

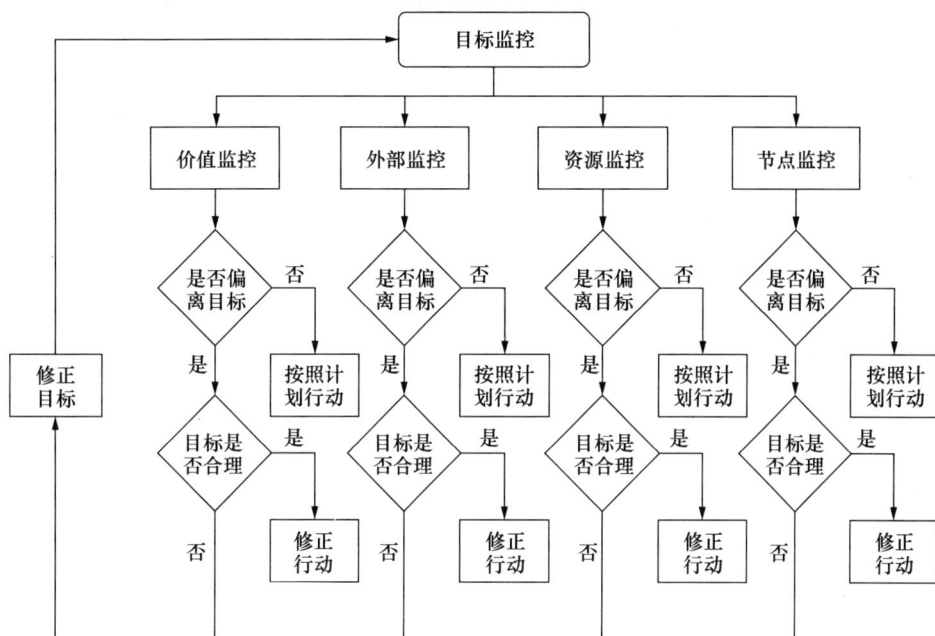

图 2-19 企业社会责任议题实施过程监控的流程

第六节 企业社会责任议题的绩效评价与改进

企业按照社会责任议题实施方案开展具体实践后，还需要开展社会责任议题实施的绩效评价，同时对社会责任议题实施的过程与结果进行总结，并在此基础上开展对社会责任议题新一轮的实践，实现企业在该项社会责任议题上螺旋式上升的持续改进。

一、议题绩效评价

企业社会责任议题实施绩效的评价可以分为两种类型：自我评价和外部评价。自我评价是指社会责任议题落实主体对自身开展某项社会责任议题的表现和成效进行评价，通常包括过程性评价与结果性评价两部分。过程性评价是从议题选择、方案编制、具体实施、过程监控和工作收尾等全过程的管理规范性、科学性与系统性对社会责任议题实施绩效进行评价；结果性评价是对实施社会责任议题所产生的价值贡献以及实现预期目标的程度进行评价，既包括对外部经济、社会、环境带来的综合价值增量贡献，也包括为利益相关方创造的共享价值，还包括对企业价值提升产生的助推效用。外部评价是指外部利益相关方或独立第三方对企业落实某项社会责任议题的表现和成效进行评价，通常包括利益相关方评价和第三方独立评价两种形式。利益相关方评价的重点是对企业在落实社会责任议题时对利益相关方诉求的考虑情况、企业在实施社会责任议题过程中与利益相关方的互动合作情况、利益相关方对企业实施社会责任议题的满意度与认同情况进行评价；第三方独立评价是一个全面型评价，与企业自我评价类似，也包括过程性评价与结果性评价，但更为详尽和深入，且重点在外部结果性评价。具体如图2－20所示。

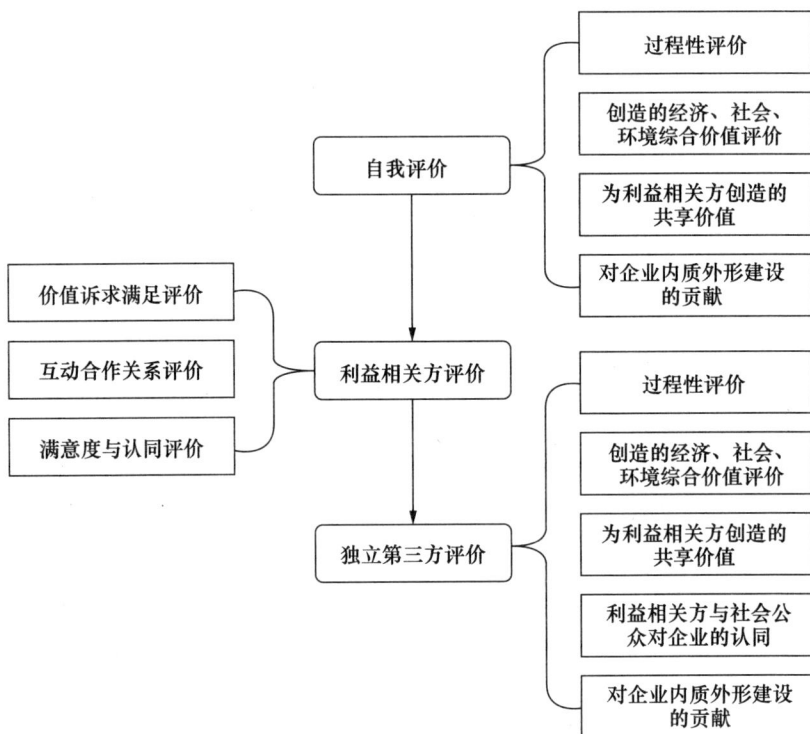

图2－20 企业社会责任议题实施绩效评价的完整体系

通常来说，高优先级社会责任议题由于重要性和复杂度都最高，因此其绩效评价的要求和难度也最高，往往需要采取自我评价、利益相关方评价和独立第三方评价相结合的方式；次高优先级社会责任议题也具有较高的重要性和复杂度，因此其绩效评价一般可以采用自我评价与利益相关方评价相结合的方式；中等优先级社会责任议题、次低优先级社会责任议题和低优先级社会责任议题由于重要性和复杂度都处于一般水平或较低水平，因此其绩效评价往往采用自我评价方式即可。具体如表2-6所示。

表2-6　不同类型社会责任议题适用的绩效评价方式

议题类型	评价难度	评价深度	评价方式		
			自我评价	利益相关方评价	独立第三方评价
高优先级社会责任议题	难	深	√	√	√
次高优先级社会责任议题	较难	较深	√	√	
中等优先级社会责任议题	一般	一般	√		
次低优先级社会责任议题	较易	较浅	√		
低优先级社会责任议题	容易	浅	√		

二、议题实施总结

企业社会责任议题实施的总结主要包括两项内容：总结报告与成果化。总结报告是企业社会责任议题实施后的重要显性化成果，也是企业实现社会责任知识有效供给的重要环节。当社会责任议题落实采用职能化模式时，总结报告通常由责任部门或业务单元牵头、协同部门或业务单元配合、社会责任推进部门指导共同完成；当社会责任议题落实采用项目制模式时，总结报告应由项目团队完成。无论采取哪种落实模式，企业社会责任议题实施后均应召开总结会，共同就社会责任议题实施情况进行总结，并就总结报告进行讨论。一般来说，总结报告应当涵盖六部分内容（见图2-21）：背景与意义，主要是阐述社会责任议题实施的内外部环境及其意义；实施过程，主要是对社会责任议题实施的组织方式、执行全过程、管理要点进行描述；实施成效，主要是对社会责任议题实施前设置的预期目标完成情况、自我评价结果、利益相关方评价结果和独立第三方评价结果进行阐述，重点描述出社会责任议题实施创造的价值增量贡献；创新点，主要是对社会责任议题实施的模式创新、方法创新、工具创新以及由此引致的业务创新、管理创新、流程创新等创新亮点进行阐述；存在问题，主要是对社会责任议题实施过程中出现的问题，以及实施后尚存在的问题进行分析；改进建议，主要是针对社会责任议题实施过程中以及结果中尚存在的问题提出建设性的改进措施。

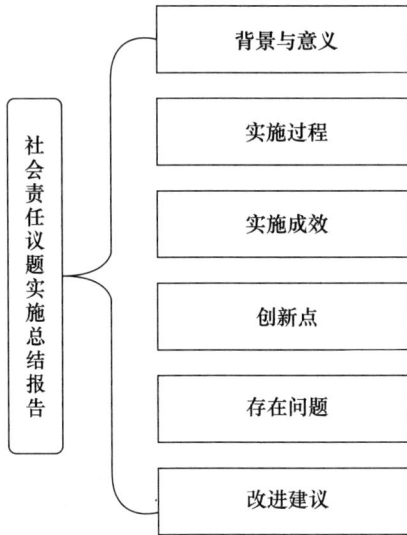

图2-21　企业社会责任议题实施总结报告的内容构成

成果化指的是企业对某项社会责任议题的实施成果不仅局限于总结报告，而且以其他的成果载体进行显性化，并对内和对外传播与展示，以进一步提升社会责任议题实施的效果。尤其是，对于一些实施时间长、内容非常丰富、投入资源大的高优先级社会责任议题，对其实施的成果进行多种形式的显性化载体展示特别重要。企业社会责任议题实施的成果化类型、内容和形式可以多样化（见表2-7），如可以通过固化社会责任议题实施过程中一些成功的管理经验和优秀做法，将其形成固定的管理制度文件或管理手册；也可以将社会责任议题实施中运用的创新工具进行提炼总结，形成类似社会责任议题的工具集；还可以将社会责任议题实施浓缩和撰写成一个社会责任实践案例，甚至可以针对该社会责任议题编制相应的白皮书；等等。

表2-7　企业社会责任议题实施的成果化载体

成果类型	具体内容	成果形式
管理成果	➤ 对社会责任议题实施过程中的成功经验和优秀做法进行固化 ➤ 对社会责任议题实施中的管理模式进行提炼进行总结	➤ 管理制度文化 ➤ 管理手册 ➤ 书籍

续表

成果类型	具体内容	成果形式
实践成果	➢ 对社会责任议题实施中的经验、方法和案例进行总结 ➢ 对社会责任议题实施过程进行记录和整理 ➢ 对社会责任议题实施的部署、行动与成效进行总结	➢ 实践案例 ➢ 小故事集 ➢ 视频 ➢ 白皮书
工具成果	➢ 对社会责任议题实施过程应用的工具方法进行提炼总结	➢ 工具集 ➢ 书籍
研究成果	➢ 对社会责任议题实施从理论上进行提炼总结和创新	➢ 研究论文 ➢ 研究报告

三、议题持续改进

对于大多数的社会责任议题来说，企业落实这些议题并不是一蹴而就的，往往是一个长时间关注、长期投入、持续实施的过程，因此企业落实某项社会责任议题必然是一个持续改进的过程。为此，企业应根据某项社会责任议题实施绩效评价结果的反馈、实施总结的建议以及日常监测结果的提示，对该项社会责任议题的后续管理进行全方位的改进，主要包括七个方面（见图2-22）：认知改进，指的是企业对该项社会责任议题的内涵与外延、开展必要性以及国内外发展情况的认识进一步深化；组织方式改进，指的是企业对实施该社会责任议题的组织架构、人员配置和协作方式进行改进；实施内容改进，指的是企业对实施该社会责任议题的内容范围、子议题分解和任务结构进行改进；实施程序改进，指的是企业对实施该社会责任议题的流程环节和过程管理进行改进；实施方法改进，指的是企业对实施该社会责任议题时采用的方法工具进行改进；沟通改进，指的是企业在实施该社会责任议题过程中对利益相关方沟通方式、沟通渠道、沟通载体、沟通内容、沟通效果进行改进；成效改进，指的是企业对实施该社会责任议题的综合价值创造水平、利益相关方价值创造水平和对企业竞争力提升的作用进行改进。

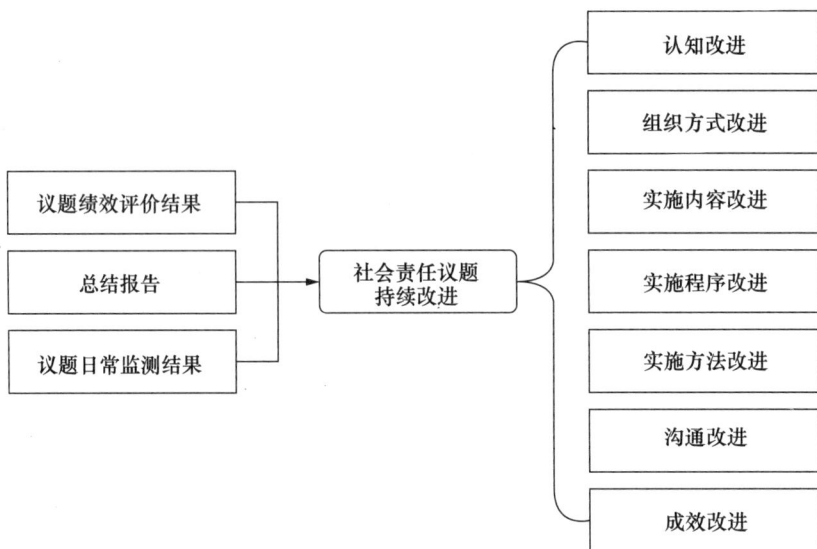

图 2-22　企业社会责任议题实施的持续改进体系

第七节　企业社会责任议题管理的日常工作机制

企业除了要明确议题个体层面的管理程序外，还需要对组织层面的整体议题管理机制进行构建与优化。作为企业社会责任管理的重要内容，企业社会责任议题管理应当纳入企业社会责任日常工作机制与组织协调机制，形成社会责任议题规划、社会责任议题计划、社会责任议题预算、社会责任议题协调、社会责任议题考核等企业社会责任议题日常工作机制。

一、社会责任议题规划

企业社会责任议题规划的编制可采取两种形式：作为社会责任规划的构成模块和专门的社会责任议题规划。对于前者，企业在编制社会责任中长期规划和三年滚动规划时，将社会责任议题规划作为其中的一个组成部分；对于后者，企业由于高度重视社会责任议题的未来规划，因此将其作为一个相对独立的事项进行规划编制。无论采取哪种形式，企业社会责任议题规划通常由社会责任推进部门牵头，组织有关职能部门和业务单元共同制定，有需要时，也可聘请外部机构协助完成。

企业社会责任议题规划在内容编制上一般由八个步骤构成（见图 2 - 23）：议题实施与管理现状和问题，即分析企业过去几年在社会责任议题实施与管理上取得的进展、成效以及存在的主要问题；规划期内议题识别，即通过多种途径收集社会责任议题或从企业社会责任议题库中识别分析规划期内企业可能需要落实的社会责任议题；议题实施目标制定，包括确定社会责任议题实施的总体目标，以及重点社会责任议题实施的具体目标；议题实施思路确定，包括社会责任议题实施的整体性、原则性思路，以及针对识别出来的社会责任议题的分类实施和管理思路；重点议题实施任务与路径，即对高优先级社会责任议题和次高优先级社会责任议题进行详细规划，对每个议题在规划期内的实施思路、需要开展的重点工作、实现路径进行策划；重点议题的投入测算，即对每个重点社会责任议题在规划期内需要的投资与成本进行估算；议题落实主体与责任分工确定，即对每个社会责任议题的责任部门或业务单元、协同部门或业务单元进行明确；议题落实保障机制，即对企业落实社会责任议题的各项要求和保障机制进行明确。

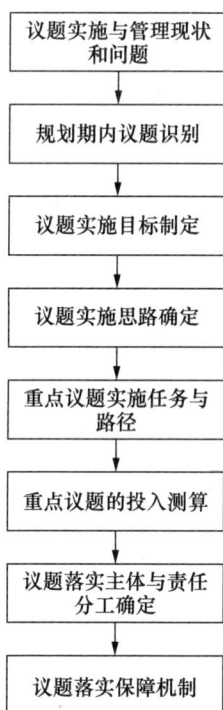

图 2 - 23 企业社会责任议题规划编制的内容逻辑

二、社会责任议题计划

为了保证社会责任议题实施的有序性，企业应当在每年的社会责任推进计划中列出社会责任议题实施计划，如果有必要，企业亦可单独编制社会责任议题年度计划。社会责任议题年度计划至少需要包括各个社会责任议题的年度目标、主要工作内容、关键时间节点和工作任务分工。社会责任议题年度计划通常由各议题责任部门或业务单元根据社会责任议题规划和企业年度重点工作任务编制，并报送到社会责任推进部门，社会责任推进部门对各社会责任议题年度计划进行汇总，并在与责任部门或业务单元协商的基础上对年度计划进行审核，然后报企业高层管理团队进行审批，审批后由社会责任推进部门下达到各责任部门或业务单元和协同部门或业务单元，具体程序如图 2 - 24 所示。

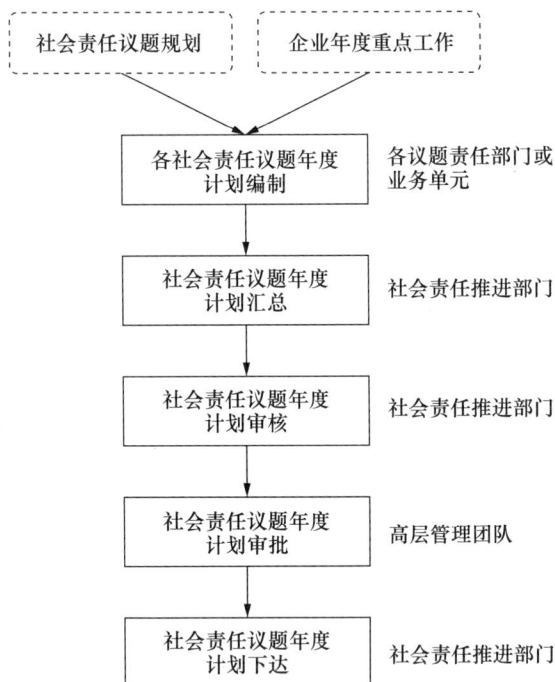

图 2 - 24　企业社会责任议题计划编制与审批流程

三、社会责任议题预算

企业应当根据不同类型社会责任议题实施的需要，每年提供不同程度的经费支持。为了实现对各个社会责任议题经费的有效管理，企业可以通过年度预算的编制、执行与控制来提升社会责任议题经费使用的效率与效果。对于社会责任议题预算编制的方式，如果企业采用社会责任议题落实的职能化模式，通常社会责任议题预算纳入所在部门或业务单元的年度预算，但需要在部门或业务单元预算中单独明确出来；如果企业采用社会责任议题落实的项目制模式，通常社会责任议题预算单独列出，或统一进入社会责任推进年度预算。无论何种模式，社会责任议题预算都需要经历编制、汇总、审核、审批、执行、调整等环节（见图 2-25），且预算一定与社会责任年度工作计划相吻合。

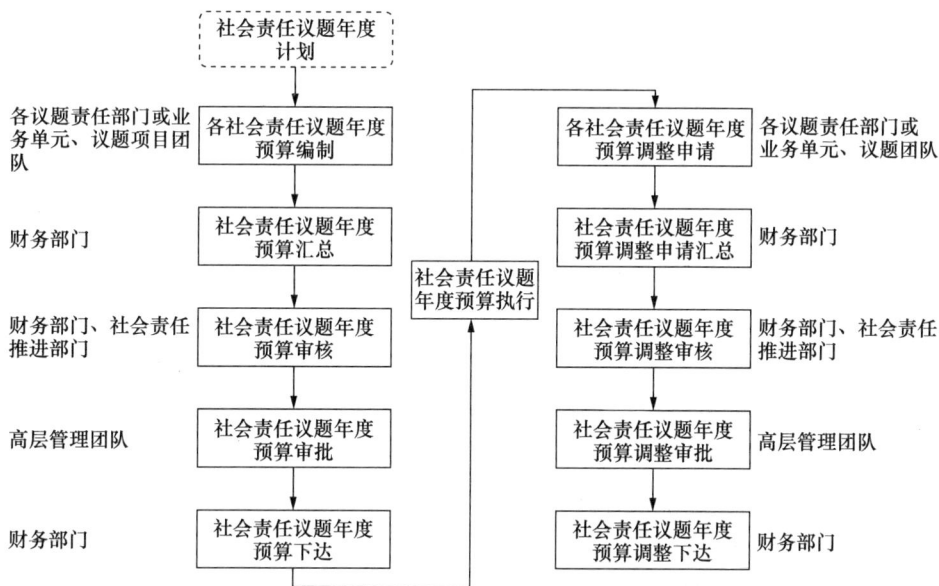

图 2-25　企业社会责任议题年度预算编制与调整流程

四、社会责任议题协调

按照管理的过程理论，社会责任议题管理不仅要做好计划与组织职能，而且需要在年度计划与预算执行过程中，充分履行好协调职能。企业在社会责任议题实施过程中，为了保证各个社会责任议题能够顺利开展和实现整体效果最优，不仅需要对议题内部进行协调，而且要对议题间进行协调，同时还要对内外部进行协调；不仅要进行目标协调、思想协调和关系协调，还需要进行资源协调、任务协调和进度协调。由于责任部门或业务单元、议题项目团队、社会责任推进部门、高层管理团队在社会责任议题实施过程中承担的角色与作用不同，因此它们在议题内部协调、议题间协调和内外部协调上发挥的功能和重点也存在差异，具体如表2-8所示。

表2-8　不同主体的社会责任议题协调功能

协调类型	责任部门或业务单元、议题项目团队	社会责任推进部门	高层管理团队
议题内协调	目标协调、思想协调、关系协调、资源协调、任务协调、进度协调	任务协调、进度协调	目标协调、思想协调、关系协调、资源协调
议题间协调	—	目标协调、思想协调、关系协调、资源协调、任务协调、进度协调	目标协调、思想协调、关系协调、资源协调
内外部协调	关系协调、资源协调	关系协调、资源协调	目标协调、思想协调、关系协调、资源协调

五、社会责任议题考核

为了保证对社会责任议题实施的激励性与约束性，企业应坚持效果导向，不断加强社会责任议题考核，建立健全社会责任议题绩效考核制度、社会责任议题绩效考核组织体系和社会责任议题绩效考核程序，形成较为完善的社会责任议题绩效考核体系。企业也可以将社会责任议题绩效考核纳入企业整体的社会责任绩效考核体系，但需要对其进行明确。企业社会责任议题绩效考核体系通常由七个要素构成：考核主体、考核目标、考核对象、考核指标、考核标准、考核方法和考核报告。需要指出的是，不同类型的社会责任议题由于重要性、复杂性不同，它们在考核体系的七个要素上也有所差异，具体如表2-9所示。

表 2-9　不同类型社会责任议题的绩效考核

议题类型	考核主体	考核目标	考核对象	考核指标	考核标准	考核方法	考核报告
高优先级社会责任议题	高层管理团队	激励团队、优化议题落实	议题项目团队	议题实施绩效、各方评价	年度计划设置的目标	填写绩效考核表、考核会	详细报告
次高优先级社会责任议题	高层管理团队	激励团队、优化议题落实	议题项目团队	议题实施绩效、各方评价	年度计划设置的目标	填写绩效考核表、考核会	详细报告
中等优先级社会责任议题	社会责任推进部门	激励落实部门、优化议题落实	责任与协同部门（业务单元）	议题实施绩效、各方评价	年度计划设置的目标	填写绩效考核表	较为详细的报告
次低优先级社会责任议题	社会责任推进部门	落实职责	责任部门或业务单元	主要开展的工作	年度计划设置的工作内容	提交工作总结	简要报告
低优先级社会责任议题	社会责任推进部门	落实职责（定期评估）	指定的部门或业务单元	主要开展的工作	年度计划设置的工作内容	提交工作总结	简要报告
社会责任议题管理	高层管理团队	保证高水平管理、落实职责	社会责任推进部门	议题落实成效、主要管理工作	年度计划设置的工作内容	填写绩效考核表	较为详细的报告

第三章 企业社会责任议题管理的基本理念

企业社会责任议题落实作为企业社会责任实践的主要方式，以及企业社会责任议题管理作为企业社会责任管理的重要内容，都意味着企业社会责任议题管理需要秉持社会责任的基本理念与原则。因此，企业社会责任议题管理的基本理念就是企业在处理社会责任议题时应当遵循的基本原则，这些原则凝聚了当前关于社会责任的最新思潮和基本共识。运用这些理念管理企业的社会责任议题，有助于企业用更开放的思维、更全面的立场和更具前瞻性的眼光处理企业面临的各类问题，创造新的价值增长点。

第一节 企业社会责任议题管理的理念模型

企业社会责任理念与原则的多样性决定了企业社会责任议题管理的理念多样化。目前，关于企业社会责任理念与原则存在不同的概括，数量也不尽相同，并且缺乏系统性、逻辑自洽的论证与阐述，因此有必要对此进行重新梳理与研究。

一、理念模型构建思路

社会责任议题管理的核心理念源于对社会责任概念的理解。按照 ISO（2010）的界定，社会责任是指组织通过透明和道德的行为，为其决策和活动对社会和环境的影响而承担的责任。这些行为致力于可持续发展，包括健康和社会福祉（Social Welfare）；考虑利益相关方的期望；遵守适用的法律，并与国际行为规范相一致；融入整个组织，并在其关系中得到践行。根据这一定义，第一，履行社会责任需要企业进行视角的转换，从原来关注企业自身的内部视角，转向考虑"利益相关方"、"社会和环境"的外部视角；第二，需要企业的行为"致力于可持续发展"，即从外部视角来看，企业的行为必须具有可持续性；第三，需要企业的行为"遵守适用的法律，并与国际行为规范相一致",即要满足守法合规的底线要求;第四,需要企业为其决策和活动"对社会和环境的影响"承担责任,包括最小化"消极影响"和最大化"积极影响",前者意味着企业要最大限度地防范自身行为对社会和环境带来的风险,后者表明企业要尽可能地多创造正的"综合价值";第五,需要企业行为保持"透明",即企业应当坚持透明运营,并尽可能地推动利益相关方参与和合作。此外,如果将企业社会责任中的"企业"看成一个整体,那么实践企业社会责任的宏观效应就是企业社会责任的资源配置功能,即企业社会责任是一种弥补市场失灵、政府失灵和社会失灵的资源配置机制(李伟阳和肖红军,2012),能够实现社会资源整合与优化配置。而无论是企业与利益相关方的和谐共处,还是企业与社会的共生,实际上都需要企业的行为有利于构建形成一个可持续的健康生态圈,实现相互之间的自组织、自运行、自生存和自发展。

二、"2+7"画卷模型

根据以上对社会责任的理解,企业社会责任议题管理应当遵循的核心理念可以归纳为"2+7"的画卷模型(见图3-1)。"2"代表画卷的两卷轴,分别是"外部视野"和"可持续性",它们也是企业社会责任议题管理应当遵守的最基础理念;"7"代表展开的画卷内容,即社会责任议题管理应当遵守的七个层次递进的关键理念,从低到高依次是"守法合规"、"社会与环境风险防范"、"综合价值创造"、"透明运营"、"利益相关方参与和合作"、"社会资源整合与优化配置"和"健康生态圈"。

图3-1 企业社会责任议题管理理念的画卷模型

第二节　外部视野理念

外部视野是企业社会责任和企业社会责任议题管理的最基础理念之一，也是企业社会责任议题管理的起点。外部视野理念无论是对企业社会责任议题管理，还是对企业社会责任管理，甚至对整个企业管理，都具有极其重要的指引性意义。

一、外部视野理念的含义

传统的企业行为方式和管理方式更多采用内部视野，从企业自身视角出发考虑问题，往往基于有利于企业自身或企业行动最为方便的角度行事，突出体现为企业员工通常采取任务导向，将工作仅仅看成内部开展业务活动和完成特定任务，按照如何最利于自身完成任务或者执行规定的任务动作开展工作。例如，虽然许多企业都口口声声地自诩"以客户为中心"，但它们采取的仍然是内部导向，对客户需求的满足也是基于"我们认为客户需要什么"，而不是真正通过客户调查、与客户沟通交流、让客户参与来了解客户真实的需求，结果是客户真正需要的与企业提供的并不相符。又如，20 世纪 90 年代，业务流程再造（Business Process Reengineering）理论一经 Hammer 和 Champy 提出，就得到众多企业的推崇和追捧，但现实是许多企业的业务流程再造工程都以失败而告终，其中很重要的一个原因就是这些企业固守内部视野，流程再造的出发点是以如何最大化企业自身盈利、如何最有效提升企业自身效率为导向，而没有真正做到以外部视角的最大化"客户价值"为着眼点设计流程。

企业通过落实社会责任议题来开展社会责任实践，要求企业必须从传统的内部视野转向外部视野，进行换位思考，从利益相关方视角和社会视角考虑企业运营与管理问题，不仅要在运营与管理中考虑外部利益相关方和社会的期望与诉求，而且要从为利益相关方和社会创造价值的角度审视企业的运营与管理成效，切实做到"外部期望内部化，内部工作外部化"。利益相关方视野意味着企业开展任何决策和活动都应当识别与分析受其影响或影响其的利益相关群体，考虑他们对企业决策和活动的期望与诉求；社会视野意味着企业的任何行为都应当考虑社会对企业开展这些行为的合理期望，将增进社会福利的要求融入企业的运营和管理。外部视野一方面能够为企业的运营和管理提供新视角与新思路，由此带来运营和管理方式的新变化，另一方面更能彰显企业运营和管理的社会价值和外部功能，增进企业与利益相关方和社会的和谐互动。

示例 3-1：国网无锡供电公司基于利益相关方视野开展电网项目环境和谐性评估

国网无锡供电公司从利益相关方视角出发，创造性地开发出电网建设项目推进的"五点三机制"的工作思路与方法，其中"五点"是"建设项目影响点识别、利益相关方关注点分析、建设过程风险点评估、建设过程隐患点控制、流程管控关键点考核"，三机制是"信息披露机制、诉求表达机制、利益协调机制"，以增强电网建设项目与利益相关方的互动性，让关键利益相关方参与到整个建设过程中，及时缓解和控制潜在风险，营造良好的社会舆论氛围，推进项目建设的科学、高效、绿色和可持续。

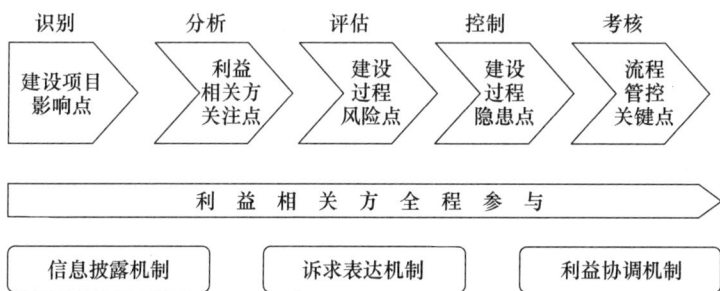

识别	分析	评估	控制	考核
建设项目影响点	利益相关方关注点	建设过程风险点	建设过程隐患点	流程管控关键点

利 益 相 关 方 全 程 参 与

信息披露机制	诉求表达机制	利益协调机制

建设项目影响点识别

在考虑电网建设从规划到竣工各阶段影响谁的基础上，分析电网建设项目受谁影响、谁会参与、谁会支持等，同时综合运用专家分析、实地调研访谈等方法，识别出电网建设项目所涉及的利益相关方。经过梳理和分析，国网无锡供电公司电网建设所涉及的利益相关方主要包括：政府相关部门（规划、城建、国土、环保、水利、交通、铁路、航道、林业、农业等)、上级单位、乡镇政府、村（居）委会、用户、供应商以及自然环境等。

利益相关方关注点分析

采用历史数据分析、调研访谈、问卷调查、会商等相结合的方法，收集相关信息，系统梳理上述关键利益相关方的主要关注点。如被征地居民，一方面要求征地拆迁补偿标准尽早落实、尽快公开，另一方面希望可以适当提高补偿标准；施工单位则更为关注工程周期的长短和施工合同能否全面履行。

建设过程风险点评估

积极开展施工现场勘探，同时征询地方政府各职能部门以及有关工程设计、环保、水保专家的意见，评估电网建设过程主要风险因素可能发生的概率和影响利益相关方的程度，并对其进行等级划分，分别确定关键利益相关方充分参与的风险控制方法。

建设过程隐患点控制

通过信息披露、诉求表达和利益协商等相关机制的设置，保障利益相关方的知情权、表达权，给予受影响的各方充分表达其诉求的渠道和方式，推动电网建设项目达到多方共赢、稳步推进、顺利竣工。

流程管控关键点考核

为配合新增流程和环节，国网无锡供电公司新增加了"施工公告到户率"、"安全施工率"、"利益相关方支持率"、"利益相关方调研覆盖率"、"农民工工资到位"、"征地安置补偿金落实到位"等定性、定量的考核指标，将利益相关方的需求和期望融入电网建设绩效管理，反映出建设工程为利益相关方创造的综合价值，实现了绩效指标的可感知、可理解。

资料来源：国网无锡供电公司2014年社会责任根植项目《建设项目环境和谐性评估》总结报告。

二、外部视野理念的运用

企业在开展社会责任议题管理过程中，需要将利益相关方视野和社会视野全面融入社会责任议题的识别与选择、策划与实施、评价与改进等全过程中，真正做到换位思考，实现"眼睛向内"向"眼睛朝外"的转变，保证社会责任议题的落实更能满足利益相关方和社会的需要，更能创新性地回应企业所面临的社会压力和外部问题。

1. 议题识别与选择阶段的运用

按照企业社会责任议题的定义与特征，企业在进行社会责任议题收集、识别与选择时，应当坚持利益相关方视野和社会视野。从利益相关方视野来看，企业在这一阶段需要开展四个方面的工作：

一是识别企业的利益相关方。按照 ISO（2010）提供的方法，为了准确、完整地识别出利益相关方，企业宜自问以下问题：组织对谁有法定义务？谁会受到组织决策或活动的积极或消极的影响？谁有可能关注组织的决策和活动？在过去出现类似关注需要回应时，谁曾参与过？谁能够帮助组织处理特定影响？谁会影响组织的履责能力？如果被排除在参与进程之外，谁将处于不利地位？价值链中的谁受到了影响？

二是了解利益相关方对企业的关注点、期望与诉求。企业可以通过问卷调查、座谈会、实地访谈等多种方式了解每一类利益相关方对企业的真实关注点、真正的期望与诉求。

三是分析利益相关方关注点、期望与诉求的特点。企业需要对了解到的利益相关方关注点、期望与诉求进行分析，考察其是否具有争议性、伦理性、社会性和普遍性，如果仅仅是纯粹技术性、财务性、个体间独有的且相互之间没有争议的关注点、期望与诉求，则不能成为企业社会责任议题。

四是社会责任议题选择考虑利益相关方价值。企业在对社会责任议题进行优先级评估和选择时，需要将社会责任议题对利益相关方价值创造的重要性作为评估因素考虑进去。

从社会视角来看，企业在开展社会责任议题收集、识别与选择时也需要开展四个方面的工作：

一是分析社会对企业的普遍期望。企业可以通过社会公众调查、媒体调查等方式，获取社会对工商企业、本企业所在特定类型企业的普遍期望，并从是否具有争议性、伦理性、社会性和普遍性等角度进行分析。

二是追踪与挖掘社会热点、难点和前瞻性问题。企业可以通过对重要会议或论坛的理念议题梳理，对政府中社会公共事务部门或有影响力的社会公益组织的调研，了解当前社会发展中被广泛关注的热点公共议题；可以通过对专家的走访和调研，了解当前社会发展中的难点问题和前瞻性问题。

三是考察企业与社会普遍期望、社会问题的关系。企业应立足自身的资源、条件与优势，考察企业与社会普遍期望、社会热点问题、社会难点问题、社会前瞻性问题之间的关系，判断这些期望与问题是否有可能成为企业需要落实的社会责任议题。

四是社会责任议题选择考虑社会价值。企业在对社会责任议题进行优先级评估和选择时，需要将社会责任议题对全社会价值贡献的作用作为评估因素考虑进去。

2. 议题策划与实施阶段的运用

外部视野在企业社会责任议题识别与选择阶段的应用是从企业整体视角考虑的，并不涉及特定社会责任议题，而在社会责任议题策划与实施阶段，外部视野的运用就与特定社会责任议题密切相关，是这一理念在落实单个社会责任议题中的具体化。从利益相关方视野来看，企业在这一阶段需要开展三个方面的工作：

一是识别本议题的利益相关方。特定社会责任议题的利益相关方与企业的利益相关方并不完全一致，因此每个社会责任议题策划与实施时都需要重新识别利益相关方。在实践中，一些企业对社会责任议题利益相关方的识别流于形式，直接将企业的利益相关方照搬过来，其结果是不仅毫无用处，甚至产生误导。进一步来看，社会责任议题的利益相关方识别可以先将议题进行内容分解，并按照各个内容模块实施的先后顺序，对每个环节中可能涉及的利益相关方均进行识别，然后归纳与汇总。

二是识别利益相关方对企业在本议题上的期望与诉求。特定社会责任议题的利益相关方对企业在该议题上的期望与诉求不同于各利益相关方对企业整体运营的期望和诉求，他们对企业在该社会责任议题上的期望与诉求会更加具体、更加聚焦、更加直接，因此每个社会责任议题策划与实施时还需要对该议题的利益相关方期望与诉求进行更加有针对性的分析。在实践中，很多企业对特定社会责任议题的利益相关方期望与诉求分析也往往大而化之，将利益相关方对企业整体运营的期望和诉求照搬照抄，所分析的期望与诉求与该议题并没有直接关系甚至毫无关系。特定社会责任议题的利益相关方期望与诉求分析最好通过利益相关方调查的方式开展，确保了解到的期望与诉求是真实有效的。

三是有效管理利益相关方对企业在本议题上的期望与诉求。利益相关方对企业在特定社会责任议题上的期望与诉求并不一定总是合理的，有些期望和诉求可能超越了企业的责任边界与能力范畴，甚至有些期望与诉求显得非常不合理。这时，企业在对该社会责任议题策划与实施的过程中，需要分析出哪些期望与诉求是合理的，企业可以通过设计行动予以满足，哪些期望与诉求是不合理的，企业要通过与利益相关方沟通、有目的性的引导等方式影响利益相关方的期望与诉求。

从社会视野来看，企业在社会责任议题策划与实施阶段需要开展的工作主要是对社会公众的期望与诉求进行有效回应和管理。社会公众对于企业在特定社会责任议题上可能有一个相对明确的期望与诉求，也可能没有清晰的、一致性的期望与诉求。无论哪种情况，企业一方面要通过社会调查的方式了解和识别出社会公众对企业在该社会责任议题上的关注点，另一方面要对这些关注点的合理性进行分析，企业应当对社会公众的合理期望与诉求做出积极回应。如果出现了不合理的过度期望与诉求，企业应当策划开展社会公众的期望与诉求引导，使社会公众对企业在该社会责任议题上的预期归于理性和合理。

3. 绩效评价与改进阶段的运用

正如企业的价值存在于企业之外，企业在特定社会责任议题上的绩效表现只有赢得外部的认可才具有真正的价值。因此，企业社会责任议题绩效评价必须导入外部视角，重视外部利益相关方和社会对企业在该议题上的表现给予的评价。为此，企业在开展社会责任议题绩效评价时，一方面需要在评价指标体系中增加"利益相关方满意度"、"利益相关方认同度"、"社会公众认可度"、"利益相关方价值创造水平"、"社会价值创造水平"等外部性指标，并强调这些指标在评价指标体系中的重要性；另一方面需要在评价过程中引入"利益相关方评价"甚至"社会公众评价"环节，真正了解利益相关方和社会对企业在该社会责任议题上的认可与认同程度。此外，企业在特定社会责任议题上的持续改进也有赖于从外部利益相关方视角和社会视角对企业的行为进行再审视、再纠偏、再创新和再提升。

第三节　守法合规理念

守法合规是企业行为的底线要求，任何企业在任何情况下都绝不能跨越这一底线。同样，企业对任何社会责任议题的落实，也必须坚守守法合规这一底线。如果违背了这一底线，企业社会责任议题的落实就会使企业陷入名不副实的对社会的负责任之中，也必然会严重背离实施社会责任议题的初衷。

一、守法合规理念的含义

长期以来，学者们围绕着"法律责任是否属于企业社会责任的组成部分"这一问题一直存在争议，既有把法律责任排除在企业社会责任之外，将其看作与社会责任地位并列的观点，亦有将法律责任看作是企业社会责任内容之一的观点。对于前者，Sethi（1975）提出，应当区分社会义务和社会责任，社会义务是企业对市场力量和法律规定做出回应的行为，而社会责任则是对社会义务的超越；Brummer（1991）将企业责任区分为企业经济责任、企业法律责任、企业道德责任和企业社会责任，并认为它们相互独立；McWilliams和 Siegel（2001）指出，企业社会责任是企业采取的旨在促进超越企业的经济、技术、法律利益的社会利益的行动。对于后者，Carroll（1979）认为，"企业社会责任包括社会于一个时点上对企业在经济、法律、伦理和自愿方面的期望"[①]，因此企业承担社会责任的内容应包括经济责任、法律责任、伦理责任和慈善（自愿）责任四个层面。而 ISO（2010）在社会责任国际标准 ISO26000 中更是指出，尊重法治和尊重国际行为规范都是组织社会责任的基本原则，任何个人或组织都不得凌驾于法律之上，即使是政府也必须服从法律；组织宜在坚持尊重法治原则的同时，尊重国际行为规范。分析来看，由于法律义务是法定化的且以国家强制力作为保证，这种义务在法律中不仅有具体的内容和履行上的要求，而且对于其怠于或拒不履行也有否定性的法律评价和相应的法律补救，因此它实际上是对义务人的"硬约束"，是维护基本社会秩序所必需的最低限度的道德的法律化（卢代富，2001）。这意味着无论企业开展何种行为，也无论社会责任是自愿性的还是强制义务性的，在履行过程中都必须满足法律的硬约束要求，例如，即使是企业开展慈善活动，也必须遵守国家出台的《慈善法》。

所谓守法合规，就是企业对所有适用法律法规、制度规定和职业操守的普遍遵从。遵守法律与合规经营是企业行为的底线，企业的任何决策与活动都不能跨越。无论是因为漠视、投机主义还是由于管理不善，企业一旦跨越守法合规的底线，不仅难以获得可持续发展，而且可能遭到致命的打击；反

---

① Carroll, A. B. A Three-dimensional Conceptual Model of Corporate Performance [J]. Academy of Management Review, 1979（4）：497-505.

之，如果企业能够严格地守法合规，确保企业行为能够符合制度约束的"游戏规则"，就会为企业实现基业长青奠定至为关键的根基。企业社会责任议题的落实亦是如此，如果企业在社会责任议题实施过程中，连最基本、最底线的守法合规都不能满足，即使企业在该项社会责任议题上做出了大量社会创造、贡献了可观的综合价值，那么企业对该社会责任议题的落实也是失败的，甚至可能使企业成为众矢之的。企业只有把握住了守法合规的底线要求，企业通过落实社会责任议题创造的社会价值才真正有意义，企业落实社会责任议题才可能真正实现对社会负责任。

示例 3－2：两家跨国公司在守法合规上截然不同的做法与后果

2013 年 7 月，著名的跨国制药企业葛兰素史克（简称 GSK）因涉嫌严重商业贿赂等经济犯罪，GSK 中国部分高管被依法立案侦查。调查显示，作为大型跨国药企，GSK 中国在华经营期间，向个别政府官员、少数医药行业协会和基金会、医院、医生等大肆行贿，还通过虚开增值税专用发票、假发票等方式实施违法犯罪活动。案发后，GSK 除了形象蒙灰之外，业绩也受到重创，2013 年第三季度以来，GSK 中国业绩迅速下降。不仅如此，公司还要面对中国、英国和美国的巨额罚款，经营亦陷入困境。除在中国涉嫌腐败案件，GSK 还曾在美国、意大利、新西兰等国涉嫌违规被处以高额罚款。

与葛兰素史克不同的是，总部位于德国的全球领先的化工公司巴斯夫，则将合规经营作为其实现可持续发展的核心理念。巴斯夫于 2000 年在全球范围内发起"合规计划"（Compliance Program），在巴斯夫价值观和原则的基础上建立了约束员工行为的准则，该合规计划包括《行为准则》、外部第三方热线、员工合规培训以及定期的沟通交流等内容。2002 年，巴斯夫总部任命了一位合规执行官，负责确保"合规计划"在全球范围内一以贯之地执行。巴斯夫的首席合规执行官直接向执行董事会主席汇报，并负责协调和制定公司的"合规计划"。2003 年，巴斯夫成为国际透明组织（一个监察贪污腐败的国际非政府组织）德国分会会员，积极支持反贪污活动。2008 年起，巴斯夫积极参与世界经济论坛达沃斯年会中的"反贪污伙伴倡议"活动。巴斯夫积极履行企业社会责任，不断推进企业合规计划，得到了社会的广泛认可。

资料来源：根据相关报道整理。

践行守法合规理念意味着企业必须把守法合规作为业务开展的前提、检验过程的标准、审视效率的尺度和评价程序规范的依据。根据社会责任国际标准 ISO26000 的要求，守法合规要求企业宜遵守企业运行所在地的所有司法管辖区的法律要求，即使这些法律法规并未得到充分执行；确保其各种关系和活动符合所期望和适用的法律框架；知悉所有的法定义务；定期评价其遵守适用法律法规的情况。例如，无论是国有企业、民营企业还是在华外资企业，都必须了解中国的法律法规体系（见图 3 - 2），找出并满足其中适用的法律法规要求。此外，ISO26000 对企业遵守国际行为规范也提出了明确的思路和要求，包括五个方面：在法律或其执行没有提供充分的环境保障和社会保障的情况下，作为最低限度，企业宜努力尊重国际行为规范；在法律或其执行与国际行为规范存在冲突的国家中，企业宜尽最大可能地尊重国际行为规范；在法律或其执行与国际行为规范存在冲突，并且不遵照这些规范会造成重大后果的情况下，企业宜在可行并适当的情况下评价其在该司法管辖区内的关系与活动的性质；企业宜考虑利用合法的机会和渠道寻求影响相关组织和当局，以纠正任何此类冲突；企业宜避免在不符合国际行为规范的其他组织的活动中成为同谋。

二、守法合规理念的运用

守法合规理念在企业社会责任议题管理中的应用，一方面是要为社会责任议题的选择与管理提供思路，保证选择与管理方向的可靠性；另一方面是保证社会责任议题的实施满足守法合规的要求，规避可能出现的违法违规风险。

1. 议题识别与选择阶段的运用

企业在进行社会责任议题收集与识别时，守法合规理念能够为企业获取社会责任议题提供两个方面的思路来源：

```
                        ┌──────────┐
                        │   宪法   │
                        └────┬─────┘
                             │              ┌──────────────┐
                        ┌────┴─────┐────────│  正式法律文件  │
                        │   法律   │        └──────────────┘
                        └────┬─────┘────────┌──────────────┐
                             │              │  补充法律形式  │
                             │              └──────────────┘
        ┌────────────────────┼──────────────────────────┐
   ┌─────────┐         ┌─────────┐                  ┌─────────┐
   │ 司法解释 │         │ 行政法规 │                  │  民族    │
   └────┬────┘         └────┬────┘                  │  自治    │
        │                   │                       │  地方    │
```

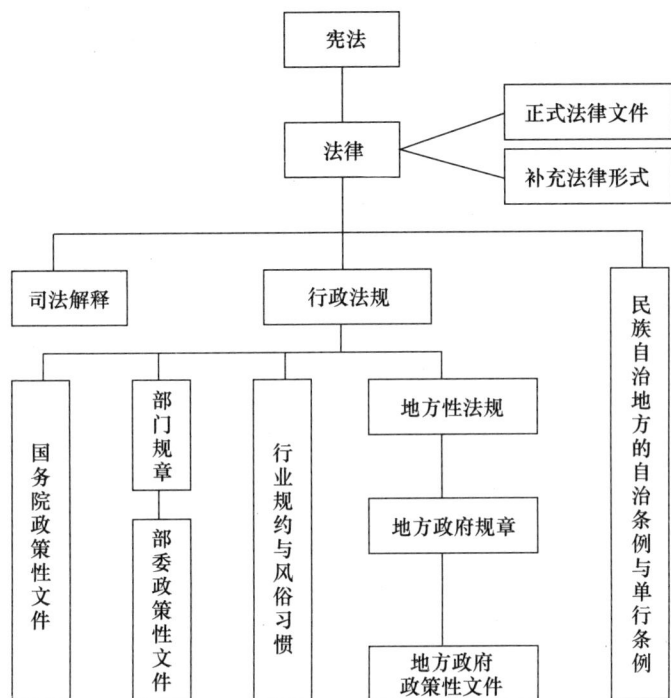

图 3 - 2　中国的法律法规体系

资料来源：国家电网公司《企业社会责任指标体系研究》课题组（2009）。

一是从梳理法律法规中获取社会责任议题。当下的法律、规章和标准构成了企业面临的制度环境与社会期望，也构成了企业履行社会责任的法律边界和道德伦理边界。企业可以从这些制度环境与社会期望中归纳整理出一条条的社会责任议题，这样有助于企业更有针对性地把握制度的要义和精神，更好地开展合规运营，防范法律风险。

二是从违法违规风险与问题中获取社会责任议题。企业可从依法合规的角度审视企业运营中面临的、社会关注的问题或存在的重大困境，例如，是否存在严重的腐败问题？在某些领域如环保、安全等方面是否屡次被当地政府部门提出警告或处罚？企业在海外运营中是否对当地的法律法规缺乏了解和尊重？等等。从这些视角中去发现企业面临的、社会关注的重大问题，将其作为一项社会责任议题进行专项的管理和改进。

企业在对社会责任议题进行评估与选择时，需要对社会责任议题的硬约束化程度与趋势做出判断，并将它是否是企业的守法合规底线责任作为评估指标"竞争力价值"的重要考虑因素。一般来说，如果社会责任议题属于社会对企业的硬约束要求，是企业必须遵守的底线责任，那么它对企业的竞争力价值影响就比较大，重要性也比较高。因为企业如果不落实底线要求类的社会责任议题，企业生存的显性合法性就会受到严重冲击，这样不仅是对企业竞争力的损害，甚至导致企业走向衰败。需要指出的是，社会责任议题是软约束还是硬约束并不是一成不变的，而是动态发展的，但总体趋势是越来越多的社会责任议题正在走向法律化和硬约束化。

2. 议题策划与实施阶段的运用

策划与实施阶段是企业在社会责任议题管理中落实守法合规理念的核心阶段。企业不仅要保证策划的社会责任议题各项落实行动要满足法律法规和规章制度的要求，而且要确保社会责任议题落实主体在操作行为规范上符合守法合规的要求。这意味着企业在社会责任议题策划与实施阶段落实守法合规理念的重点主要包括两个方面：

一是议题落实方案与行动应符合法律法规和规章制度的要求。企业在对社会责任议题进行策划与实施时，应首先对社会责任议题相关的法律法规与规章制度进行梳理，对约束性条款进行分析，将其作为社会责任议题落实方案与行动的约束性条件和规定性动作。企业应当回答以下几个方面的问题：与该社会责任议题相关的国际规范有哪些（例如，对于人权主题下的各议题落实，就会涉及国际人权公约），它对企业落实该社会责任议题的核心要求是什么？与该社会责任议题相关的国家法律法规和运营所在地的法律法规有哪些（例如，对于环境主题下的各议题落实，就会涉及所在国家的环境保护法），它对企业落实该社会责任议题的核心要求是什么？与该社会责任议题相关的行业标准有哪些（例如，中国的各家银行落实绿色信贷议题，就会涉及银监会出台的金融机构《绿色信贷指引》），它对企业落实该社会责任议题的核心要求是什么？企业在该社会责任议题上是否有相关的规章制度，它们对落实该社会责任议题的核心要求有哪些，这些要求是否符合相关的法律法规？

二是将合规管理方法与体系运用到社会责任议题实施过程中。守法合规不仅要求制度合规，还必须保证程序合规。企业在社会责任议题实施过程中，为保证实施人员的守法合规以及工作程序的守法合规，应将合规管理的方法与要求融入其中，建立由预防阶段（如对实施人员的合规培训、内部控制培训）、发现阶段（通过内外部举报系统、发现性审计、不正当行为调查等方式发现违法违规行为）、整改阶段（如通过处罚措施、即时整改措施等方式进行纠正）构成的社会责任议题合规管理体系。

3. 绩效评价与改进阶段的运用

守法合规要求企业在制度合规、程序合规的基础上，还应当确保结果合规。企业社会责任议题的落实也是如此，必须保证社会责任议题实施的成果与成效符合法律法规的要求。为此，企业在对社会责任议题实施绩效进行评价时，也应该首先考察与评价社会责任议题的落实过程与结果是否符合守法合规的要求。同时，企业可以从依法合规的视角评估议题实施带来的成效，是否改善了企业在某个领域的违规经营情况？是否提升了企业以及员工的法治意识和管理水平？更进一步，这样的议题实施是否给当地的法治环境带来了改变？此外，企业为了实现对社会责任议题的持续改进，对于社会责任议题实施过程中卓有成效的创新性做法，考虑是否需要将其固化为制度或流程，形成社会责任议题管理的长效机制和新的规章制度，以便在其他社会责任议题或领域中复制和推广，也为后续社会责任议题的实施提供守法合规的依据。

第四节　社会与环境风险防范理念

企业作为社会大系统的重要组成单元，与整个社会大系统持续保持着交互作用与相互影响。企业要做到对社会负责任，必须有效管理自身决策和活动对整个社会大系统的消极影响，最大限度地降低自身行为对社会和环境造成的不良后果。企业对社会责任议题的落实更应如此，必须将社会责任议题落实可能蕴含与产生的社会与环境风险降到最低，最大限度地做好防范与管控工作。

一、社会与环境风险防范理念的含义

按照 Beck（1986）首次提出的"风险社会"（Risk Society）概念，现代社会已经是一个风险社会，并具有两个方面的突出特征，即拥有不断扩散的人为不确定性逻辑，以及促使现代社会结构、制度和关系朝着更加复杂、偶然与分裂的状态转变。在风险社会中，风险可以说是无处不在、无时不在，风险结构由自然风险占主导演变为人为的不确定性占主导，而社会分配则由财富分配转向风险分配（Beck，1986）。人们对风险的认知受到风险、风险事

件与社会制度及文化之间互动的影响，并经过所谓的"风险的社会放大框架"（Roger 等，1988），造成风险的放大或弱化，进而影响社会制度的制定和实施，最终引发诉讼、抗议等社会后果。风险的社会放大路径就是风险信号的发出、接受、解读和传递的过程（Renn 和 Burns，1922），其基本原理如图3-3所示。

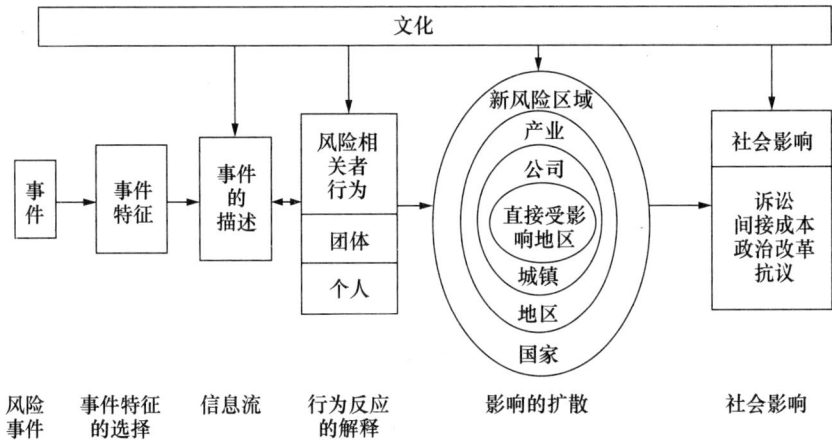

图3-3 风险的社会放大原理

资料来源：Renn 和 Burns（1992），转引自王京京（2014）。

根据"风险的社会放大"理论，任何风险事件均可能导致风险结果的出现。企业在与整个社会大系统的互动过程中，包括企业在落实社会责任议题过程中，其各项决策和活动均可能包含风险事件，由此也就可能通过"社会放大"而造成社会影响，进而形成所谓的社会风险与环境风险。其中，社会风险是个体或组织的行为对社会生产及人们生活造成损失的风险，而环境风险则是个体或组织的行为造成的、通过环境介质传播的、能对环境产生破坏与损失乃至毁灭性等不良后果的风险。社会风险与环境风险在风险社会里普遍存在，而且个体与组织的行为所造成的社会风险与环境风险可能种类繁多，如社会稳定风险、道德伦理风险、公共安全风险、生态破坏风险、空气污染风险等。因此，为了规避社会风险与环境风险的出现，以及最大限度地降低社会风险与环境风险发生后的破坏性，个体与组织均应对其决策和活动可能引发的社会与环境风险进行防范、管控和治理。在这一点上，Renn 等

（2011）提出的综合性风险治理框架能够提供帮助，它基于包容性治理模型，将物理、社会、科学、文化及利益相关方的知识纳入其中，把风险防范、管控和治理的过程分成预评估、风险评估、承受和接受程度判断、风险管理以及风险沟通等组成部分，具体如图 3 - 4 所示。

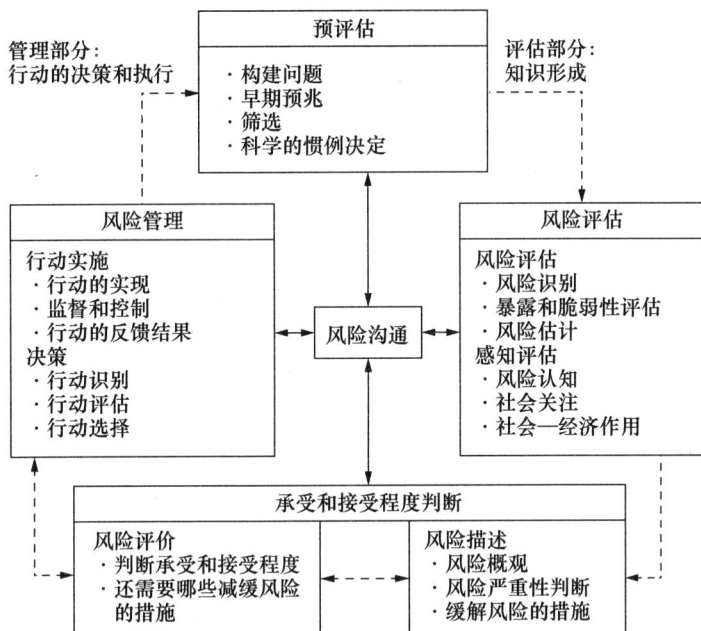

图 3 - 4　社会与环境风险的综合性治理框架

资料来源：Renn 等（2011），转引自王京京（2014）。

　　实践社会与环境风险防范理念要求企业对于任何决策的制定以及任何活动的开展，都应树立社会与环境风险意识，必须评估决策和活动可能对社会与环境造成的消极影响，包括造成消极影响的可能性和程度，形成社会与环境风险的科学预测，并针对可能发生的每一项社会与环境风险制定应对策略与举措。对于重大决策和活动，尤其是与外部关联性、互动度较高的重大决策和活动，都应当形成可能的社会与环境风险评估报告，以及相应的风险应对预案。而在决策和活动的实施过程中，则需要对社会与环境风险做好监控和管理，必要时启动和实施风险应对预案，科学运用风险管理工具，确保社会与环境风险的可控、能控、预控、在控，最大限度地规避企业决策和活动引发的社会与环境风险。实践社会与环境风险防范理念还要求企业拓展全面风险管理的范畴，将社会与环境风险纳入企业的全面风险管理体系，实现对社会与环境风险的全员、全过程、全方位、全时空管理。

示例3-3：社会与环境风险管理成就壳牌百年基业

风险管理是壳牌公司治理框架的核心之一，也是奠定壳牌百年基业的精髓所在。壳牌公司对制定的每一项重大决策，都要经过严谨科学的风险评估程序，将可能出现的问题及风险列入风险矩阵加以评估和分析，并针对这些假设问题制定出相应的措施。壳牌公司各管理层会定期开展风险分析及讨论，并制定风险矩阵表和各种应对方案，这项内容也是各业务部门年终述职报告中的重要部分。

环境与社会风险管理是壳牌公司风险管理框架中的核心内容，对于决策往往具有一票否决权。壳牌公司制定了《壳牌商业原则》、《壳牌行为准则》、《HSE政策》和《壳牌可持续发展政策》等一系列制度，对每一个投资项目都要开展严格细致的环境影响评价与社会影响评价，综合评估项目可能带来的社会与环境风险以及价值贡献，在平衡短期与长期利益，平衡经济、社会和环境影响的基础上做出负责任的决策。同时，对于识别出的社会风险，提前与利益当事人沟通、协调，及时化危为机，为企业营造和谐的社会环境。例如，在中海壳牌南海项目的融资谈判中，发现项目所在地存在征地移民补偿款被当地村干部挪用的社会风险和舆情，融资谈判小组积极配合危机处理小组走访村民，调查情况，用两三个月的时间及时化解了危机。之后壳牌公司到当地社区与村民共建学校，教孩子学英语，取得了村民的信任，项目得以顺利进行。

资料来源：根据相关资料整理。

二、社会与环境风险防范理念的运用

防范和管控自身决策与活动造成的社会与环境风险是企业对社会负责任行为的基本要义。对于企业社会责任议题的落实，一些议题本身就有潜在的社会与环境风险属性，极其容易引发社会与环境风险的发生，而有些议题则因为实施行动的失当或考虑不周，也会造成社会与环境风险的出现。因此，企业在社会责任议题落实的全过程中，应当始终树立和融入社会与环境风险防范意识，把控好各种可能出现的社会与环境风险，确保社会责任议题的落实真正成为企业负责任的行动。

1. 议题识别与选择阶段的运用

落实社会与风险防范理念要求企业在社会责任议题的收集、识别与选择过程中重点考虑两个方面的内容：

一是将企业运营活动对社会与环境可能造成的风险点作为社会责任议题的重要来源。企业在对社会责任议题进行收集与识别时，不仅需要通过外部视野开展"由外而内"的梳理工作，而且要通过对企业与社会关系的分析进行"由内而外"的审视工作。企业应当对自身运营的价值链活动进行分解与梳理，并考察每一项价值链活动对社会与环境可能产生的消极影响，梳理出企业开展运营与管理可能带来的、社会又关注的社会与环境风险，而这些风险点则可能成为企业潜在的社会责任议题。在操作方法上，企业可以发动各部门和业务单元对自身所负责的运营活动进行梳理，并按照风险识别的方法，对各自所开展的活动与社会、环境的关系进行分析，寻找出可能带来的社会与环境风险。在此基础上，由企业社会责任议题识别的联合小组对各部门和业务单元找出的社会与环境风险点进行甄别，并最终确定是否成为企业的社会责任议题。

二是将可能造成的社会与环境风险严重程度作为社会责任议题评估与选择的重要考量因素。企业在对社会责任议题进行优先级的评估时，"社会价值"与"环境价值"指标均应包括两个层次：防范消极影响的价值与增进积极影响的价值。显然，社会风险与环境风险分别属于"社会价值"和"环境价值"的第一个层次，因此对于"社会价值"和"环境价值"的评估，必然需要考察在某项社会责任议题上的不作为可能带来的社会损失大小或环境损害程度。如果不作为导致的社会与环境损害严重程度高，那么它的综合价值创造属性就会相对高，反之亦然。

2. 议题策划与实施阶段的运用

无论社会责任议题本身具有消极性还是积极性，在其策划与实施过程中都应当牢固树立社会与环境风险防范意识，恰当运用社会与环境风险的识别和预防工具方法，不仅最大限度地防范和化解消极性社会责任议题蕴含的社会与环境风险，而且前瞻性地预防积极性社会责任议题落实行动中可能出现的社会与环境风险。这些要求企业在社会责任议题的策划与实施过程中做到以下两个方面的内容：

一是对任何社会责任议题的实施策划均应包括制定社会与环境风险的评估和应对策略。企业在对每一项社会责任议题进行实施方案策划时，制定社会与环境风险的评估和应对策略是必不可少的环节，对于高优先级社会责任议题，还必须制定专门的社会与环境风险评估和应对方案。制定社会与环境风险的评估与应对策略，首先需要对社会责任议题实施可能产生的社会与环境风险进行识别。对于消极性社会责任议题，社会与环境风险的识别应当包括两个方面：一方面是该社会责任议题不作为可能带来的社会与环境风险。例如，企业在对"冲突矿产"社会责任议题进行策划时，就需要识别不落实这一议题可能带来的战争扩大、人道主义灾难、生态灾难等社会与环境风险。另一方面是落实该社会责任议题将要采取的行动可能引发的社会与环境风险。例如，企业在对"冲突矿产"社会责任议题的策划中，可能采取严格禁止使用冲突矿产的各类行动，这时需要分析全面禁止后对冲突地区的就业、民生改善的影响，以及考察企业使用替代矿产或替代原材料生产产品是否存在安全性能、严重质量缺陷等方面的问题，而这些问题可能引发社会风险。对于积极性社会责任议题，社会与环境风险的识别重点是对落实该社会责任议题将要采取的行动可能带来的一些消极影响，或可能出现的衍生性问题进行分析。例如，奶粉企业在贫困国家或地区开展婴幼儿童的营养援助慈善议题，通常会考虑采用免费奶粉行动计划，这时企业就需要分析采取该项行动时，如果所在国家或地区没有清洁、安全的饮用水，那么可能出现因为不卫生和不恰当的奶粉冲泡与食用而引发婴幼儿童健康受损的社会风险。无论是对于消极性社会责任议题还是对于积极性社会责任议题，如果识别出来的社会与环境风险无法规避，那么企业要么采取替代性行动策划，要么采取可行的控制与化解举措。

二是对社会责任议题的实施必须包括社会与环境风险预防、控制和化解措施的落实。企业在社会责任议题的实施过程中，一方面要按照策划方案中的社会与环境风险应对策略，在各项行动中针对可能引发或出现的社会与环境风险进行密切监控，执行相应的应对措施，实现对这些社会与环境风险的有效防范、控制与治理；另一方面要落实全面风险管理的要求，将全面风险管理的制度体系、方法体系融入每一项社会责任议题的实施过程中，做到对社会与环境风险的科学管理。此外，由于企业在制定社会责任议题策划方案时，往往不能将全部的尤其是经过多层次递进衍生的社会与环境风险识别出来，所以在社会责任议题实施过程中，可能会出现一些未能预料到的社会与环境风险，甚至可能因此带来一些严重的风险事件，这时需要企业启动应急管理体系，对这些社会与环境风险事件进行有效的应对。需要注意的是，社会与环境风险的应对通常会涉及外部利益相关方，因此需要建立利益相关方的参与机制，保证利益相关方对风险的知情权、参与权和监督权，确保社会与环境风险应对的举措和行动符合利益相关方的利益、期望、要求。

3. 绩效评价与改进阶段的运用

企业对社会责任议题落实的绩效评价需要考虑对社会与环境风险的防范与应对成效。对于消极性社会责任议题，企业不仅要在过程性评价中对社会与环境风险管理过程的完整性、科学性、系统性、有效性进行评价，更要在结果性评价中对社会责任议题可能引发的社会与环境风险的控制、治理效果进行评价；对于积极性社会责任议题，企业重点是对社会与环境风险管理的过程与效果进行评价。在进行绩效评价时，企业还应当分析该社会责任议题的落实是否出现了新的社会与环境风险，这些风险是否影响了社会责任议题的落实效果，以及在社会责任议题落实的后续行动中如何加以防范与应对，从而实现社会责任议题落实的持续改进。

第五节　综合价值创造理念

对消极影响的管理是企业对社会负责任行为的基本层次，但负责任的企业不能仅仅停留在这一层次。企业作为社会文明与进步的重要推动者，需要以创新的思维、担当的精神、理性的行动增进自身运营对经济、社会、环境的积极影响，最大限度地创造综合价值，促进社会福利的改善。

一、综合价值创造理念的含义

从某种程度而言，企业社会责任理论与实践的发展历程就是一个对企业价值问题不断探讨和深化的过程，经历了从最初以财务价值、股东价值为中心的狭隘工具论，到以社会价值为目标的泛功能论，再到现在以经济价值、环境价值和社会价值多方协调、平衡的综合价值论。综合价值创造成为企业履行社会责任的一种新的思维方式、行为准则和核心内容。然而，要正确理解综合价值创造理念，首先就需要正确理解价值与综合价值的概念。实际上，不同学科对价值的界定千差万别，这反映出价值是个极具张力的范畴：价值是一个关系范畴，它"反映的是某一物体的客观用途与人的主观需要之间的关系，任何东西有无价值及其大小，总要以它是否以及在多大程度上能满足人们的某种需要或欲望为转移"（晏智杰，2001），所以，价值必须反映价值主体和价值客体之间的双向关系。从价值主体来看，可以是个体和整体，前者包括企业（组织）和利益相关方个体，后者包括利益相关方整体和社会整体，由此就有企业价值、利益相关方价值和社会整体价值之分。从价值客体来说，无论是企业、利益相关方还是社会整体，任何价值主体实际上都不只是拥有单维偏好，相反都具有多维度的效用，并通常涵盖经济价值偏好、社会价值偏好和环境价值偏好，即所谓的综合价值偏好。由此可见，综合价值就是经济价值、社会价值和环境价值之和，反映了个体或整体的经济与非经济的多元需求，企业价值、利益相关方价值和社会整体价值都包含经济价值、社会价值和环境价值三个维度，都是综合价值的体现。

综合价值创造理念的核心要求包括：

一是最大化积极影响。综合价值创造要求企业从积极的、正面的视角审视企业与社会的关系，主动将企业行为对经济、社会、环境的积极影响最大化。虽然企业的决策或活动对经济、社会、环境的影响可能是多维的，在不同维度上的影响属性也不尽相同，但综合价值创造要求企业对经济、社会、环境的综合性影响必然是积极的、正面的。这意味着企业在做出任何一项决策或开展任何一项行动时，都需要考虑其如何才能最有效、最大限度地创造积极的、正向的综合价值，增进社会整体福利。

二是强调价值平衡性。综合价值创造要求企业从单纯追求财务价值向创造经济、社会与环境综合价值转变，是平衡多方利益和诉求的一种理性和最优的选择。企业任何一项决策或活动的实施，都可能给一部分利益相关方带来价值效用而让另一部分利益相关方受损，或者，可能给社会文明与进步带来贡献，但是却让环境为之付出部分代价。用综合价值的视角来思考问题，就是要平衡这些正面的价值和负面的损失，让综合性结果趋于最优，也就是综合价值最大化。

三是突出增量价值。一方面，基于综合价值创造的思维方式和工作路径往往能带来相较于传统价值理念下更多的增量价值贡献。当企业在做出决策或开展活动时，不再是单纯考虑传统的财务价值或单一的经济价值，而是兼顾与环境社会的和谐，兼顾利益相关方的诉求，其必然带来更加多元化的价值产出，也必然带来更多潜在价值的充分释放。另一方面，综合价值创造要求企业在做出任何决策或开展任何活动时，都要审视这些决策或活动可以为经济、社会、环境以及利益相关方带来的价值增量贡献，并将其作为决策或活动对社会负责任程度的重要依据。

企业行为对经济、社会、环境综合价值的积极促进主要有两种模式：共享价值模式和纯粹利他模式。从共享价值模式来看，根据 Porter 和 Kramer（2011）提出的"共享价值"思想，人们总是狭隘地看待企业社会责任，将企业所创造的价值局限于短期财务绩效，把社会议题视为边缘而非核心的，而解决这一问题的方案是要遵循共享价值的原则。当前，各种社会需要越来越多，而企业是解决所面临的紧迫社会议题的最重要力量，对企业而言，最为重要的是识别这些社会需要，通过提供新技术、新方法和创新管理方式来解决社会议题，同时提升自身生产力水平并扩大市场，为企业和社会创造共享价值，这才是获得合法性的最好机会。显然，共享价值模式一方面意味着企业对企业与社会的关系有积极、正面的认知，在参与解决社会问题的行动中对社会施加积极影响，创造积极的、正向的综合价值；另一方面也意味着企业在参与解决社会问题中的行动中受益，获得了更多的商业机会或创造了更多的财务价值。可以认为，共享价值模式是一种企业受自我利益驱动与社会使命感驱动相结合的综合价值创造模式，它立足于企业自身所拥有的资产、资源、专长和知识来解决特殊的社会需求。从纯粹利他模式来看，它意味着企业也是从积极的、正面的视角去审视企业与社会的关系，但其驱动力的来源是纯粹的道德驱动，没有掺杂从参与解决社会问题的行动中获取自我利益的意念。在纯粹利他模式下，企业毫无疑问也能通过参与行动对社会运行和进步产生积极影响，能够为解决社会问题做出积极贡献，创造积极的、正向的综合价值。纯粹利他模式虽然暗含着企业不求回报的无私奉献，但实施的结果往往也能为企业带来社会形象、品牌声誉的提升，因为利益相关方和社会对企业的纯粹利他行为通常会给予肯定，并形成企业具有社会责任感的心理烙印。

示例 3-4：华为推出 Phone Lady 项目消除数字鸿沟

信息化、数字化发展大大便利了人们的沟通与连接方式，然而在新兴市场的边远地区，许多农村居民由于缺乏信息接入的方式，无法融入现代化的经济生活。据统计，全球还有近 2/3 的人口没有接入互联网，数字鸿沟成为全球化的一道裂痕。为此，华为从创造共享价值的角度出发，与孟加拉国当地最大运营商合作推出 Phone Lady 项目。项目在农村地区签约了大量业主（大部分是妇女），由业主拥有并运营移动通话设备，当地银行提供小额贷款，运营商提供操作和计费培训，从而以低成本方式解决农村地区的通信问题，使得农村居民可以与亲人、朋友、农贸伙伴进行有效的通信。Phone Lady 项目实施多年以来，收获了经济、社会等多方价值：项目不仅给孟加拉国农村创造了一个人人有通信的机会，也解决了超过280000 人的就业问题，业主的平均收入明显高于孟加拉国人均收入的 3 倍；同时，华为与本地运营商在移动服务方面也获得了良好的商业回报。

资料来源：根据相关报道整理。

二、综合价值创造理念的运用

综合价值创造是企业开展社会责任实践的主要着眼点，这意味着综合价值创造也是企业落实社会责任议题的关键目标。基于此，企业在落实社会责任议题的全过程中，应当将综合价值创造理念深度融入，按照"发现价值、创造价值、传播价值、提升价值"的思路，不仅将其作为社会责任议题识别与选择的指导思想和重要依据，而且在社会责任议题策划与实施中深刻反映和积极实践，同时还应当重视这一理念对社会责任议题绩效评价与改进的要求和指引。

1. 议题识别与选择阶段的运用

综合价值创造理念为企业开展社会责任议题的收集、识别与选择提供了重要指导和启示，具体包括：

一是将企业运营活动对社会与环境可能带来积极影响的价值点作为社会责任议题的重要来源。类似于识别社会与环境风险点，企业可以在对自身运营的价值链活动进行分解与梳理的基础上，考察每一项价值链活动对经济、社会、环境可能产生的积极影响，找出企业开展运营与管理可能创造的、社会也关注的价值点，这些价值点可能成为企业潜在的社会责任议题。在操作方法上，企业可以发动各部门和业务单元对各自所开展的运营活动与社会、环境的关系进行分析，寻找出可能对经济、社会、环境产生积极影响的价值点。在此基础上，由企业社会责任议题识别的联合小组对各部门和业务单元找出的价值点进行甄别，并最终确定是否成为企业的社会责任议题。

二是收集与识别更多能够创造共享价值的企业社会责任议题。对于共享价值模式与纯粹利他模式，现实中越来越多的企业倾向于采取前者来增进对社会的积极贡献，而且越来越多的学者也认为企业采取共享价值模式是一种更理性、更可持续践行社会责任的表现。Porter 和 Kramer（2006）提供了寻找共享价值型社会责任议题的思路，即识别社会与企业活动的相互作用点，并选择与企业价值链或竞争环境密切关联的社会问题。在操作方式上，企业可以采取"由外而内"与"由内而外"相结合的方式，前者指的是企业首先广泛收集社会问题，然后分析这些社会问题与企业的价值链活动或竞争环境之间是否可能出现联系，企业是否有、有什么样的优势去解决这些社会问题；后者指的是企业立足于对自身价值链活动的分析，找出各个价值链活动的社会影响因素，找出当前社会在这些影响因素上出现的突出问题，然后评估分析企业是否有能力、是否有优势、有什么样的优势去解决这些问题。

三是将对经济、社会、环境可能产生的贡献大小作为社会责任议题评估与选择的重要考量因素。企业在对社会责任议题的优先级评估中，"经济价值"、"社会价值"和"环境价值"指标均应考察如果企业落实某项社会责任议题，将对经济、社会、环境发展带来何种程度的积极贡献。当然，如果这种积极贡献越大，那么它的综合价值创造水平就会越高，反之亦然。

2. 议题策划与实施阶段的运用

企业对综合价值创造理念的真正落实应当是社会责任议题的策划与实施阶段，因为这一阶段策划与具体实施的每一项行动都会决定企业能否最大限度地创造综合价值。综合价值创造理念也为企业开展社会责任议题策划与实施提供了重要启示和要求，具体包括：

一是社会责任议题的行动策划与具体实施均需落实综合价值创造的平衡性要求。企业对于落实某项社会责任议题所需开展的每项行动，在策划与实施时都要分析该项行动分别对经济、社会、环境的影响，必须通过平衡来保证这三个维度上的影响具有积极的、正向的综合性结果。每项行动的策划与实施不能仅仅考虑经济价值、社会价值、环境价值中的单一维度，否则在某一维度上的积极影响可能带来其他维度上的更大损害，从而导致形成综合价值的整体性受损。原则上，除了那些满足守法合规底线要求、用于防范社会与环境风险的行动之外，企业对于落实社会责任议题的其他行动都应争取最大限度地创造积极的、正向的综合价值。如果某项行动难以保证获得积极的、正向的综合价值，就需要对该项行动进行重新策划与修正。

二是社会责任议题的行动策划与具体实施均需落实综合价值创造的增量贡献要求。企业对于落实某项社会责任议题所策划与实施的每项行动，都应进行价值增量创造的评估与检验。也就是说，企业应当对实施各项行动能否带来经济、社会、环境各个维度上的价值增量进行评估，即如果实施该项行动，它相比不实施该项行动，能否产生经济、社会、环境综合价值的增加。原则上，除了那些满足守法合规底线要求、用于防范社会与环境风险的行动之外，企业对于落实社会责任议题的其他行动都应能够带来价值增量贡献，如果达不到这一要求，企业需要对该项行动进行重新策划与修正。

三是共享价值模式能够为社会责任议题的策划与实施带来思路、模式和行动创新。共享价值模式意味着企业与社会之间更加紧密的联系，共享价值的创造依托于企业与利益相关方、企业与各社会主体之间更加充分的合作，也要求企业通过创新性思维、变革性模式、创造性行动来达成企业与利益相关方、企业与社会之间的互利共赢。Porter 和 Kramer（2011）提出了企业创造共享价值的三个关键方法：重新构思市场和产品、在价值链中重新定义生产率、确保当地群体的发展。同样，企业对于共享价值型社会责任议题的策划与实施，必须从业务产品创新、商业模式创新、价值链创新、合作方式创新等方面创新行动。唯有如此，企业对于共享价值型社会责任议题的落实才可能创造更大的共享价值，才可能让社会进步与企业发展获得更高的同步性与协调性。

3. 绩效评价与改进阶段的运用

综合价值创造理念可以说为企业开展社会责任议题绩效评价与改进提供了全方位的指引。一方面，企业对任何社会责任议题落实绩效的评价，都应当将综合价值创造水平作为核心指标，包括社会整体层面与利益相关方层面。从社会整体层面来看，企业应当回答三个方面的问题：社会责任议题的落实对于经济发展、社会进步和环境保护带来哪些方面的促进作用？它们量化的价值分别是多少？最终的综合价值是多少？从利益相关方层面来看，企业应当回答两个方面的问题：社会责任议题的落实对哪些利益相关方分别带来了其经济偏好、社会偏好和环境偏好的满足？这些利益相关方在各偏好上实现的综合价值情况如何？另一方面，企业对社会责任议题落实绩效的评价，必须突出价值增量的思想。企业应当回答两个方面的问题：相比较于不落实该项社会责任议题，或者说，相比较于落实该项社会责任议题的传统方式，企业采取新落实行动后在经济价值、社会价值、环境价值上分别创造了多少增量？创造的综合价值增量是多少？此外，按照共享价值思维，企业对于社会责任议题落实绩效的评价，也应当考虑社会责任议题落实对企业竞争力提升的贡献。

第六节　透明运营理念

企业无论是防范社会与环境风险的努力或成效，还是创造综合价值的行动与结果，都需要被利益相关方和社会所了解、认同，才可能变得真正有价值，这意味着透明运营对于企业具有十分重要的意义。而且，按照 ISO（2010）的观点，组织社会责任是透明和道德的组织行为，因此透明度（Transparency）原则是重要的社会责任原则。这意味着企业在影响社会与环境的决策和活动方面应当是透明的，保持透明理应成为企业开展运营与管理的基本理念和要求。这一理念和要求同样适用于企业社会责任议题落实行动，企业也应当在这些行动中保持合理的透明。

一、透明运营理念的含义

透明度是企业影响社会、经济与环境的决策和活动的公开性，以及以清晰、准确、及时、诚实和完整的方式进行沟通的意愿（ISO，2010）。这一界定包括两个层面的含义，第一个层面是企业宜以清晰、准确和完整的方式，合理并足够充分地披露其负责的政策、决策和活动对社会与环境的已知及可能的影响；第二个层面是对那些已受到或可能受到组织重大影响的人员来说，企业所披露的信息宜是可容易获取、可直接获得和可理解的，且应当及时、真实、清晰和客观，以便他们能够准确地评估企业决策和活动对他们利益的影响。显然，透明度既涉及信息披露方，也涵盖信息接收方，二者在信息披露与信息需求上的匹配程度决定透明度的高低。如果从过程来看，透明度涵盖了从企业信息生成一直到接收方接收信息的全过程，包括信息生成、信息披露、信息传递、信息接收与信息分析四个阶段（黄速建等，2014）。基于对透明度概念的理解，透明运营就是企业在运营过程中对影响社会、经济与环境的决策和活动应当保持合理的透明度，以保证利益相关方的知情权和监督权。

透明运营既是利益相关方和社会对企业开展运营的期望与要求，也是企业获得"合法性"以及赢得利益相关方了解、理解、认同、支持的必然选择。透明运营要求企业全面加强透明度管理（Transparency Management），确保企业的信息发布与利益相关方的信息接收能够高度匹配和契合。透明度管理要求企业回答三个方面的基本问题：

一是透明什么？透明并不意味着企业需要做到无底线的透明，而是应当做到合理的和恰当程度的透明。社会责任国际标准 ISO26000 明确指出，企业宜透明化的内容包括：企业活动的目的、性质和场所；对企业活动中任何可控利益的确认；决策的制定、实施和评价方式，包括确定企业不同职能部门的角色、责任和权限；企业评价其社会责任绩效的标准和准则；企业在与其相关的重大社会责任议题方面的绩效；企业资金的来源、规模和使用；企业决策和活动对利益相关方、社会、经济和环境的已知和可能的影响；企业的利益相关方，以及企业在利益相关方识别、选择及参与方面的准则和程序。透明运营并不要求企业公开披露专有信息，也不要求披露机密信息或违反法律、侵犯商业利益、危及企业安全的信息或个人隐私。

二是对谁透明？利益相关方是企业开展透明运营的基本对象。企业不同决策和活动会涉及不同的利益相关方，每类利益相关方在不同决策和活动中受到的影响、发挥的作用都有所不同，因此透明的对象也需要遵循一定的差异化原则，如表 3-1 所示。

表 3-1　不同类型利益相关方的透明管理侧重点

利益相关方类型	透明的内容侧重点
受到企业运营直接影响的利益相关方	潜在的和实际的影响、造成这些影响的基本背景信息、化解影响的政策和行动
关注企业运营的利益相关方	实际的影响、化解影响的政策和行动
参与协助企业运营的利益相关方	潜在的和实际的影响、造成这些影响的详细的背景和工程技术信息、化解影响的政策和行动

三是如何透明？利益相关方沟通是企业开展透明运营的主要方式，也是企业透明度管理的核心内容。企业应针对不同利益相关方制定和实施有针对性的沟通方案，并相应地制定有效的沟通体系，积极探索系统化、规范化、结构化、制度化的沟通模式。特别是要梳理和分析不同利益相关方的不同沟通需求，明确不同的沟通目的和定位，确定沟通频率和时机，设计差异化的沟通程序、内容和方式，制定效果评估流程和指标，形成针对不同利益相关方的规范化和结构化沟通方案，并将其制度化形成沟通体系。与此同时，企业需要创新沟通方式，全面加强日常沟通、重大沟通、危机沟通、突发事件沟通，实现沟通过程与沟通效果的全面提升，如表3-2所示。

表3-2 利益相关方沟通方式的转变

要素	传统方式	创新方式	效果
沟通主体	自说自话	第三方代言与口碑宣传	提高沟通的可信度
沟通对象	广大公众	利益相关方聚焦	提高沟通的针对性
沟通内容	内部工作	外部影响和期望	提高沟通的实质性
沟通渠道	单一单向	多元互动	提高沟通的参与度
沟通方式	工作表达	社会表达	提高沟通的有效性

为提升透明运营效果，企业开展利益相关方沟通应当遵循实质性、针对性、可靠性、价值性、一致性、客观性、清晰性、互动性、实效性和改进性十项原则，具体如表3-3所示。

表3-3 利益相关方沟通应当遵循的十大原则

沟通原则		要求
沟通内容方面的原则	实质性	进行沟通时选取对于利益相关方具有实际价值和意义的议题进行沟通，并采取有效方式和方法保证沟通成效能够落实到企业的管理改进中去
	针对性	针对不同的利益相关方设计和选择不同的沟通方式，明确沟通主题和目标，保障沟通高效进行
	可靠性	传达给利益相关方的信息应在收集、记录、整理、分析等各个环节保障信息的质量和准确性，并能确保信息的可查性，使之可验证
	价值性	沟通过程中坚持采取价值沟通方式，向利益相关方传递企业行为为社会、利益相关方创造的综合价值信息

沟通原则		要求
沟通方式方面的原则	一致性	与利益相关方沟通的过程中，应该一口对外，统一口径，避免多头信息传递造成的误解
	客观性	以客观存在的事实为依据，客观地向利益相关方传达企业的相关信息，以便利益相关方根据自己的思考做出适当的决策
	清晰性	沟通时传达给利益相关方的信息应便于利益相关方理解，并且容易获取
	互动性	与利益相关方建立高效的信息双向传递机制，使得信息能够在沟通主体中有效地快速传递
	实效性	应采取定期和非定期的沟通形式，使利益相关方及时获取最新信息，以便利益相关方能够根据信息做出有效决策
沟通效果方面的原则	改进性	针对利益相关方反馈的意见进行持续改进，并将改进方式、改进成效等及时传达给利益相关方

示例3-5：中广核用"透明"破解核电公众接受度难题

随着我国核电进入规模化发展的新阶段，增强信息公开与公众参与，进一步提升产业透明度，消除"邻避效应"，成为整个核行业的新使命与新挑战。而作为中国最大的核电运营商、全球最大的核电建造商，中国广核集团（中广核）近年来不断通过各种手段增强企业透明度，以提高公众对核电发展的接受度，赢得公众的广泛认可。其主要做法包括：

一是信息公开。中广核旗下所有在运的核电站都建立了"核电站核与辐射安全信息公开"平台，0级及以上运行事件信息在两个工作日内都会及时公布（节假日72小时）。在中广核总部展厅，大亚湾核电基地的环境辐射监测数据可实时查看，令公众一目了然。

二是例行发布会。中广核新闻发布会频次不断增加，2016年举办了24场新闻发布会和媒体沟通会，发布会的领域覆盖中广核业务的方方面面。2016年8月，中广核及下属的核电上市公司、在运在建六大核电基地的8位新闻发言人集体亮相并公布了联系方式，与媒体、公众代表交流，开行业先例。

三是核电开放。中广核自 2013 年起开展互动式沟通的开放体验日活动，目前"8·7 公众开放体验日"已经连续举办四年，成为核电行业公开透明的品牌性活动。2016 年的"8·7 公众开放体验日"规模创历年之最，有超过 4000 人参与。此外，对于中广核而言，天天都是开放日，15 人以上的团体公众，提前预约都可以到中广核各大核电基地参观。截至 2016 年 8 月，到中广核旗下核电基地参观体验的公众已累计突破 50 万人次，核电基地已经开始与周边社区深度融合，共同打造集旅游、康养、科普于一体的"生态小镇"运作模式。

四是双向沟通。中广核开启公众论坛和对话，邀请公众和媒体对公司的工作提出批评和建议。

五是新媒体沟通平台。中广核自 2010 年起就通过微博、微信公众号及入驻《今日头条》、《人民日报》等系列新媒体平台，形成了多方位、全覆盖的新媒体沟通平台体系。另外，聚集旗下 53 家新媒体平台形成中广核新媒体联盟，打造了具有中广核特色的品牌推广与公众沟通的移动化、互动化平台。

六是公众教育。2014 年，中广核下属红沿河、阳江、宁德、台山、陆丰等核电基地全部启动核电科普"进校园"活动，把科普和学校、教育结合起来，推动核电科普课列为学校正式课程，成为我国核电企业公众沟通中的符号性事件。

资料来源：根据相关报道整理。

二、透明运营理念的运用

透明运营理念的落实要求企业在所有可能对利益相关方或社会产生影响的决策和活动中保持合理透明度。企业在落实社会责任议题的过程中也不例外，需要考虑社会责任议题的利益相关方和社会公众对企业行动保持透明的诉求，也需要策划、开展适宜的利益相关方沟通与透明度管理，确保利益相关方和社会对企业实施社会责任议题的知情权和监督权，也为赢得利益相关方对企业落实社会责任议题的理解和支持提供保障。

1. 议题识别与选择阶段的运用

企业在社会责任议题收集、识别、评估与选择阶段对透明运营理念的落实需要重点注意三个方面：

一是以透明运营理念为指导开展社会责任议题的收集与识别。按照透明运营的理念，企业可以沿着两条路径进行社会责任议题的收集与识别：第一条路径是首先分析利益相关方与社会公众对企业运营的关注点，以及他们希望企业重点披露的内容点，其次分析企业在这些关注点、内容点上与社会之间的关系，判断是否属于社会性问题；第二条路径是首先分析利益相关方和社会公众关注的社会问题点，其次分析这些社会问题点与企业运营之间的关系，尤其是利益相关方和社会公众希望从该社会问题点了解的信息与企业运营之间的关系。

二是将社会关注度作为企业社会责任议题评估与选择的重要依据。社会关注度表明利益相关方和社会公众对特定社会责任议题的重视，特别是反映出他们希望获取该社会责任议题的信息，对其形成了解、知情甚至行动。这意味着企业对社会责任议题的优先级进行评估时，需要重视社会关注度作为判断因素的重要性。

三是必要时向利益相关方、外部机构与专家开展社会责任议题的征询。企业为了保证收集、识别和选择的社会责任议题能够真正反映利益相关方的关注点、社会热点问题、社会难点问题、社会前沿问题，可以通过走访、座谈、问卷调查等多种方式向利益相关方、外部机构与专家进行调查，从而有利于企业就社会责任议题的相关情况与其进行沟通。

2. 议题策划与实施阶段的运用

策划与实施阶段是企业将透明运营理念融入社会责任议题管理的关键环节。为了实现这一融入，企业在社会责任议题策划与实施阶段需要重点开展的工作主要包括：

一是提前制定社会责任议题的沟通方案。企业在实施社会责任议题之前，应当预先制定利益相关方和社会沟通策略、方案，以便实施过程中能够形成与利益相关方和社会的主动沟通。制定社会责任议题沟通方案需要企业回答以下问题：该社会责任议题涉及哪些利益相关方？企业对每一类利益相关方沟通的目标是什么？每一类利益相关方期望企业在社会责任议题落实过程中沟通哪些内容？企业可以披露哪些内容？他们希望以什么样的方式进行沟通？沟通的主体是谁？沟通的合适时间与地点是什么？沟通的效果如何评估？

二是重视那些企业运营对利益相关方或社会环境产生负面影响的议题的沟通应对。电磁辐射、建设中的征地拆迁等社会责任议题，往往会受到利益相关方和社会的高度关注。对于这类议题，企业应当首先反思自身在这些社会责任议题上是否对决策和活动给利益相关方、社会、经济和环境造成的已知和可能的影响给予了充分的信息披露？是否让所有受到影响的利益相关方都能获得与其相匹配的信息？当前信息披露的渠道和表达方式是否是易于获取、易于接受和易于理解的？利益相关方对企业在该议题上的态度、评价和需求是什么？通过对这些问题的反思，找出企业在透明运营上存在的欠缺和问题，从而有针对性地重塑企业的透明运营机制。

三是重视社会责任议题实施过程中的利益相关方沟通。企业应当把利益相关方沟通作为社会责任议题实施的重要内容，确保社会责任议题的实施能够顺利进行，同时促进社会责任议题实施效果的提升。一方面，企业需要按照事前策划好的社会责任议题沟通方案，分别针对不同的利益相关方落实相应的沟通策略和沟通计划；另一方面，企业可以在社会责任议题实施过程中创新利益相关方沟通模式，转变传统的沟通方式，强调价值沟通、精准沟通，拓展沟通渠道、沟通载体和沟通平台，最大限度地提升沟通效果。

3. 绩效评价与改进阶段的运用

透明运营理念的落实意味着企业在开展社会责任议题绩效评价过程中需要重点注意两个方面：首先是评价内容应当涵盖对利益相关方沟通情况的评价，其中过程性评价重点考察是否事前有制定沟通方案以及实施过程中的沟通计划执行情况，结果性评价则要将体现沟通成效的"利益相关方满意度"、"利益相关方认同度"、"社会公众认可度"等指标作为绩效评价的内容；其次是如果有必要，社会责任议题绩效评价结果应向利益相关方进行沟通与反馈，并向其征求对社会责任议题未来实施的改进建议。

第七节　利益相关方参与和合作理念

透明运营在很大程度上表明企业对利益相关方和社会的信息输出，利益相关方沟通也意味着企业与利益相关方和社会之间的互动层次、互动深度和互动范围都具有相对的局限性。实际上，企业要获得利益相关方的利益认同、情感认同和价值认同，仅仅依靠沟通是不够的，还必须充分发挥利益相关方的主动性、积极性、创造性，推动利益相关方参与企业的决策和活动，开展与利益相关方的合作，这样不仅能够增进利益相关方的参与感和认同感，而且可以最为充分地促进双方的合作共赢。企业在落实社会责任议题过程中也应当如此，可以通过推动利益相关方参与和合作，确保社会责任议题的实施更加顺利、效果更加显著。

一、利益相关方参与和合作理念的含义

作为组织社会责任的两大基本实践之一，利益相关方参与（Stakeholder Engagement）指的是为创造组织与一个或多个利益相关方的对话机会而开展的活动，目的是为组织决策提供信息基础（ISO，2010）。利益相关方参与能够为组织带来五个方面的益处，即满足法律法规要求、增进决策和活动的有效性、协调处理冲突与关系、推动互利合作、促进持续改进，具体如表3-4所示。

表3-4　利益相关方参与对组织的作用

作用	具体内容
满足法律法规要求	履行法定义务（如对雇员）
增进决策和活动的有效性	提高组织决策和活动的透明度； 增进组织了解其决策和活动对特定利益相关方可能造成的后果； 确定如何更有效地增加组织决策和活动的积极影响及如何减少消极影响； 为组织带来了解不同观点的益处； 确定组织的社会责任声明是否为他人所信任
协调处理冲突与关系	处理利益相关方的利益和组织对整个社会的责任之间的关系； 协调涉及自身利益、利益相关方利益和社会整体期望之间的冲突； 协调组织和利益相关方及利益相关方之间的利益冲突
推动互利合作	形成伙伴关系以实现共赢的目标
促进持续改进	帮助组织评价其绩效，以利于组织加以改进； 推动组织持续学习

资料来源：李伟阳和肖红军（2011）。

为有效推动利益相关方参与，企业在各项决策和活动中应当回答四个方面的问题：一是要不要参与？并不是企业所有的决策和活动都需要利益相关方参与。一般来说，当企业的决策和活动对利益相关方具有较为重大或明显的影响时，或者决策和活动的实施需要利益相关方或外部资源给予重要支持时，通常需要推动利益相关方参与。相反，内部化、与外部关联性很弱的企业决策和活动，对利益相关方参与的需求相对较少。二是谁来参与？企业在各项决策和活动中，需要明确哪些利益相关方或外部主体期望参与进来，企业对他们参与进来是否负有义务，他们参与进来对企业有何影响。一般来说，企业对其负有法律义务，受到企业决策和活动的重大影响或对企业决策和活动具有重要影响，对参与企业决策和活动有强烈要求，能够为企业决策和活动开展提供重要支持（如专业支持）的利益相关方或外部主体，应当是企业推动利益相关方参与的重点对象。在利益相关方参与时，企业不宜由于某个有组织的团体更"友好"或比其他团体更支持本组织目标而给予其优先权，也不宜仅因为利益相关方沉默就忽略他们。三是参与什么？企业在各项决策和活动中，需要分析各个利益相关方期望参与哪些环节和内容，企业希望和可以提供哪些环节与内容让利益相关方参与。一般来说，法律法规明确规定需要利益相关方参与、利益相关方的利益会受到重大影响、利益相关方行动会对企业行动产生重要影响，以及企业亟须外部给予各种支持的环节和内容，都是企业推动利益相关方参与的优先领域。四是如何参与？利益相关方参与的形式、渠道多种多样，如个人会晤、会议、研讨会、公开听证、圆桌讨论、咨询委员会、定期进行的结构化的信息通报和咨询程序、集体谈判和网络论坛、相互合作等，但并不是所有的形式和渠道都适合于所有领域的利益相关方参与，企业需要根据情境进行合理确定。企业在各项决策和活动中，需要分析不同利益相关方习惯的参与方式、希望的参与方式，同时考虑利益相关方参与的环节与内容特点，确定和采用最为适宜的利益相关方参与形式和渠道，保证利益相关方参与达到预期的目的和效果。

利益相关方合作是利益相关方参与的重要方式，也是企业更好地实现社会与环境风险防范、最大限度地创造综合价值的重要途径。利益相关方合作机制反映了企业社会责任的本质，因为合作机制能够充分容纳利益相关方的复杂性和多元化，提升利益相关方的价值认知能力，充分发挥利益相关方的价值创造潜能，进而创造经济、社会和环境的多元价值（李伟阳和肖红军，2009）。通常来说，企业与利益相关方的合作方式有四类：单边付出型合作、交易型合作、整合型合作和变革型合作，它们在多个维度上表现出相应的变化规律，如图3-5所示。从最大化产生协同效应和耦合效应的角度来看，企业在推动与开展利益相关方合作时，应当更多采用整合型合作模式和变革型合作模式，前者通常是长期的、开放性的并且多是为了公共利益，后者主要是为了整合各方资源以创新性地解决社会议题。

关系特征	第一种模式 单边付出型合作	第二种模式 交易型合作	第三种模式 整合型合作	第四种模式 变革型合作
参与程度	低 ←--→			高
对使命的重要性	边缘 ←--→			核心
投入资源量	少 ←--→			多
资源类型	货币 ←--→			核心竞争力
活动范围	狭隘 ←--→			广泛
互动水平	不经常 ←--------------------------------------→			密集
信任度	低 ←--→			高
战略价值	次要 ←--→			主要
共创价值	单一 ←--→			联合

图 3-5 企业与利益相关方合作关系模式

资料来源：肖红军等（2014）。

企业在推动与开展利益相关方合作的过程中，需要重点注意四个方面：一是利益相关方合作必须是基于优势互补的合作。利益相关方对于企业运营可能创造的经济、社会和环境的不同价值存在着各自的优势，这种优势既可能源于能够创造某种价值，也可能产生于预防和避免特定风险的需要。为此，企业在各项决策和活动中，需要分析企业与各个利益相关方各自具有什么样的优势，以及这些优势是否具有互补性，在此基础上才能确定是否可能与利益相关方开展合作。二是利益相关方合作必须是基于互利共赢的合作。利益相关方合作必须能够带来"合作剩余"，并且合作各方应均能分享到"合作剩余"，也就是企业与各个利益相关方都可以从合作中实现各自的价值偏好。只能为企业或只能为某个利益相关方带来益处的合作必然是不健康的，也是不可持续的。而现实中企业与利益相关方谋求"共谋"的合作更是不可取的，它虽然给合作双方带来好处，但却给整个社会带来损害，显然是一种不负责任的行为。三是利益相关方合作必须是基于合理分工的合作。利益相关方合作应当遵循社会分工的原则，让专业的人去干专业的事。无论是企业还是利益相关方，都不应该大包大揽、越俎代庖，各自应当在各就其位、各尽其责的基础上，通过合作实现各尽所能和各得其所。现实中，一些责任可能是利益相关方本身应当承担的，但只是由于他们没有意识到或者承担意愿不足，这时企业与利益相关方开展合作的任务应当是推动他们去承担他们应当承担的责任。与此同时，企业还可以推动利益相关方之间开展合作，形成耦合效应。四是利益相关方合作必须建立可持续合作机制。除了对合作各方都要形成有效激励外，利益相关方合作还应当明确各自的责任和义务，建立相应的制度规范，避免纯粹的单边付出型合作和交易型合作，确保合作不是"一锤子买卖"而是具有连续性。

示例 3−6：国网舟山供电公司推动多方共同治理"黑楼道"问题

在浙江舟山地区，由于部分社区的物业管理不完善，部分开放小区、老旧小区甚至缺乏物业管理，导致旧城区部分居民楼中楼道照明设施的运营和维护困难，部分社区楼道照明设施年久失修成为常态，"黑楼道"现象引发了当地政府、供电企业的关注。虽然按照产权边界划分，楼道灯在产权上并不归属于供电公司，属于居民和小区，但舟山供电公司创新思路，推动多方共同解决"黑楼道"这一社会问题。具体做法如下：

一是识别利益相关方的参与意愿及利益诉求。舟山供电公司识别出"黑楼道"治理的利益相关方主要包括政府部门、社区（街道）、供电企业、居民和媒体，分析出各方对"黑楼道"的治理意愿、拥有的资源和可负担成本，如下表所示。

利益相关方	治理意愿	资源	可负担成本
政府部门	强烈	财政资金、政策法规	少量财政资金
社区（街道）	强烈	居民协调能力、社区管理权力、社区财政资金	居民协调成本、少量财政资金
供电企业	非常强烈	维护技术、维护工人	少量维护资金、维护技术、维护工人
居民	非常强烈	维护资金	少量维护资金
媒体	强烈	事件曝光权力和影响力	新闻曝光、活动宣传

二是与利益相关方一起探索多方共治模式。由舟山市政府牵头，供电公司推动组织了多次利益相关方协调沟通会，以各方的利益诉求和资源情

况为基础，建设形成了"黑楼道"利益相关方的网格化管理平台。政府充分利用其行政职权，召集供电公司、社区等各方参与讨论，协同制定了《全市"点亮楼道"长效机制实施方案》，以供电公司的网格化管理平台为载体，由供电公司组建"共产党员服务队"提供楼道灯维护维修服务，并且承担前期"黑楼道"大面积排查和检修所需的耗材费用，以及长期的楼道灯维护服务；社区充分发挥其与居民的紧密联系等优势，负责"楼道灯"相关信息收集、相关人员协调、相关工作的最终落实；居民充分发挥其信息优势，及时反馈"黑楼道"信息并配合维护维修。多方共治的模式最大限度地融合了利益相关方的优势资源，探索形成了以"黑楼道"利益相关方为基础的网格化管理平台，实现了资源的优化利用。

三是推动各方共同参与多方共治模式。舟山供电公司以各方协同制定的《全市"点亮楼道"长效机制实施方案》为基础，推动各方共同行动。政府部门牵头成立楼道"长亮"工作组，确定对接联系人，负责厘清工作职责，定期召开利益相关方协调会，协调解决"点亮楼道"过程中的问题。社区（街道）负责开展"点亮楼道"方案的宣传，牵头开展"黑楼道"排查及维护申请，制定楼道长工作职责，协调维修材料费用的收取、电费缴纳等。供电公司由网格经理受理业务，运维部门进行现场勘察，制定"点亮楼道"实施方案，厘定施工范围，指导社区（街道）、居民购买维修的原材料，并安排施工人员完成维修任务。同时，在社区、楼道长、居民的配合协调下，制定电费分摊方案，并协助组织实施。居民及时反馈"黑楼道"信息，积极配合楼道长、社区（街道）及时缴纳维修材料成本费用及电费。楼道长负责收集"黑楼道"信息，向本楼道居民收取维修材料成本费用、电费，及时向供电部门缴纳电费，同时负责进行现场验收及满意度、安全性评价，并反馈意见。媒体与供电公司合作，展开针对性宣传，增强社会各界对点亮楼道活动的认同度和参与度，实现社会效益和经济效益的最大化。

资料来源：国网舟山供电公司 2015 年社会责任根植项目《让黑楼道持续地亮起来——社会责任根植供电延伸服务》总结报告。

二、利益相关方参与和合作理念的运用

利益相关方参与和合作理念的落实，不仅要求企业在日常运营过程中针对不同类型利益相关方分别建立战略型利益相关方参与机制和业务型利益相关方参与机制（李伟阳和肖红军，2012），而且需要企业在社会责任议题落实过程中通过制度安排、资源保障和行动部署确保实现积极的利益相关方参与。利益相关方参与和合作理念为企业落实社会责任议题既提出了新要求和新挑战，也提供了新思路和新方式。

1. 议题识别与选择阶段的运用

企业在社会责任议题收集、识别、评估与选择阶段应当落实利益相关方参与和合作理念，重点包括：

一是将利益相关方参与和合作中出现的普遍性问题，或企业应当承担的推动利益相关方参与义务作为社会责任议题的潜在来源。利益相关方参与和合作涉及企业与利益相关方、企业与社会之间的互动，这种互动中出现的问题往往具有一定的普遍性和社会性，因此可能是潜在的社会责任议题。而企业针对特定利益相关方需要承担的推动参与义务，也可能成为企业的潜在社会责任议题。例如，劳工实践主题下的"社会对话"，就涉及员工参与问题；公平运行实践主题下的"在价值链中促进社会责任"，就涉及供应链合作管理问题。

二是将利益相关方参与作为优化企业开展社会责任议题识别与选择的重要手段。必要时，企业对社会责任议题的收集可以邀请部分关系密切的利益相关方参与其中；而在对社会责任议题进行识别时，企业为尽可能地避免误甄别与误判断，可以由少量外部专家参与的联合小组共同甄别和审议。

2. 议题策划与实施阶段的运用

与透明运营理念的落实类似，策划与实施阶段是企业在社会责任议题管理中落实利益相关方参与和合作理念的关键环节，相应需要开展的重点工作包括：

一是提前做好社会责任议题的利益相关方参与策划。企业在制定社会责任议题实施方案时，需要对社会责任议题实施中的利益相关方参与进行事前策划，必要时可以编制专门的利益相关方参与策划方案。为了科学、系统和有效地开展社会责任议题的利益相关方参与策划工作，企业往往需要回答以

下系列问题：社会责任议题涉及哪些利益相关方？哪些利益相关方期望或愿意参与到社会责任议题实施中？他们为什么期望和愿意参与？他们希望参与哪些领域和环节？他们期望以什么样的方式或通过什么样的渠道参与？企业对他们是否具有推动参与的义务？企业希望哪些利益相关方参与社会责任议题实施？希望通过利益相关方参与达到什么目标或效果？企业可以提供的利益相关方参与形式有哪些？这些利益相关方参与是否有固化的机制？企业推动不同利益相关方参与的具体行动是什么？

二是有效推动社会责任议题实施中的利益相关方参与。一方面，企业应当按照事前的利益相关方参与策划，在社会责任议题实施过程中充分落实各项行动部署，确保利益相关方参与达到预期效果。尤其是企业运营对利益相关方或社会环境产生负面影响的议题，当仅仅依靠利益相关方沟通难以消除利益相关方的误解或负面情绪时，积极推动利益相关方参与就会显得特别重要。另一方面，企业还应当根据社会责任议题实施过程中出现的新情况、新要求，动态调整利益相关方参与策略，创新利益相关方参与机制、方式和渠道，尽可能让利益相关方参与取得实效。

三是高度重视社会责任议题实施中的利益相关方合作。企业应当树立与利益相关方合作解决社会问题的基本理念，充分发挥企业与利益相关方各自所拥有的信息、知识、资源、关系等互补性优势，共同推动社会责任议题的有效实施。为此，企业需要明确社会责任议题实施过程中开展利益相关方合作的基本逻辑，回答以下系列问题：社会责任议题涉及哪些利益相关方？哪些利益相关方希望和愿意在社会责任议题实施中与企业合作？他们为什么希望和愿意合作？他们希望的合作点有哪些？他们在这些合作点上具有什么样的互补性优势？他们希望以什么样的方式开展合作？他们希望通过合作达到的目标是什么？企业希望他们在社会责任议题实施中贡献什么？企业能够贡献什么？希望他们在哪些环节和内容上开展合作？双方可以采取什么样的合作机制？企业希望与他们合作达到什么目标？

3. 绩效评价与改进阶段的运用

落实利益相关方参与和合作理念要求企业在社会责任议题绩效评估与改进过程中重点注意两个方面：首先是评价内容应当涵盖对利益相关方参与情况的评价，其中过程性评价重点考察是否事前有制定推动利益相关方参与的策略或方案、实施过程中的利益相关方参与情况，结果性评价则要将体现利益相关方成效的"利益相关方满意度"、"利益相关方认同度"、"社会公众认可度"等指标作为绩效评价的内容；其次是评价程序上可以引入"利益相关方评价"甚至"社会公众评价"环节，增强绩效评价的客观性，并将其作为利益相关方参与与持续改进的一项内容。

第八节　社会资源整合与优化配置理念

从社会层面来看，企业社会责任本质上是一种新的资源配置机制（李伟阳和肖红军，2012）。这种配置机制要求企业不仅要将管理对象由内部资源拓展到外部利益相关方资源，积极推动利益相关方参与和合作，而且要求企业将管理对象进一步延伸，不局限于外部利益相关方资源，而是从全社会视角来对各种社会资源进行整合，推动社会资源实现更有效和更优的配置。对于企业落实社会责任议题来说，其本身就是企业对解决社会问题的参与，而运用和整合社会资源对于更好地解决社会问题具有天然的合意性，因此企业应将社会资源整合与优化配置理念融入其中，进而使社会责任议题落实在更大范围和更高程度上产生更可观的效果。

一、社会资源整合与优化配置理念的含义

社会资源整合与优化配置指的是企业在解决某个问题或达成某项目标的过程中，着眼于全社会视角，对各种外部社会资源进行识别、整合、重新配置，推动企业内部资源与外部社会资源的相互耦合，促使外部社会资源得到更加高效的配置和更加充分的利用，从而为企业解决问题或达成目标创造更大的价值。社会资源整合与优化配置是对外部利益相关方资源配置的延伸和拓展，它除了考虑通过推动利益相关方参与和合作来配置利益相关方资源外，还将与企业决策和活动没有紧密联系的社会主体所拥有的优势资源纳入管理视野，尤其是对这些主体所拥有的冗余资源甚至闲置资源进行充分调动，既能提高这些社会主体的资源利用效率和效果，为其创造共享价值，又能补齐企业独立行动或仅仅与利益相关方合作可能面临的短板，为企业创造性地落实决策和活动提供新的可能。

实际上，社会资源整合与优化配置理念适用于那些依赖企业自身资源以及利益相关方资源难以达成目标的履责行动，它推动企业履责方式实现了从独立自履到合作履责再到共同履责的演变（见图3－6）。独立自履模式是企业"我自己做"，并且基本上都依靠自身所拥有的资源；合作履责模式是企业

"推动利益相关方一起做"，除了自身贡献资源外，还促使利益相关方也投入所拥有的优势资源；共同履责模式是企业"推动全社会一起做"，不仅自身和推动利益相关方贡献资源，而且将更大范围的社会主体所拥有的资源进行整合与优化配置。基于资源配置方式的不同，这三种履责模式在综合价值创造潜力与能力上也会呈现由低到高的变化。

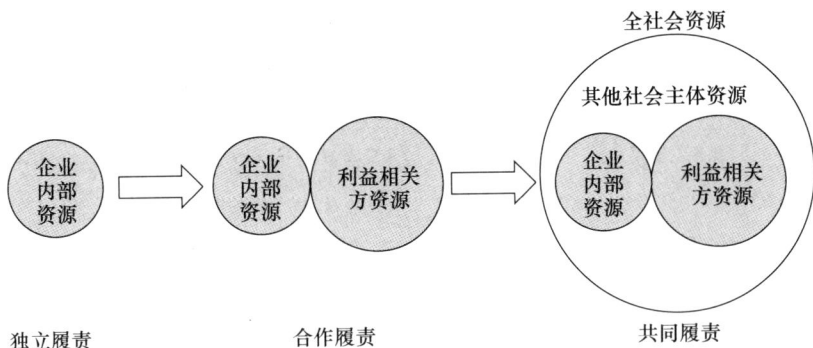

图 3-6　不同履责模式下的资源配置差异

社会资源整合与优化配置理念中的"资源"概念相对宽泛，既包括大家所熟知的要素资源，如土地、场所、物品、资金等有形要素资源，以及信息、知识、数据、人力资本等无形要素资源，也包括现在日益增多的平台资源，如互联网商业平台、社会组织联盟，甚至还包括容易被人们所忽视的爱心资源，即爱心也是一种稀缺资源，需要进行科学配置。此外，社会资源整合与优化配置有时还会表现为对某一社会主体所拥有的影响力（如意见领袖）、政策制定权力（如政府）的整合与配置，这意味着"资源"也涵盖了影响力、政策制定权力等独特能力。企业在其决策和活动中开展社会资源整合与优化配置，首先是要识别出包括利益相关方在内的社会主体对企业所要解决的问题或达成的目标能提供哪些有用的"资源"。为此，企业需要回答以下系列问题：针对某项问题的解决，企业拥有哪些资源？利益相关方拥有哪些资源？不同类型的其他社会主体拥有哪些资源？是要素资源、平台资源、爱心资源还是独特能力？这些社会主体的资源是解决问题所需要的吗？这些资源与企业的资源、利益相关方的资源是否具有互补性？

企业在其决策和活动中开展社会资源整合与优化配置，其次是要分析不同社会主体贡献或共享"资源"的动力，并推动他们形成相应的意愿。这一方面要求企业开展社会资源整合与优化配置的行动必须是互利共赢的，不能是某一方单方面的受益甚至让一方受损，而应该是企业、资源的拥有方以及第三方的社会都能从中受益，形成互利共赢的局面；另一方面要求企业主动沟通，促使不同社会主体认识到自身拥有资源的价值创造潜能，以及他们对多元价值的潜在需求，让他们看到贡献或共享"资源"所带来的互利共赢好处，同时推动双方建立互信。此外，企业还应保证社会资源整合与优化配置过程的透明公开，因为很多社会资源的权益人往往并不局限于某一个人或某一个代理机构，还牵涉社会公众等利益相关方，透明公开不仅能够保证资源整合的合法性，而且可以让不同社会主体感受到"资源"在发挥效用而非被滥用。

企业在其决策和活动中开展社会资源整合与优化配置，还需要选择、确定甚至创新资源整合与配置模式。通常来说，依据资源流动的方向以及分享程度，企业开展社会资源整合与优化配置可以采取五种模式：一是资源引入模式，即企业从外部的社会主体引入其拥有或代理的"资源"，促进某项问题的更好解决或更好地达成行动目标。在这种模式下，"资源"是单向地流入企业，这意味着这种模式实施的前提是解决某项问题或达成行动目标也有利于资源拥有或代理方的利益。二是资源交换模式，即企业用自身拥有的资源与外部的社会主体交易其拥有的资源，在满足解决某项问题或达成行动目标的资源需求的同时，促使双方通过交换获得互补性资源而提高资源配置效率，实现双方的综合利益最大化。在这种模式下，"资源"是双向互动地在企业和社会之间流动。三是资源嫁接模式，即当外部的社会主体在资源整合和配置方面更具优势时，企业可以推动这些社会主体成为资源整合和配置主体，并将自身的"资源"注入这些社会主体中去，或者他们构建的平台上，进而通过嫁接这些社会主体或平台而实现资源的更优配置，以更好地解决某项问题或达成行动目标。在这种模式下，"资源"由企业单向地流向外部社会主体。四是资源共享模式，即企业与外部的社会主体都将各自拥有的优势资源向对方分享，以便各自能够扩大自身的"资源池"，从而在满足解决某项问题或达成行动目标的资源需求的同时，提升各自资源的利用效率和使用效果。在这种模式下，"资源"双向互动地在企业和社会之间流动。五是资源联合模式，即企业和外部的社会主体都将各自的优势资源注入一个联合成立的新机构中，由新机构来对双方贡献的资源进行配置，并对解决某项问题或达成行动目标发挥作用。在这种模式下，"资源"由企业和外部的社会主体分别流向新机构。

示例 3-7：腾讯致力于成为公益的创联者

腾讯最大的优势就在于社交和技术。就社交而言，腾讯拥有庞大的受众，因此腾讯认为其开展公益最重要的是连接人，让"指尖公益"融入每个人的生活中，而不是仅仅局限在筹款层面；就技术而言，除了搭建平台让公益机构和公众更好地对接，腾讯也推出了"捐步数"、"捐声音"等创新型轻公益，利用技术把公众的碎片化时间充分地利用起来，除了捐赠善款外，能够真正地参与到公益项目中成为志愿者、项目监督者，并把对项目的了解通过腾讯的平台展现给更多的人，成为"能动方"，从而实现腾讯提出的"人人可公益的创联者"的目标。

以"99公益日"为例。"99公益日"是由腾讯公益联合数百家公益组织、知名企业、明星名人、顶级创意传播机构共同发起的一年一度全民公益活动。腾讯公益希望通过腾讯自身产品和平台的优势，以及众多合作伙伴的力量，以前所未有的规模，连接受助人、捐助人、公益组织及项目、知名企业、明星名人和数亿用户，通过移动化支付、社交化场景和趣味化互动，唤起社会各界关心、参与公益的热情，打造一个全民参与的超级公益日。在2015年的首个"99公益日"中，通过腾讯公益平台爱心网友捐款1.279亿元，共有205万人次参与捐款，涉及95家公募组织的2178个在筹项目，包括肯德基、国美、必胜客、联合利华、顺丰速运、有范APP、京东、可口可乐、沃尔玛等知名品牌都利用自己强大的营销渠道（线上及线下）为"99公益日"助力。在2016年的第二个"99公益日"中，通过腾讯公益平台更是实现了677万人次捐赠、3643个公益项目上线、3.05亿网友善款捐赠总额。"99公益日"已经成为腾讯发挥自身优势，撬动、整合和优化全社会公益资源的重要平台。

资料来源：根据相关报道整理。

二、社会资源整合与优化配置理念的运用

企业在参与解决社会问题的过程中，应当遵循"社会问题需要回到社会中去解决"的基本原则，企业无法独揽任务，甚至携手利益相关方都难以全面胜任。这要求企业在落实社会责任议题的过程中，需要融入社会资源整合与优化配置理念，充分调动社会资源参与，共同合作解决社会问题。社会资源整合与优化配置理念要求企业以更加主动的精神、更加开阔的视野和更加创新的举措落实各类社会责任议题。

1. 议题识别与选择阶段的运用

社会资源整合与优化配置理念意味着企业要立足于社会价值本位的视角，以促进社会资源优化配置为目标，在社会责任议题收集、识别、评估和选择过程中，着重考虑能够带来社会资源更优配置的议题。具体来说，社会资源整合与优化配置理念对企业收集、识别、评估和选择社会责任议题提供了两个方面的思路，包括：

一是将社会资源被闲置、浪费和低效利用的领域作为社会责任议题的潜在来源。企业可以由内而外地分析与自身运营有直接或间接联系的领域是否存在资源（尤其是公共资源）被闲置、浪费和低效使用，也可以由外而内地分析社会上哪些领域存在资源（尤其是公共资源）被闲置、浪费和低效使用以及这些领域与企业运营的关系，并将这些领域作为社会责任议题的潜在来源。例如，过度消费问题就涉及资源闲置、浪费和低效使用，企业就可以将与自身运营相关的、防止过度消费、引导可持续消费作为社会责任议题。

二是将社会资源整合与优化配置作为社会责任议题选择的重要考量因素。企业在社会责任议题优先级评估时，需要在"社会价值"指标中重点考虑社会资源整合与优化配置，因为后者从宏观（整个社会）视角看是衡量"社会价值"的重要依据，从微观（各社会主体）角度看是构成"社会价值"的重要内容。如果某项社会责任议题具有较高的社会资源整合与优化配置潜力，那么其潜在的社会价值也会较高，其作为优先议题的可能性就越大。

2. 议题策划与实施阶段的运用

社会资源整合与优化配置理念不仅能够为企业开展社会责任议题策划开拓思路、拓宽视野，而且可以使企业在实施社会责任议题的过程中创新举措、优化方法。具体来说，社会资源整合与优化配置理念要求企业在开展社会责任议题策划与实施过程中重点做到三个方面：

一是识别社会责任议题实施过程中可以整合与运用的社会资源。企业在制定社会责任议题实施方案时，也要像策划利益相关方参与和合作一样，事前对可能采取的社会资源整合与优化配置行动进行策划。开展这一策划的首要工作是对社会责任议题实施过程中可以整合与运用的社会资源进行识别，这需要企业从两种视角进行分析：一种是需求视角，即分析企业落实该议题缺乏哪些资源？利益相关方拥有这些资源吗？如果没有，其他哪些社会主体拥有这些资源？这些社会主体怎样才能有动力贡献或共享这些资源？另一种是供给视角，即分析该议题实施有哪些具体环节？在每个实施环节，除了利益相关方外，还有其他哪些社会主体开展类似性质的活动或者关注企业在这些环节的实施活动？他们本身所拥有的资源或开展这些活动时所拥有的资源是否可以为企业在这些实施环节所利用或共享？他们贡献或共享这些资源的动力是什么？

二是针对社会责任议题实施提前选择、设计适宜的社会资源整合与优化配置模式和策略。在识别出社会责任议题实施过程中可以整合与运用的社会资源的基础上，企业还应当对如何整合与优化配置这些资源进行模式选择与策略设计。根据社会责任议题实施的需要，以及企业与外部社会主体各自拥有的资源性质，企业可以选择资源引入模式、资源交换模式、资源嫁接模式、资源共享模式和资源联合模式中的一种或几种。按照选定的模式，企业还需要制定相应的社会资源整合与优化配置具体策略，既包括企业推动外部社会主体愿意贡献或共享资源的动力触发策略，也包括企业对外部社会主体所拥有的资源进行整合与重新配置的具体行动策略。

三是高度重视和创新开展社会责任议题实施过程中的社会资源整合与优化配置。企业一方面要按照事前策划的社会资源整合与优化配置模式和策略，在社会责任议题实施的相应环节，具体落实相关的行动策略，推动外部社会主体形成贡献或共享资源的意愿，并实现各方互补性资源的有效整合和更优配置；另一方面还需要在社会责任议题实施过程中，持续分析和监测可能出现新的拥有优势资源、冗余资源的外部社会主体，而企业在之前并没有识别出他们，因此需要对这些社会主体的资源整合与优化配置进行即时性的策略设计和付诸行动。

3. 绩效评价与改进阶段的运用

社会价值本位的企业社会责任思想意味着是否促进社会资源的优化配置是衡量企业是否对社会负责任的根本标准。作为企业落实社会责任思想的主要方式，社会责任议题实施的绩效评价必然也需要考虑其是否促进了社会资源的优化配置，这也是企业评价社会责任议题实施所产生的社会价值的重要内容。实际上，在评价社会责任议题实施所产生的利益相关方价值中，也应当将是否促进利益相关方资源的优化配置作为重要内容。此外，企业在开展社会责任议题的过程性评价中，也需要考察事前是否进行了社会资源整合与优化配置的策划、实施过程中是否有效开展了社会资源整合与优化配置的具体行动。

第九节　健康生态圈理念

无论是利益相关方合作还是社会资源整合与优化配置，其关注的核心都是企业如何与利益相关方或其他社会主体相互合作共同创造更多价值增量，解决其决策和活动着眼解决的问题以及达成其希望实现的目标，最终实现企业与不同主体之间、企业与社会之间的共赢。由此可见，利益相关方合作、社会资源整合与优化配置均是着眼于"事情"本身以及"事情"的价值创造，而对于"事情"所涉及的大系统考虑相对较少，尤其是从优化大系统视角来解决某项"事情"考虑较少。而健康生态圈理念对此进行了弥补，要求企业将自身的决策和活动置身于某个生态圈，并把推动形成健康生态圈作为决策和活动的目标，不仅是关注企业与不同主体之间合作创造价值，而且是关注整个生态圈的系统性运行。无疑，健康生态圈理念有利于企业推动社会责任议题所着眼的特定社会问题获得根本性的解决。

一、健康生态圈理念的含义

生态圈（Biosphere）最早属于生物学上的概念，指的是地球上所有生态系统的统合整体，之后被应用到经济社会领域，指的是经济和社会运行中众多主体通过相互间的连接、依赖与协作而构成的生态系统。本质上来说，生态圈是由生物成分（各类主体）和非生物成分（资源要素、环境要素）构成的、多层次的、动态的、开放的、复杂自适应系统（Complex Adaptive System），可以认为是经济社会领域不同主体之间关系的一次革命。生态圈具有复杂自适应系统的十个特性：自组织、涌现性、交互性、相互依赖性、具有反馈环、远离平衡态、不断开拓可能性空间、共同进化、历史的偶然性或"蝴蝶效应"、路径依赖性（杜国柱，2008），尤其是系统的自组织和涌现性、主体之间以及主体与环境之间的共生性和共同演化。

　　生态圈中的不同主体在各种网络（如价值网、关系网）中占据不同的"生态位"，它们之间的共生、互生关系导致形成难以割裂的共同体。进一步来看，生态圈中不同主体之间的共生模式并不完全相同，如果基于共生单元之间的价值分配角度，共生将出现寄生、偏利共生、非对称互惠共生和对称互惠共生四种模式，如表3－5所示；如果基于共生单元之间的联系程度划分，从低到高将会出现点共生、间歇共生、连续共生和一体化共生四种模式，如表3－6所示。健康的生态圈应当是不同主体之间形成对称互惠共生或非对称互惠共生模式，以及一体化共生或连续共生模式，达到高效率、强凝聚力、趋于稳定的共生状态。

表3－5　基于价值分配角度的四种共生模式

特征	寄生	偏利共生	非对称互惠共生	对称互惠共生
共生价值特征	不产生新价值；存在寄主向寄生者价值的转移	产生新的价值；一方获取全部新价值，不存在新价值的广普分配	产生新的价值；存在新价值的广普分配；广普分配按非对称机制进行	产生新的价值；存在新价值的广普分配；广普分配按对称机制进行
共生作用特征	寄生关系并不一定对寄生有害；存在寄主与寄生者的双边单向交流机制；有利于寄生者进化，而一般不利于寄主进化	对一方有利而对另一方无害；存在双边双向交流；有利于获利方进化创新，对非获利方进化无补偿机制时不利	存在广普的进化作用；不仅存在双边交流，而且存在多边双向交流；由于分配机制的不对称性，导致进化的非同步性	存在广普的进化作用；既存在双边交流机制，又存在多边交流机制；共生单元进化具有同步性

资料来源：袁纯清（1998）。

表3－6　基于共生单元联系程度的四种共生模式

特征	点共生	间歇共生	连续共生	一体化共生
概念	在某一特定时刻共生单元具有一次相互作用；共生单元只在某一方面发生作用；具有不稳定性和随机性	按某种时间间隔 t 共生单元之间具有多次相互作用；共生单元只在某一方面或少数方面发生作用；共生关系有某种不稳定性和随机性	在一封闭时间区间内共生单元具有连续的相互作用；共生单元在多方面发生作用；共生关系比较稳定且具有必然性	共生单元在一封闭时间区间内形成了具有独立性质和功能的共生体；共生单元存在全方位的相互作用；共生关系稳定且具有内在必然性

特征	点共生	间歇共生	连续共生	一体化共生
共生界面特征	界面生成具有随机性；共生介质单一；界面极不稳定；共生专一性水平低	界面生成既有随机性也有必然性；共生介质较少，但包括多种介质；界面较不稳定；共生专一性水平较低	界面生成具有内在必然性和选择性；共生介质多样化且有互补性；界面比较稳定；均衡时共生专一性水平较高	界面生成具有方向性和必然性；共生介质多元化且存在特征介质；界面稳定；均衡时共生专一性水平高
阻尼特征	与环境交流的阻力和内部交流阻力较接近；界面阻尼作用最明显；分配关系一般不影响阻尼特征	与环境交流阻力大，内部交流阻力较小；界面阻尼作用较明显；分配关系对阻尼特征影响较小	与环境交流阻力大，而内部交流阻力小；界面阻尼作用较低；分配关系对阻尼特征影响较小	与环境交流阻力大，而内部交流阻力很小；界面阻尼作用最低；分配关系对阻尼特征影响最大
共同进化特征	事后分工；单方面交流；无主导共生界面；共同进化作用不明显	事中事后分工；少数方面交流；无主导共生界面；有较明显的共同进化作用	事中事后分工；多方面交流；可能形成主导共生界面和支配介质；有较强的共同进化作用	事前分工为主，全线分工；全方位交流；具有稳定的主导共生界面和支配介质；有很强的共同进化作用

资料来源：袁纯清（1998）。

生态圈思想在经济社会领域的运用催生了企业生态圈、产业生态圈、商业生态圈、服务生态圈、创业生态圈、责任生态圈等一系列概念，但无论哪一类经济性或社会性生态圈，健康的生态圈应当都是完整的生态系统，并且其各个子系统都具有健壮性（Robust）以及相互之间具有协同共生性。例如，对于商业生态圈，Moore（1996）将其区分为三个层次的系统：核心生态系统、拓展生态系统和完整的生态系统，如图3-7所示。健康的商业生态圈绝不仅是核心生态系统或拓展生态系统的健康，而且是完整的生态系统的健康；也不仅是由价值网、关系网、信息网、责任网等众多网络编织而成，强调网络成员的多样性，而且要重视网络中的界面规则，构建形成有效的治理机制。

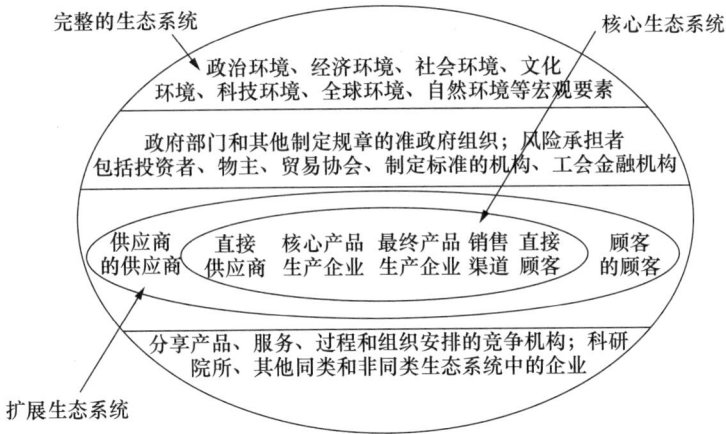

图 3 - 7　商业生态圈的三层次生态系统

资料来源：Moore（1996）。

　　健康生态圈理念要求企业一方面树立系统思维，突破零和博弈的竞争观念，超越简单小众合作的局限，改变"就事论事"和"头痛医头、脚痛医脚"的问题解决方式，拓展其决策和活动的着眼点、目标层次与实现方法，从打造健康生态圈的视角更加彻底、更加根本、更加可持续地解决问题，实现在特定场域里企业与各社会主体、各社会主体之间、企业与外部环境的共生、互生甚至再生，达到自组织、自适应和自发展；另一方面，转变履责方式，超越传统的"授人以鱼"甚至"授人以渔"的简单模式，充分发挥企业的社会影响力、带动力和辐射力，由综合价值创造水平有限的"直接履责"转向推动更大范围主体释放综合价值创造潜能的"履责平台提供者"，企业通过"搭建渔场"不仅可以让各个社会主体到"渔场"养鱼进而参与履责，而且能够将"渔场"打造成为针对特定社会问题解决的自组织、自适应、自发展、自修复、自演进的生态圈，实现对特定社会问题的系统性、根本性解决。实际上，当前许多社会问题的出现以及众多社会责任缺失事件的发生（如奶粉行业的三聚氰胺事件、百度的"魏则西事件"、电信诈骗问题），并不是简单的某个点出了问题，而是整个面甚至系统出了问题，行业生态、社会生态遭到破坏。对这些问题的解决或事件的规避，不能仅仅从某个点上去施策，因为这样无法根治，甚至可能引发新的问题，相反，应当基于健康生态圈理念，重构行业生态圈、社会生态圈，实现系统性根治。

示例 3-8：蒙牛"圈子效应"释放可持续共赢活力

作为全球排名第 11 位、国内领先的乳品企业，蒙牛率先构建共赢生态圈并将其价值不断放大，从联动上下游各个环节到跨界行业内外合作伙伴，再到打通国际"朋友圈"，层层推进可持续发展。具体做法如下：

一是从基础到高阶多层次搭建品质生态圈。蒙牛构建的品质生态圈，除了由奶农、牧场主、供应商等上下游合作伙伴组成的全产业链质量管理体系这一基础外，还拥有由全球行业顶尖伙伴组建的国际战队来不断自我提升。一方面，蒙牛的做法是投资和帮扶，通过建设或参股现代化牧场、提供委托贷款、预支奶款等方式，加快规模化养殖进程，有效提升了奶源供应的整体水平及品质管控。2014 年，蒙牛首创"牧场主大学"，整合国际专家资源培养技术与管理并重、国际思维与责任并举的新一代牧场主。2015 年，蒙牛启动了"2020 奶源可持续发展生态圈项目"，联动多方资源推动行业可持续发展。另一方面，蒙牛与丹麦 ArlaFoods、法国 Danone、IBM 展开牧场管理、工厂升级以及全产业链食品安全的大数据建立等方面的合作，引进新西兰 Asure Quality 国际食品安全标准质量认证体系，更进一步走出去布局海外奶源资源。

二是走在消费者之前组建营养创新生态圈。蒙牛一方面在行业内整合全球营养创新资源，实现品牌的差异化，另一方面打破行业边界开展跨界合作，创新产品和服务，组建起一个极具活力的营养创新生态圈。蒙牛与世界排名第一的农业大学 UC Davis 共同建立并运营"营养健康创新研究院"，与美国 White Wave 合作推出植物蛋白新品 Silk 植朴磨坊，联合 Arla Foods 涉足"中国化"奶酪研究。蒙牛创新推出的中国首款二维码可追溯品牌——精选牧场，从 2014 年与百度合作的"云端牧场"到 2015 年联合纷美、微信等构建的"一包一码"可追溯，逐步实现了消费者对产品品质的"零距离"了解。

蒙牛以"品质"为圆心，以不断延伸的"创新"为半径，层层拓展可持续共赢生态圈，并反哺其自身的长远发展。

资料来源：李超：《蒙牛"圈子效应"释放可持续共赢活力》，光明网，2015 年 11 月 5 日。

二、健康生态圈理念的运用

健康生态圈理念尤其适合价值链上的核心企业，或者在社会上有较大影响力的企业，它们可以通过自身对价值链成员或对其他社会主体施加有形和无形影响力，推动它们一道落实社会责任议题，构建形成针对该议题的生态圈，以此将企业与利益相关方、企业与其他相关社会主体、利益相关方与其他相关社会主体耦合在一起，并与外部环境进行互动，实现对该议题的系统性和根本性解决。

1. 议题识别与选择阶段的运用

企业在社会责任议题的收集、识别、评估和选择时，健康生态圈理念可以提供重要启示和思路，主要包括：

一是与企业有直接或间接联系、商业生态或社会生态存在严重问题的领域是社会责任议题的潜在来源。企业可以扫描自身所在的商业生态圈或社会生态圈，考察其是否存在突出的问题，并分析这些问题是否会引发社会或环境风险。如果是，企业可以将其作为潜在的社会责任议题。例如，对于奶粉行业企业，可以分析商业生态圈中是否存在较为突出的压榨型模式，这种模式可能会让上游奶源供应商为进一步降低成本而铤而走险，进而可能发生类似"三聚氰胺事件"，导致严重的社会风险。如果答案是肯定的，那么净化与再造奶粉行业生态圈就可以成为企业可能的社会责任议题。

二是将促进生态圈优化的潜力作为社会责任议题评估和选择的重要考量因素。企业在对某项社会责任议题进行评估和选择时，"经济价值"指标中可以考虑该议题的实施能否带来企业所处商业生态圈的优化以及由此创造的价值增量，"社会价值"指标中可以考虑该议题的实施所带来的社会生态的优化，或者因商业生态圈的优化所产生的社会机制，"竞争力价值"指标中则考虑因商业生态圈优化和社会生态圈优化对企业带来的价值增值。

2. 议题策划与实施阶段的运用

企业在开展社会责任议题策划与实施时，采用生态圈模式通常有两种情况：一种是议题本身就是商业生态圈或社会生态圈失范问题，另一种则是围绕议题可以构建形成一个新生态圈，前者的重点在于生态圈的再造，后者的重点则在于生态圈的创造。无论是再造还是创造，企业通过打造健康生态圈来落实某项社会责任议题或解决某项社会问题，都需要重点开展四个方面的工作：

一是识别、确定和定位不同类型的生态圈成员及相应的角色。企业首先需要针对某项社会责任议题设计出相应生态圈的基本构架，其基础则是识别出生态圈由哪些成员构成，确定他们在生态圈中分别处于什么样的位置（角色）。为此，企业可以沿着实施议题所需开展的流程环节，识别每个环节涉及的利益相关方和其他社会主体，梳理每类利益相关方和其他社会主体的期望或偏好，考察他们各自拥有的、与议题实施密切相关的资源优势，分析他们贡献或共享这些资源优势的意愿、动力和方式。在此基础上，进一步剖析各利益相关方和社会主体与企业以及他们之间的相互关系，明确和定位包括企业自身在内的所有成员在生态圈的角色和作用。企业也可以根据社会责任议题实施的需要，将生态圈分解为不同的子生态系统，并确定出不同子生态系统的成员构成及其相互联系。

二是推动利益相关方和其他社会主体参与和共建生态圈。企业可以通过多种方式的沟通、互动，让各利益相关方和其他社会主体意识到参与某项社会责任议题的价值，促使他们认识自身在针对该项社会责任议题的生态圈中的角色定位，以及他们通过参与生态圈建设可以获得的价值增值或偏好满足，这样既增强他们的责任感、使命感和参与感，又提升他们贡献或共享资源的动力。企业在与利益相关方和其他社会主体进行沟通互动时，不仅要突出参与和共建生态圈对他们的利益符合，而且更多地要让他们在价值观上有认同与共识，催生他们的内生性动力和本源性动力。

三是建立健全和有效落实成员间的界面规则以及生态圈的运行规则。界面规则和运行规则的作用是明确不同成员在针对某项社会责任议题的生态圈中的分工、激励、约束和赋能，即他们各自的分工是什么，他们之间如何联系，他们的行为规则是什么，他们各自的权益是什么，他们可以获得生态圈的什么支持。虽然针对社会责任议题的生态圈不同于纯粹的商业生态圈，其主体目标是实现社会价值最大化，出发点更是系统根治某项社会问题，但它并不排除市场机制的作用，界面规则和运行规则中也并不否定生态圈成员可以获得商业利益，只不过这一切都必须以最有利于解决该社会问题和实现最大限度地创造社会价值为前提。从操作方式上来看，为了使各利益相关方和社会主体易于接受与真正落实，界面规则和运行规则的制定应当与他们进行密切沟通，尽可能让他们参与到制定过程中，并且在生态圈运行中动态优化。

四是主动嵌入和推动形成健康友好和谐的生态环境。针对某项社会责任议题的生态圈，除了成员与规则之外，环境也是重要构成要素。环境既包括与社会责任议题密切相关的环境要素，如相关的正式制度（规制制度、税收制度、财政政策、金融政策、技术交易和其他法律等），也包括普遍性的环境要素，如外部的环境（经营和就业环境、生活质量）和文化（伦理道德、社会规范、价值观、人际关系）。企业应当联合生态圈中的其他成员，主动将这些环境要素耦合进生态圈，同时将生态圈置于整个外部大环境中，积极推动形成有利于生态圈健康发展的外部环境。

3. 绩效评价与改进阶段的运用

打造健康生态圈是针对某项社会责任议题的根本性、可持续的解决方式，也是企业落实社会责任议题可以采用的高阶理念。企业在对社会责任议题的实施绩效进行评价时，可以考察实施结果是否针对社会责任议题形成了健康可持续的生态圈，并将其作为"综合价值增量贡献"的重要内容。与此同时，对社会责任议题的过程性评价中，也可以考察是否主动运用健康生态圈理念、是否开展生态圈策略的策划与实施，将其作为补充性评价内容之一。此外，企业在对社会责任议题改进的过程中，健康生态圈理念为改进提供了思维指导、方向指引和行动指南。

第十节　可持续性理念

企业无论是对社会责任议题目标与效果的追求，还是实施过程中对守法合规理念、社会与环境风险防范理念、综合价值创造理念、透明运营理念、利益相关方参与和合作理念、社会资源整合与优化配置理念、健康生态圈理念的贯彻，都应当遵循可持续性（Sustainability）原则，保证社会责任议题的落实真正做到对社会负责任。

一、可持续性理念的含义

可持续性具有宏观层面与微观层面的双重理解。前者指的是企业的行为应当符合可持续发展（Sustainable Development）的要求，即既满足当代人需要又不危及后代人满足其需要的能力的发展，这事关将高品质生活、健康、繁荣等目标与社会公正的融合，以及维护地球支撑生物多样性的能力（ISO，2010）；后者指的是企业的行为应当具有连续性、一贯性，能够保持长期的、良性的运行状态。与此同时，可持续性既包括企业行为结果的可持续性，又要求企业行为过程的可持续性。可持续性理念意味着企业在其决策和活动中应当做到以下六个方面：

一是坚持社会价值本位、社会资源优化配置的衡量标准。企业的某项决策或活动是否对社会负责任或者说是否具有合理性，不能仅仅看其是否满足了利益相关方的期望与要求，是否为利益相关方创造了价值，以及是否为企业创造了价值，而是应当从全社会的角度出发，考察其是否能够最大限度地增进社会福利，能否促进社会资源的优化配置。因为虽然利益相关方是社会的一部分，但他们可能有与社会期望不一致的利益，这些利益会不同于以对社会负责任的行为处理议题的社会期望。也就是说，企业的决策和活动可能满足了利益相关方的期望与要求，能够为利益相关方创造价值，但因利益相关方的期望与要求本身就与社会整体利益相冲突，其结果必然是带来社会整体的受损，由此企业的行为也就难以真正对社会负责任。在现实中，很多企业在与利益相关方打交道过程中出现的"共谋"行为，虽然既为利益相关方创造了价值，也为企业自身创造了价值，似乎成为所谓的"共赢"行为，但它对全社会却带来整体福利损失，因此实际上是一种对社会不负责任的行为。

二是树立长期视野与系统思维。可持续性理念要求企业的决策和活动不能仅仅考虑短期影响，而是应当从长周期视角考察其可能带来的长期影响。因为企业的决策和活动往往是发生在某个长周期的特定时点或特定阶段，如果仅仅从该时点或该阶段考虑其影响，那么可能企业的决策和活动在该时点或该阶段上是对社会负责任的，具有合理性，但如果将其置身于整个长周期来看，其影响可能会表现出对社会是不负责任的，显得不合理。例如，社会上一直争议的电动汽车节能环保问题，就不能仅仅考察电动汽车使用本身对能源消耗的减少、对碳排放的减少，而是要从其使用的"电"的生产、输送和利用等全过程分析，因为现在"电"的主体仍然是"火电"，其对资源能源的消耗以及碳排放是相当可观的，因此需要从长周期考察电动汽车的节能环保问题。除了长期视野外，可持续性理念还要求企业树立系统思维，避免其决策和活动"只见树木，不见森林"，因为狭隘的局部性思维将可能使企业的决策和活动事与愿违，终究难以持续。例如，互联网公司在开展商业模式创新时，就不能仅仅从"商业"这一局部要素出发，而应当将其置身于整个社会大系统中予以考察，系统考虑其商业价值与可能带来的社会问题，否则就可能出现百度公司"竞价排名"商业模式饱受诟病的现象。

三是正确处理私德与公德的关系。私德是某个社会主体的个体行为，其践行原则上是自愿性的，一般来说对社会具有益处。但是，当某个社会主体将私德行为标准提高到一个特别高的水平，其他社会主体普遍难以达到这一水平时，那么私德将推动普遍性的公德标准超过大部分社会主体所能达到的水平，这一公德将会被大部分社会主体所放弃，结果是私德践行造成公德践行的损害。也就是说，该社会主体提高的私德行为虽然从个体事件上看似乎是对社会有贡献的，但从全社会公德践行的弱化来看则是有损社会进步的。因此，企业在其决策和活动中不能一味地抬高道德标准，防止出现所谓的"道德竞赛"，而是从如何最有利于全社会主体落实理性的道德标准出发，正确处理好私德与公德的关系，保证企业以及其他社会主体的道德行为具有可持续性。

示例3-9：子贡赎奴与子路受牛

春秋时期，鲁国规定，国人凡有去国外旅行者，见有鲁国人在外沦落为奴，可花钱把他赎回，回国后可去国库报销费用。孔子的弟子子贡在外面看到有鲁人为奴，遂赎回，赎后却不去国库报销。别人由此称赞子贡品格高尚。孔子知道后，大骂子贡，说他做错了。别人奇怪了，做好事赎了人，而不去报账，这不是高尚吗？孔子说非也，子贡的做法反会导致更多的奴隶不能从国外被救赎。子贡不报账，将来别人看见鲁人为奴，本想赎，却犹豫，我赎买后，若去报账，别人会嗔怪：以前有人不报账，你去报账，你的品格不如他。若不报账，自己的负担过重，这样，这个人只能装聋作哑不去赎人。

有人落水，孔子的大弟子子路跳下水去把人救起。家属送他一头牛答谢，子路大方地收下。别人就议论了：下水救人还要钱？孔子知道后，表扬了子路，说他做得对。因为救了人，人家要报答，可以收受，这样就鼓励以后的人乐意施救，从而使更多落水者得救，这种事情要看客观的效果。

资料来源：百度百科。

四是保持理性、谦卑和克制。企业对社会负责任绝不意味着企业将自己当作"救世主"，也绝不是要求企业成为社会问题解决的"主宰者"，大包大揽的结果必然是"好心办坏事"，无法真正实现对社会负责任。企业要做到对

社会负责任，必须保持理性，克制对解决社会问题的主导冲动，必须基于不同社会主体的优势开展有效的社会分工。这一方面是由于社会问题在不同的解决阶段需要具有不同优势的主导者，企业作为"先迈开一步"的主导者未必适合成为社会问题解决全程的主导者；另一方面是基于比较优势的社会分工才是最有效率的，企业强行成为社会问题解决的主导者可能并不一定带来社会福利的增进，甚至可能阻碍社会问题的长效解决和高效解决。因此，企业应当保持谦卑和克制，根据社会问题解决的需要定位自身的角色，该担当主导者时就做好相应的主导工作，该作为推动者时就应当充分发挥推动作用，该当配角时就当好配角。只有这样，企业才能与利益相关方和其他社会主体一道，实现各就其位、各安其身、各尽其能、各得其所，从而最有效地解决社会问题。

五是强调不断地微改进、微创新和微变化。可持续性理念意味着企业对社会负责任的行为应当是在综合价值创造上能够连续地实现微改进、微创新和微变化，企业可以通过不断迭代的方式优化社会问题解决方案和行动，保证企业行为及其效果的持续优化。实际上，每个社会主体都不可能是终极真理的掌握者，企业与利益相关方和其他社会主体一道所形成的社会问题解决方案，可能永远是次优的、阶段性的，因此只有保持解决方案的开放性、动态性和迭代性，推动社会问题解决行动的持续改进，才可能无限趋近社会问题的长效解决和高效解决。

六是重视可持续机制的构建与运转。企业对社会负责任的行为只有通过有效的机制才能保证可持续。企业无论是要真正落实守法合规理念、社会与环境风险防范理念、综合价值创造理念、透明运营理念、利益相关方参与和合作理念、社会资源整合与优化配置理念、健康生态圈理念，还是追求社会问题的真正解决，都必须建立相应的可持续机制。例如，企业在开展扶贫公益时，必须考虑建立可持续扶贫机制，既要在外部向贫困地区投入资源时解决贫困问题，又要在外部力量撤出后贫困地区仍然能够实现自我造血。企业在开展类似公益活动时，必须考虑受助对象对可持续提供资助的期望与需求，因为如果企业仅仅是一次性或几次性地提供帮助，那么中断帮助后可能会使受助对象重新陷入困境或者陷入更大的困境。

二、可持续性理念的运用

可持续性理念对企业履行社会责任可以说是提出了更高的要求，也可以说是明确了真正意义上的基本要求。企业在落实社会责任议题过程中，必须将可持续性理念融入其中，既要保证社会责任议题落实的效果符合社会价值本位和可持续发展的要求，又要确保社会责任议题落实的行动过程不偏离、不引发新风险。唯有如此，企业对社会责任议题的落实才可能更具效果，也才可能真正对社会负责任。

1. 议题识别与选择阶段的运用

企业在开展社会责任议题收集、识别、评估和选择时，可持续性理念主要提供了两个方面的启示与思路，包括：

一是将先前已经做了努力，但因缺乏持续性而导致更多问题的领域作为社会责任议题的潜在来源。一方面，企业可以审视自身之前已经参与解决的社会问题，是否存在因为缺乏持续投入或持续行动而出现新问题、新情况，如果是，可以将这些新问题、新情况作为潜在的社会责任议题；另一方面，企业可以扫描更多的、与自身运营有直接或间接关系的社会领域，这些领域的问题因为其他社会主体曾经付出努力而得到过缓解，但因这些主体对这些问题的关注、投入和行动缺乏持续性，不仅问题缓解效果消失，而且引发新问题、新情况，企业可以考虑将这些领域作为社会责任议题的潜在来源。

二是将影响企业及其价值链长期持续发展的社会性因素作为社会责任议题的潜在来源。企业及其价值链的长期持续发展是企业履行社会责任的重要前提，企业不仅要通过优化自身内部和价值链的运行素质来提升可持续发展能力，而且要重视那些对企业及其价值链长期持续发展产生重要影响的社会因素，如能源、原材料供应、人力资源、生态资源等。企业可以分析这些因素的资源条件是否存在可持续的问题，同时分析企业当前的决策和运营行为是否给利益相关方或周边社区、周边环境的可持续发展带来伤害和影响，从而筛选出其中重要的几项，列为企业要着重实施的社会责任议题。

2. 议题策划与实施阶段的运用

可持续性既涉及企业落实社会责任议题的衡量标准问题，又直接关系到企业实施社会责任议题的行动要求问题，因此是指导企业开展社会责任议题策划与实施的重要理念。企业在对社会责任议题的策划与实施过程中，落实可持续性理念需要重点做到四个方面：

一是基于最大限度增进社会福利的视角做好社会责任议题策划与冲突解决。坚持社会价值本位、社会资源优化配置的衡量标准要求企业在制定社会责任议题实施策略与行动方案时，需要以最大限度增进社会福利为出发点、着眼点和落脚点。这要求企业跳出纯粹的内部视角以及单纯的利益相关方视角，而是从整个社会视角出发，考察所策划的每项社会责任议题策略或行动是否最有利于增进社会价值、促进社会资源优化配置。尤其是，企业不能一味地追求满足所有利益相关方的所有诉求（包括不合理的诉求），因为某些诉求可能有损社会福利，本身就具有不合理性，否则，企业对于该社会责任议题的实施将会面临不可持续性。在企业对社会责任议题实施的过程中，当面临不同利益相关方相互矛盾与冲突的诉求时，企业对其进行平衡和解决的依据是要最有利于社会福利的增进。此外，最大限度增进社会福利，要求企业必须着眼于长期视角对社会责任议题策略和行动进行策划，保证社会责任议题的全生命周期符合可持续发展要求。

二是科学定位、合理扮演和动态优化企业在社会责任议题实施中的角色。保持理性、谦卑和克制要求企业在进行社会责任议题策划与实施过程中，首先需要分析社会责任议题实施包含几个阶段，每个阶段涉及哪些利益相关方和其他社会主体，他们与企业在相应阶段都具有什么样的优势，各自的任务是什么，谁应当成为各阶段的主导者、推动者、配合者、协调者。在此基础上，就能科学地界定出企业在社会责任议题实施的不同阶段所应扮演的角色，明确自身相应的任务，并以此开展相应的行动。企业必须时刻谨记最基本的社会分工原则，克制永远做主导者的冲动，相反，应当是需要自己做主导者时就承担好主导者的角色任务，需要自己做推动者时就完成好各项推动任务，需要自己做配合者时就规规矩矩地做好配合工作，需要自己做协调者时就充分发挥协调作用。只有所有社会主体都能做到各就其位、各安其身、各尽其能、各得其所，社会责任议题的实施才可能得到有效推进，才可能得以持久推进，相应的社会问题才可能得到可持续解决。

三是最大限度地防止社会责任议题解决方案或行动产生次生风险与问题。现实中，很多企业策划的社会责任议题策略或行动，就其本身而言，似乎是一项特别有创意、特别出色的策略或行动，但如果更深入地考察这些策略或行动实施的后果，往往会发现它们在解决社会责任议题已经出现的问题的同时，却蕴藏着巨大的衍生或次生风险，可能带来更大的引致性问题，因此可以说这些策略或行动是"带刺的玫瑰"。为了最大限度地避免这种现象的出现，企业在开展社会责任议题策划与实施过程中，应当牢固树立系统思维，拓宽认知视野，对于策划的每项社会责任议题策略或行动，都要不仅考虑其对社会责任议题本身的直接作用，而且要深入分析其可能带来的次生风险和问题。如果二者同时存在，企业一方面需要考虑是否可以通过其他举措来防止这一策划或行动可能引发的次生风险和问题；另一方面也要判断是否可以通过策略或行动改进与优化来消除其可能引发的次生风险和问题。如果答案都是否定的，那么企业就必须考虑可能的替代性方案或次优方案。

四是通过制度建设保障社会责任议题的可持续机制有效运转。社会责任议题要能得到长效落实，必须有相应的制度保障和机制配合。企业在社会责任议题策划与实施过程中，应当针对落实社会责任议题的内部主体、外部主体以及相互之间的协调配合确立可操作性的运作机制，特别是要构建合理的分工合作机制和激励约束机制，推动内外部主体都有意愿、有能力和有行动去承担各自在社会责任议题实施中的角色任务。可持续机制构建还要求企业推动不同主体之间构建相互信任、相互认同和相互支持的组织间文化，形成制度激励约束与文化引导推动相结合的可持续履责模式。

3. 绩效评价与改进阶段的运用

企业落实社会责任议题的最终目标是要推动相应的社会问题得到可持续解决，可持续性应当成为企业开展社会责任议题绩效评价与改进的重要考量因素。企业在进行社会责任议题的结果性评价时，需要考虑社会责任议题的实施是否产生了次生风险或问题，是否形成了问题解决的可持续机制，是否能够得到可持续的解决。更进一步，企业可以根据可持续性的要求，对后续的社会责任议题落实策略或行动进行改进，并最终形成对该社会责任议题的可持续解决机制。

第四章　企业社会责任议题管理的基本方法

"事必有法，然后可成"①。企业社会责任议题管理也不例外，成功落实社会责任议题需要企业采取科学合理、行之有效的方法。根据方法的概念界定，即人类认识客观世界和改造客观世界应遵循的某种方式、途径和程序的总和，企业社会责任议题管理的方法可以定义为企业成功进行社会责任管理和有效落实社会责任议题所采取的手段与行为方式。由此，企业社会责任议题管理的方法可以分为工具类方法和模式类方法，前者是处理社会责任议题的具体手段和工具，如鱼骨图法、平衡计分卡等，后者是处理社会责任议题的思考逻辑和行为方式，如责任边界管理、全生命周期管理等。这里重点对后者进行研究与阐述，并聚焦于责任边界管理、战略融合、全生命周期管理、跨界合作、平台化履责、"互联网＋"、社会化沟通、品牌化运作八种方法。

第一节　责任边界管理

无论是对利益相关方参与和合作理念、社会资源整合与优化配置理念、健康生态圈理念以及可持续性理念的贯彻，还是最终推动社会问题的有效解决，都离不开对企业、利益相关方和其他社会主体在落实社会责任议题中的责任边界进行明确和管理。可以说，合理确定不同主体的责任边界是成功开展社会责任议题策划和实施的基本前提，也是最大限度提升企业通过落实社会责任议题创造的综合价值水平的必然要求。

一、责任边界管理的含义

正确理解责任边界管理之前首先需要科学界定企业社会责任边界的概念。

---

① 朱熹. 孟子集注 [M]. 济南：齐鲁书社，1992.

通常来说，企业对社会负责任并不是无限的，相反，应当是有一定边界和范围的。正因如此，才有企业社会责任边界概念的出现。根据现有对企业社会责任边界的研究成果，基本上都是从组织整体层面（Organizational Level）考察企业应当对社会负责任的内容范畴，研究的核心均是在寻找和界定企业社会责任包含的具体内容。例如，刘文彬（2006）虽然没有对企业社会责任边界概念进行界定，但他基于对企业效率内涵演进的研究，提出企业社会责任边界应当局限于法律责任和道德责任之内。李伟阳（2010）认为，企业社会责任边界就是对社会负责任的企业行为的性质认定和内容构成，并基于对企业本质的重新认识，提出企业社会责任内容边界应当包括两个部分，即最大限度地实现与商品和服务提供过程相联系的经济、社会和环境的综合价值，以及最大限度地实现与内嵌于商品和服务提供过程中的人与人的关系相联系的经济、社会和环境的综合价值。余澳等（2014）认为企业社会责任边界应当包括两个层面：第一个层面是企业需要承担哪些社会责任，相关各责任的范畴与边界是什么？第二个层面是作为整体的企业社会责任，其外部边界在哪里？对于前者，他们提出企业社会责任中的责任范畴主要包括人本责任、经济责任、法律责任、伦理责任和环境责任五个方面；对于后者，他们提出作为整体的企业社会责任，其外部边界是企业自身利益与社会利益的均衡点。除了明确提出企业社会责任边界术语的学者之外，部分学者也隐含地表明了企业社会责任的边界点，如 David（1960）的"责任铁律"观点、Carroll（1979）的"期望符合"观点、ISO（2010）的"影响决定"观点以及利益相关方责任观点。

实际上，从组织整体层面界定企业社会责任边界虽然可以为企业划定履行哪些社会责任提供范畴边界，对企业履行社会责任的实践提供方向指引，但它仍然停留在概念层面或相对宏观层面，即使将依据社会责任边界确定的内容进一步细化，也难以完全罗列出企业对社会负责任行为的全部要素。这也是为什么众多的社会责任标准和指南只能指出企业需要关注的重点社会责任主题或议题，以及企业落实各项主题或议题的具体要求，但这也并不是企业对社会负责任行为的全部内容。在现实中，企业的行为由一项项具体的决策和活动构成，企业更关注的是如何保证每项具体的决策和活动是对社会负责任的，也就是说，如果要做到对社会负责任，企业在各项具体的决策和活动中，需要明确哪些事情必须做、哪些事情应该做、哪些事情可以做、哪些事情不能做。这意味着不仅组织整体层面存在企业社会责任边界界定的问题，而且企业各项具体决策和活动都需要明确社会责任边界，前者虽然可以为企业确定做哪些对社会负责任的事情，但却无法进一步为企业如何负责任地做这些事情提供指导。因此，社会责任边界普遍存在于企业的各项具体决策或活动中，并且在决策或活动层面（Decision or Activity Level）对企业履行社会责任更具有操作意义。

从决策或活动层面来看，企业社会责任边界意指企业在特定决策或活动中符合对社会负责任要求的行为边界和价值规范，它划定出企业在该决策或活动中哪些事情必须做、哪些事情应该做、哪些事情可以做、哪些事情不能做。这一界定反映出企业社会责任边界概念具有三个方面的要素：一是确定依据。企业在某项决策或活动中的行为边界确定，依据是要"对社会负责任"，即需要从最有利于社会价值创造的角度出发，考察各项行为是否能够增进社会福利，是否有助于社会资源优化配置，而不是仅仅从企业自身利益或纯粹利益相关方利益出发。二是边界区间。企业在某项决策或活动中的行为边界，并不是确切的一个点或几个点，也不是一条固定不变的线，而是一个具有弹性的区间，这个区间是一个由"必须"、"应该"、"可以"、"愿意"等不同程度行为构成的域。三是责任主体。社会责任边界都是针对特定主体的，不仅企业在决策和活动中有自身的社会责任边界，利益相关方和其他社会主体在该决策和活动中也应当有各自的社会责任边界，因此谈及社会责任边界都必须明确责任主体。

鉴于社会责任边界有组织整体层面和决策或活动层面之分，因此责任边界管理也可以分为组织整体的责任边界管理和决策或活动的责任边界管理。对于前者，其重点在于识别、分析、确定、监控、调整优化企业履行社会责任的边界范围和内容构成，并推动员工、外部利益相关方和社会对此形成正确认知、理解和共识；对于后者，其重点在于识别、分析、策划、落实、监控、调整优化企业在决策或活动中的负责任行为边界，明确有利于社会价值创造的企业行动事项，推动利益相关方和其他社会主体对其所应承担的责任事项形成认知、理解并落实。从社会责任议题管理来看，社会责任议题的识别和选择更加关注组织整体层面的责任边界管理，而社会责任议题的策划和实施则更加重视决策或活动层面的责任边界管理。

二、社会责任边界的确定方法

责任边界管理的首先任务是识别与确定企业的社会责任边界。由于组织整体层面的社会责任边界与决策或活动层面的社会责任边界存在差异性，因此二者的识别与确定方法也有所不同。考虑到社会责任议题的策划和实施中会主要运用到决策或活动层面的社会责任边界识别与确定方法，故这里重点对此进行阐述。

企业在决策或活动层面的社会责任边界确定，需要综合考虑和权衡分析多个方面的因素，包括：一是法律法规的要求；二是利益相关方和社会的期望；三是企业可动用的资源、能力和优势；四是企业的使命与价值观。法律法规的要求构成了企业在某项决策或活动中的底线规范，包括禁止类事项和强制类事项，前者是企业在决策或活动中不可为的行为，后者则是企业在决策或活动中不可为的行为，这些形成企业在该项决策或活动中的底线边界。利益相关方和社会的期望需要进一步区分合理期望和不合理期望，企业在某项决策或活动中的社会责任边界考虑的是合理期望，不合理期望将会被排除在外。企业可动用的资源、能力和优势既包括企业自身所拥有的资源、能力和优势，也包括企业在决策或活动中可以利用的利益相关方和其他社会主体的资源、能力和优势。企业在某项决策或活动中，除了底线类边界内的行为外，还需要结合利益相关方和社会的合理期望以及企业可动用的资源、能力和优势，识别和确定出更宽泛的行为边界。当利益相关方和社会的合理期望与企业可动用的资源、能力和优势相契合与匹配时，企业能够在发挥自身优势或者发挥利益相关方和其他社会主体优势的同时，满足利益相关方和社会的合理期望，为利益相关方和社会创造价值，这些形成企业在该项决策或活动中的理想边界。当利益相关方和社会的合理期望超越了企业可动用的资源、能力和优势范畴时，企业仍然需要通过挖掘自身的内部潜能、利益相关方和其他社会主体的外部潜能，采取逐步改善行动或替代性行动去满足利益相关方和社会的合理期望，这些形成企业在该项决策或活动中的挖潜边界。当企业可动用的资源、能力和优势超越了利益相关方和社会的合理期望的要求时，即企业拥有冗余的可动用的资源、能力和优势，而又缺乏相应的利益相关方和社会期望时，企业可以在使命和价值观的指引下，自愿开展前瞻性的、创新性的负责任行动，发挥冗余资源、能力和优势的社会价值创造能力，这些形成企业在该项决策或活动中的释能边界。

由此可见，企业在某项决策或活动中的社会责任边界由底线边界、理想边界、挖潜边界和释能边界构成，它们之间的相互关系如图4-1所示。

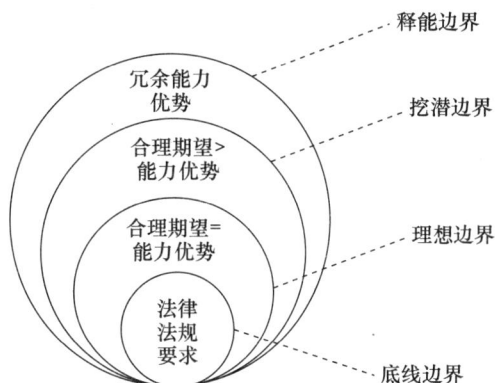

图 4 – 1　企业决策或活动层面的社会责任边界模型

不同类型社会责任边界的行为要求如表 4 – 1 所示。

表 4 – 1　不同类型社会责任边界的行为要求

社会责任边界	行为要求
底线边界	不可为、不可不为
理想边界	全力为
挖潜边界	想法为
释能边界	可以为

三、社会责任边界的常见误区

尽管理论上在企业的决策或活动中都应当明确企业自身、利益相关方和其他社会主体的责任边界，并各自在责任边界范围内开展具体行动，但现实中却经常出现各种社会责任边界混乱问题，突出表现为边界模糊、边界超越和边界落差等误区，这也是企业在落实社会责任议题过程中需要重点防范的陷阱。

从边界模糊来看，它主要指的是在某项决策或活动中，企业、利益相关方和其他社会主体之间在责、权、利上缺乏明确统一的划定与认识，造成"人人都可管、人人都不管"的混乱局面，不但相互推诿、缺位现象经常出现，而且利益受损、利益侵占问题也时有发生，最终造成纠纷不断、工作效率极低、问题无法解决。边界模糊通常可能由两个方面的原因造成：一是客观原因，即在某些问题或矛盾中，尤其在一些新出现的问题或矛盾中，由于缺乏明确的法律法规或规章制度规定，也没有约定俗成的界定，造成各方的权利、责任都没有清晰的划定，各方可自行其是；二是主观原因，即决策或活动中的相关各方均缺乏责任边界意识，没有对各方在决策或活动中的责任和权利进行清晰界定，各方均不清楚哪些事情该干、哪些事情不该干，完全凭着自我认识与自我偏好开展行动，各方之间既存在相互交叉甚至完全重叠的工作，但又有大量"空白"工作无参与主体。无论是客观原因还是主观原因造成的责任边界模糊，企业在落实社会责任议题过程中均需最大限度地予以避免。

从边界超越来看，它主要指的是在某项决策或活动中，企业、利益相关方和其他社会主体中的一方或多方在行为上超越了规定的责任界限，尤其是指企业的行为超越了规定的责任界限。按照企业决策或活动层面的社会责任边界模型，企业的越界行为通常有两种：一种是跨越底线边界，即超越了法律法规明确规定的界限，开展了"不可为"的行动或者没有开展"不可不为"的行动，是一种违法违规的非法行为；另一种是跨越理想边界、挖潜边界和释能边界，出现过度履责，即要么是企业的行为迎合了利益相关方和社会的不合理期望，形成对这些不合理期望的不恰当回应，要么是在利益相关方和社会没有相关期望、企业又缺乏可动用的资源能力或相对优势时，企业的行为超出了应该承担的责任范围。越界违规反映出企业缺乏底线思维和红线意识，是一种严重的不负责任行为，企业在落实社会责任议题过程中必须完全杜绝此类行为；过度履责反映出企业缺乏正确的责任边界观，缺乏社会价值本位的思维，缺乏理性、谦逊与克制精神，越俎代庖，做自己少能力、不擅长、没要求的"看似利他"的事情，实际上破坏了社会分工秩序，破坏了社会资源的有效配置，甚至结果是"好心办坏事"，企业在落实社会责任议题过程中应当最大限度地避免此类行为。

从边界落差来看，它主要指的是在某项决策或活动中，企业所识别和确定的社会责任边界低于利益相关方和社会的合理期望，也就是说，利益相关方和社会的某些合理期望与要求并没有被企业所意识到，或者并没有被企业认为是自身应当承担的责任范畴，其结果是企业对这些合理期望与要求不予回应，由此招致利益相关方和社会公众的指责。边界落差的产生可能有两个方面的原因：一是企业在进行社会责任边界的识别与确定时出现了问题，对于利益相关方和社会的部分合理期望没有识别出来或者没有正确进行判定，导致所确定的社会责任边界没有涵盖这些期望；二是企业在开展决策和活动的过程中，外部的利益相关方和社会环境发生了动态变化，企业可能由于没能及时跟踪调整，导致外部期望的变化没能被更新到企业所确定的社会责任边界范畴内，进而引发边界落差问题。边界落差意味着企业需要重新审视已经确定的社会责任边界，重新识别、分析和确定利益相关方和社会的合理期望，促使利益相关方和社会的合理期望与企业可动用的资源、能力和优势之间建立新的平衡，形成新的社会责任边界。

四、社会责任议题落实中的责任边界管理

责任边界管理普遍存在于企业的各项决策和活动中，同样也适用于企业社会责任议题落实行动。特别是，对于那些新发生的责任主体尚不明晰的议题，如当前被公众普遍关注的电信诈骗议题，或者企业与利益相关方之间存在明显冲突、矛盾的议题，如征地拆迁相关的议题，责任边界管理尤其重要。企业在落实社会责任议题过程中，责任边界管理主要包括六个步骤（见图4-2）：

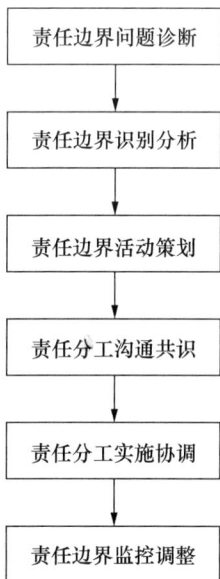

```
┌──────────────────┐
│   责任边界问题诊断   │
└──────────────────┘
          │
          ▼
┌──────────────────┐
│   责任边界识别分析   │
└──────────────────┘
          │
          ▼
┌──────────────────┐
│   责任边界活动策划   │
└──────────────────┘
          │
          ▼
┌──────────────────┐
│   责任分工沟通共识   │
└──────────────────┘
          │
          ▼
┌──────────────────┐
│   责任分工实施协调   │
└──────────────────┘
          │
          ▼
┌──────────────────┐
│   责任边界监控调整   │
└──────────────────┘
```

图4-2　企业社会责任议题落实过程中责任边界管理的步骤

一是责任边界问题诊断。企业在社会责任议题落实过程中，可以采取问题导向的方式切入责任边界管理，即无论是什么社会责任议题，都首先分析在该议题中是否存在边界模糊、边界超越、边界落差等社会责任边界问题。责任边界问题诊断的目的是要明确责任边界管理是否是该社会责任议题落实过程中的关键内容，企业是否需要投入较多资源能力和时间精力进行责任边界管理。例如，对于弃管小区问题，各利益主体之间权责关系模糊不清，公众对电网企业期望普遍高于电网企业目前的履责范围，而个别电网企业出于迎合公众期望而不得不超出自身能力、资源范围提供无偿的弃管小区电力设施维护的行为。这意味着在开展弃管小区电力设施维护的社会责任议题过程中，电网企业需要将责任边界管理作为议题落实过程中的重要内容。

二是责任边界识别分析。无论是否存在社会责任边界问题，企业针对每一个社会责任议题都需要开展社会责任边界的识别和分析，包括企业自身和利益相关方在社会责任议题落实过程中各自的责任分工。对于企业来说，需要识别、分析和确定自身在社会责任议题落实过程中的底线边界、理想边界、挖潜边界和释能边界，相应的分析步骤则是：首先是分析该议题涉及的法律法规有哪些，它们对企业与相关主体的要求是什么，从而明确企业的底线边界；其次是识别出该议题涉及的利益相关方，分析利益相关方和社会对企业在该议题实施中的期望，并对其中的合理期望做进一步剖析，考察企业可以动用的资源能力和相对优势能够满足哪些期望，这些期望就构成企业的理想边界，而那些企业可以动用的资源能力和相对优势难以满足的合理期望，则构成企业的挖潜边界；最后是分析企业是否具有冗余的可动用的资源能力和相对优势，如果有，则可以开展一些有利于发挥这些资源能力和相对优势效用的、能够更好落实该议题的自愿性活动，这些则构成企业的释能边界。对于利益相关方来说，企业也应当分析不同利益相关方在社会责任议题落实过程中所能享有的权利边界，识别不同利益相关方的资源能力和相对优势，明确他们各自应当承担的职责和任务。

三是责任边界活动策划。在责任边界识别、分析和确定的基础上，企业可以根据底线边界、理想边界、挖潜边界和释能边界以及利益相关方的责权利边界，分别策划每个边界范围内企业落实社会责任议题的具体行动和活动，这些行动和活动也就构成企业落实该议题的主要内容。

四是责任分工沟通共识。企业在社会责任议题落实过程中，无论对于自身的社会责任边界识别、分析和确定，还是对于利益相关方和其他社会主体的责任分工，以及所策划的具体行动和活动，均不能只停留在企业单方面，而是必须与利益相关方和其他社会主体进行沟通，并使得企业、利益相关方和其他社会主体能在这些问题上达成共识。从沟通的重点来看，主要包括四个方面：首先是针对利益相关方和社会对企业在该议题中的不合理期望，企业需要与利益相关方和社会公众进行沟通，使其了解到这些期望的不合理，以及企业无法对这些不合理期望进行回应；其次是针对企业在落实社会责任议题过程中所能承担的社会责任边界，企业需要与利益相关方和社会公众进行沟通，让其了解企业的责任边界在哪里，企业能做哪些事情，不能做哪些事情，从而形成对企业的理解；再次是针对利益相关方和其他社会主体在落实社会责任议题过程中需要承担的责任和任务，企业需要与他们进行沟通，推动他们认识到自身所具有的优势和所应担负的义务；最后是针对企业所策划的落实社会责任议题的具体行动和活动，企业需要与利益相关方和其他社会主体进行沟通，一方面使他们了解、理解和支持这些具体行动与活动，另一方面让他们知晓和认同自身在这些具体行动与活动中所应扮演的角色。如果有必要，企业可以通过正式文件的方式与利益相关方和其他社会主体对责任分工进行约定。

五是责任分工实施协调。企业、利益相关方和其他社会主体需要按照各方已经达成共识的责任分工，各就其位、各司其职地开展社会责任议题落实的各项具体行动和活动，既保证各方不打折扣地履行好自己的责任分工，又确保相互之间不越界。为了实现这一点，企业、利益相关方和其他社会主体在落实社会责任议题过程中，可建立包括定期沟通磋商、增进相互合作、明确激励约束等举措在内的责任分工协调机制。

六是责任边界监控调整。企业、利益相关方和其他社会主体还应当在落实社会责任议题过程中加强对各自责任边界和任务分工的监控，并在必要时通过相互沟通协调进行动态调整和优化。这可能来自三种情况：第一种情况是社会责任议题实施过程中外部环境发生变化，造成企业、利益相关方和其他社会主体的责任边界相应地发生了变化，如相关法律法规的调整就可能引起企业的底线边界发生变化；第二种情况是随着社会责任议题实施的深入，出现一些之前未识别出来的新情况、新要求和新活动，或者说原来识别的某些责任边界和任务分工可能出现不适应性；第三种情况是责任分工在执行过程中遭到破坏，为保证社会责任议题实施的后续行动达到目标，需要对责任分工进行调整优化。

第二节　战略融合

无论是战略性企业社会责任理念还是共享价值思想，都意味着企业如果能将社会责任议题与企业发展战略紧密联系起来，实现二者之间的有机融合，那么社会责任议题落实将能达成企业与社会的共赢，在解决相应社会问题的同时为企业创造更多的商业价值。因此，企业在社会责任议题选择与落实过程中，可以尽可能地运用战略融合思路，最大限度地、可持续地创造共享价值。

一、战略融合的核心思想

在社会责任领域，战略融合通常有两种理解：一种是从社会责任管理角度，战略融合意指企业将社会责任理念和要求融入企业使命、价值观和发展战略，推动形成社会责任与企业战略的全面融合，确保企业拥有对社会负责任的发展战略，以便指引企业的负责任行动；另一种是从社会责任实践角度，战略融合指的是一种社会责任实践方式，它将参与解决社会问题这一社会责任实践活动或项目与企业的发展战略相匹配、相结合、相互动、相支持，推动社会问题解决与企业商业价值获取的同时实现，这一视角下的战略融合本质上可以认为是战略性企业社会责任。鉴于落实社会责任议题是企业开展社会责任实践的重要方式，因此这里研究的战略融合指的是第二种视角下的战略融合，其核心理论和思想则是战略性企业社会责任。

战略性企业社会责任（Strategic Corporate Social Responsibility）概念最早由 Burke 和 Logsdon（1996）提出，她们认为，当企业社会责任能够为企业带来商业利益，特别是能够支持企业的核心业务活动并有助于企业使命的有效实现时，企业社会责任就是战略性的。之后，Baron（2001）、Lantos（2001）、Bagnoli 和 Watts（2003）、Porter 和 Kramer（2006）、Jamali（2007）、Husted 和 Allen（2007）、Bhattacharyya（2010）、McWilliams 和 Siegel（2011）、Bruyaka 等（2013）分别从不同视角对战略性企业社会责任的概念进行了界定，具体如表4－2所示。

战略性企业社会责任的关键要点是社会责任行为与企业使命、目标、战略、任务之间的关联性和匹配程度，即社会责任的战略性问题。显然，不同学者在这一问题上存在明显分歧，如 Bhattacharyya（2010）认为，由于社会责任与企业的核心业务直接相关联会受限于企业的资源和能力，短期内一般难以实现，因此社会责任行为只要与企业使命和发展愿景相关联就具有战略性；而 Porter 和 Kramer（2006）则认为，社会责任行为只有与企业的核心业务即价值链活动或竞争环境改善活动相关联才具有战略性；Midttun（2009）甚至提出，社会责任应当由辅助核心业务的角色转变成为企业的核心业务才能算得上具有战略性。实际上，战略性企业社会责任应当充分展现社会责任与企业发展战略的融合性，而企业发展战略的核心则在于价值链活动与竞争环境改善行动，因此我们更倾向于采取 Porter 和 Kramer（2006）的观点，即战略性企业社会责任应当与企业的核心业务相关联，要么与价值链活动相结合，要么与改善竞争环境相结合。

表 4-2　战略性企业社会责任概念界定的代表性观点

学者	视角	战略性企业社会责任的界定
Burke 和 Logsdon（1996）	与战略利益的关系	能产生实质性商业收益，特别是通过支持核心业务活动推进企业使命实现的社会责任
Baron（2001）	行为动机	承载社会责任并以利润最大化为目的的战略性行为
Lantos（2001）	行为动机、责任性质	实现社会福利和企业战略性商业目标的战略性慈善行为
Bagnoli 和 Watts（2003）	行为模式	企业在为社会提供公共产品时促进了私有产品的销售
Porter 和 Kramer（2006）	行为模式、战略目标	目标在于寻找能够为企业和社会创造共享价值的机会，在解决社会问题的同时获取可持续竞争优势
Jamali（2007）	责任性质、行为动机	兼顾企业利益和社会贡献的战略性自愿责任
Husted 和 Allen（2007）	行为模式	将社会问题纳入战略范畴，并从社会问题中寻找市场机会，进行产品和服务创新，创造企业价值
Bhattacharyya（2010）	责任性质	具有向心性、长期导向和资源承诺性的社会责任
McWilliams 和 Siegel（2011）	责任性质、行为动机	能使企业获得持续竞争优势的任何社会责任行为
Bruyaka 等（2013）	行为动机、行为模式	与企业核心业务整合，试图为企业和利益相关方带来经济和非经济收益的社会责任行为

资料来源：根据王水嫩等（2011）、彭雪蓉和刘洋（2015）整理。

　　战略性企业社会责任突破传统企业社会责任中企业经济目标与社会目标相矛盾的争论，强调企业与利益相关方、企业与社会之间的正和博弈关系（Porter 和 Kramer，2006），并通过强化企业战略和提升核心能力来提升企业的可持续竞争优势，同时为企业创造新的商业机会，降低企业的社会风险，最终创造企业与利益相关方、企业与社会共享的价值。战略性企业社会责任创造企业价值的途径如图 4 - 3 所示。

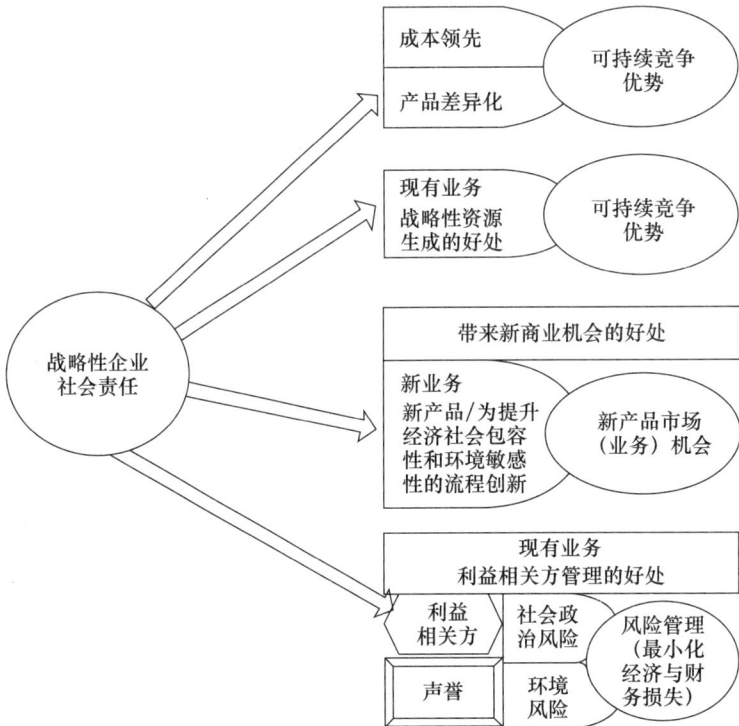

图 4 - 3　战略性企业社会责任创造企业价值的途径

资料来源：Bhattacharyya（2010）。

二、战略融合的甄别与检验

　　在企业的社会责任实践中，落实战略融合理念和思想的首要问题是对战略性企业社会责任的甄别与检验，判断某项社会责任活动或项目是否具有战略性。为此，Burke 和 Logsdon（1996）、Bhattacharyya（2010）根据战略性企业社会责任的特征，分别建立了五维评估法和四层过滤法的分析框架与甄别方法。

1. 五维评估法

为了更好地评估企业社会责任实践活动什么时候以及以什么方式为企业与社会产生共享价值，Burke 和 Logsdon（1996）提出了企业发展战略的五个维度，它们不仅对企业成功非常关键，而且对企业将社会责任实践活动或项目与价值创造联系起来十分重要。这五个维度包括：向心性（Centrality），即社会责任实践活动或项目与企业使命、目标和任务之间的紧密程度；专有性（Specificity），即企业能够获取或内化社会责任实践活动或项目所带来好处的能力，而不是简单地创造能够被产业、社区和社会上其他主体普遍分享的公共物品；前瞻性（Proactivity），即企业的社会责任实践活动或项目在多大程度上是有计划的，而这一计划是根据预期的经济、技术、社会和政治环境变化趋势以及在没有危机的情境下做出的；自愿性（Voluntarism），即企业在没有外部合规要求的情况下对决策的自由裁量范围；可见性（Visibility），即企业业务活动的可察觉性以及企业获得内外部利益相关方认可的能力。她们认为，企业社会责任实践活动或项目只有具备这五个方面的特征，才能称得上战略性企业社会责任。由此，向心性、专有性、前瞻性、自愿性和可见性五个维度为识别与检验战略性企业社会责任提供了分析框架，因此被称为战略性企业社会责任的"五维评估法"。

基于 Burke 和 Logsdon（1996）提出的五个维度，Husted 和 Allen（2007）进一步区分了传统企业社会责任、传统企业战略和战略性企业社会责任（见表 4-3），为开展战略性企业社会责任的"五维评估法"提供了更加清晰的界定。

表 4-3　传统企业社会责任、传统企业战略和战略性企业社会责任的比较

战略维度	传统企业社会责任	传统企业战略	战略性企业社会责任
向心性	不相关：做好事仅仅是为了满足社会需要，与企业的核心业务与使命没有关系	通过产品服务创新实现价值创造	通过与社会议题紧密联系的产品服务创新而创造价值
专有性	不相关：做好事不求回报，但长期来看对企业是有利的	通过管理供应商、客户和竞争者而为企业获取增量价值	通过利益相关方关系管理而为企业获取增量价值
前瞻性	对社会议题的变化做出预期	首动优势	对能产生市场机会的社会议题变化做出预期

续表

战略维度	传统企业社会责任	传统企业战略	战略性企业社会责任
自愿性	参与那些超越企业利益要求和法律要求的社会活动	基于学习能力开展创新；非确定性行为	参与那些超越法律要求的社会活动
可见性	不相关：做好事不求回报，但长期来看对企业是有利的	建立客户对产品和品牌的认知	建立客户和利益相关方对饱含社会责任价值的产品的认知

资料来源：Husted 和 Allen（2007）。

从操作上来看，企业运用"五维评估法"开展战略性企业社会责任的识别与检验，需要进行以下八个步骤（Burke 和 Logsdon，1996）：一是识别对企业完成使命和实现战略目标至关重要的利益相关方；二是根据这些关键利益相关方的利益诉求，确定具有社会价值的社会责任政策、项目或方案；三是开展向心性评估，主要是评估这些社会责任项目能否为企业创造机会去促进战略目标的实现，或者推动企业所面临问题和威胁的解决；四是开展专有性评估，主要是评估在多大程度上这些社会责任项目能够提供被特定企业而非行业内和社会上所有企业普遍获取或内化的好处；五是开展前瞻性评估，主要是分析预测企业未来发展环境的变化，以及关键利益相关方需求的变化，而这些需求可以通过企业前瞻性的社会责任政策和行动予以满足和实现；六是开展自愿性评估，主要是确定强制性要求的基准线，以便识别企业可以开展自愿性行动的机会；七是开展可见性评估，主要是识别企业有哪些机会去提升可见性，以便使内外利益相关方能够观察、感知、了解企业的社会责任行动；八是评估价值创造程度，衡量和比较不同社会责任项目所创造的战略性利益，从中选择预期创造的价值或潜在价值最大的项目。

2. 四层过滤法

Bhattacharyya（2010）基于以往学者对战略性企业社会责任的研究成果，整合构建了一个区分战略性企业社会责任与非战略性企业社会责任的"屏障过滤法"分析框架，其基本思想是按照不同层次的标准，一层层地对所有企业社会责任项目进行筛选，每层筛选均排除"不合意"的社会责任项目，留下符合标准的"合意"社会责任项目，经过所有层次的标准筛选而留下的"合意"社会责任项目就是战略性企业社会责任。

根据战略性企业社会责任不同特征要素之间的内在逻辑，Bhattacharyya（2010）提出了筛选企业社会责任项目的四个层次标准，从而形成甄别战略性企业社会责任的"四层过滤法"。按照这一方法，企业所有可能实施的社会责任活动或项目均要进行以下四个层次的筛选（见图4-4）：首先是意图过滤（Intent Screen），即筛选出具有前瞻性、计划性的社会责任项目，排除本质上是消极回应的、缺乏计划性的社会责任项目；其次是焦点过滤（Focus Screen），即筛选出具有向心性、与企业使命和愿景相联系、有助于实现企业使命和愿景的社会责任项目，排除那些不能为实现企业使命和愿景做出建设性贡献的社会责任项目；再次是承诺过滤（Commitment Screen），即筛选出具有长期视野和利益相关方参与、做出大量资源承诺保障的社会责任项目，排除那些具有短期性、应急性和缺乏资源支持的社会责任项目；最后是"行为过滤"（Activity Screen），即筛选出可以融入企业内部或外部运营活动的社会责任项目，排除那些与企业运营毫无关联的社会责任项目。经过意图过滤、焦点过滤、承诺过滤和行为过滤，留下的"合意"社会责任项目就属于战略性企业社会责任。

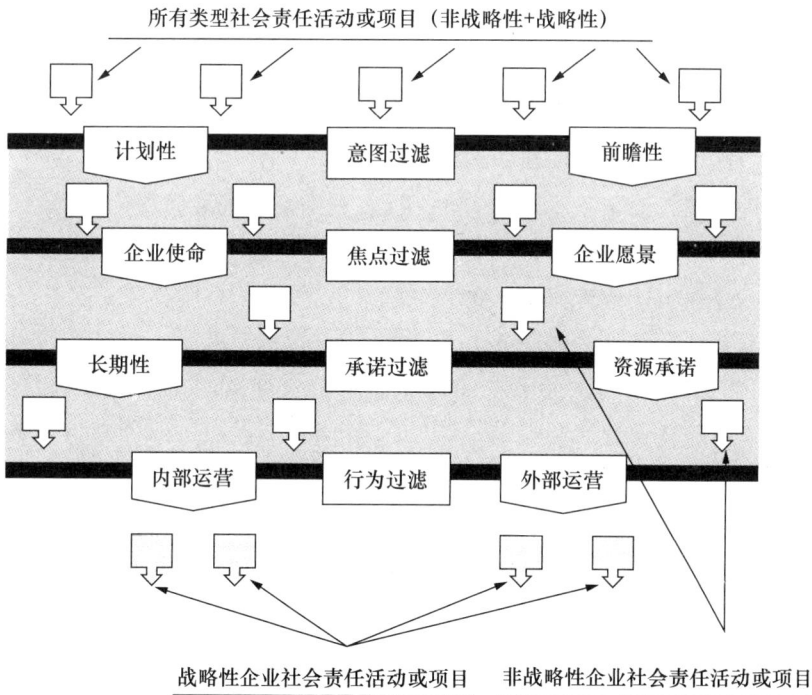

图4-4　甄别战略性企业社会责任的"四层过滤法"

资料来源：Bhattacharyya（2010）。

三、战略融合的实现方式

企业推动战略融合思想与方法在实践中的落地，关键在于发现、构思和实施战略性企业社会责任活动或项目。而要做到这一点，Porter 和 Kramer（2006）提出了由内而外的价值链创新和由外而内的竞争环境投资两种方式，Porter 和 Kramer（2011）又提出创造"共享价值"的三种方式：产品与市场的重新构思、价值链生产力的重新定义、地方产业集群发展的促进。实际上，价值链生产力的重新定义可以认为是价值链创新的重要内容与实现方式，而地方产业集群发展的促进则是竞争环境投资的重要构成要素，由此，推动战略融合的实现方式可以概括为三种：产品与市场的重新构思、价值链创新和竞争环境投资。

1. 产品与市场的重新构思

产品与市场的重新构思本质上是在新形势下对企业使命、愿景和发展战略的融合创新，是从社会需求视角对企业产品战略和市场战略的重新审视。目前，虽然企业界一直口口声声都在强调如何挖掘和制造需求，但在现实中却经常忘记最基本的问题：企业的产品能为客户带来好处吗？能为客户的客户带来好处吗？在可持续消费渐成趋势的大背景下，深入探索和挖掘社会需求，不仅能够帮助企业发现在传统市场实施差异化战略或进行重新定位的新机会，而且可以帮助企业发现那些以往被忽视的新市场潜力。

重新构思产品与市场可以沿着两个方向进行考虑（见图 4-5）：一是从需求角度，寻找当前或未来一段时间真实的、可靠的社会需求，分析这些需求与企业现有产品和服务的联系，是否可以将这些需求融入产品和服务的创新，开发出满足这些需求的新产品和新服务，实现新的产品和服务差异化。例如，对于节能环保的社会需求，英特尔和 IBM 都设法协助公共事业部门利用数字智能技术节能省电。需要指出的是，具有社会效益的产品需求消费具有可持续消费意愿和思维，因此引导与鼓励消费者开展可持续消费对于产品和服务创新也十分重要。二是从消费者市场角度，寻找以往常常被忽视的低收入或弱势群体，为他们开发适合的产品，这不仅能够产生巨大的社会效益，而且可以为企业赚到丰厚的利润。例如，提供具有移动银行服务功能的低价手机可以帮助穷人进行安全的储蓄，并且可以大大提升小农生产及销售农产品的能力。沃达丰（Vodafone）在肯尼亚的 M-PESA 移动银行就在三年内获得了 1000 万客户的支持，其资金处理量相当于该国 GDP 的 11%。

需求类型

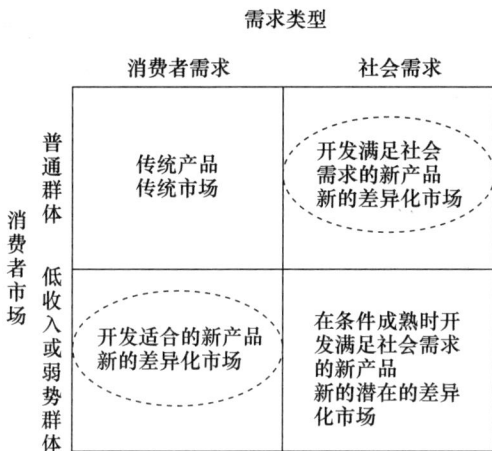

图4-5　重新构思产品与市场的重点方向

2. 价值链创新

企业的价值链活动必然会影响众多社会问题，而许多社会问题也会影响企业的价值链活动，这为企业通过价值链创新创造"共享价值"、推动战略性企业社会责任落地提供了机会。价值链创新型战略性企业社会责任主要解决受企业日常经营活动显著影响的社会问题，例如价值链活动资源消耗量大，给环境带来的污染问题等。英国零售商玛莎百货（Marks&Spencer）通过重新审视物流系统，改变从一个半球采购货品再运到另一个半球的做法，从而彻底改变了供应链，此项措施有望每年为公司省下1.75亿英镑的费用，同时还可以大大减少碳排放量。

根据价值链模型，企业的价值链涵盖了各种业务运营与管理活动，包括基本活动和辅助活动，前者主要是进货后勤、生产经营、发货后勤、市场营销、服务等，后者主要是企业基础设施、人力资源管理、技术开发、采购等。由此，企业通过价值链创新参与解决社会问题的基本程序（见图4-6）是：分析每一项价值链活动对社会产生哪些影响，这些影响是否形成社会问题，这些问题反过来对企业价值链活动有何影响；在此基础上，企业就可以找到潜在的价值链主导型议题（见图4-7），发现好的价值链创新机会，确定价值链创新型战略性企业社会责任项目，并通过实施价值链创新而创造共享价值。

3. 竞争环境投资

竞争环境是企业战略执行能力的重要影响因素，而社会环境则是一种重要的竞争环境要素，因此针对竞争环境中某些能够促进企业竞争力提升的社会因素进行投资，也是实施战略性企业社会责任、推动战略融合、创建企业与社会共生关系的重要方式。竞争环境投资型战略性企业社会责任主要解决企业竞争环境中会对企业竞争力的基本构成要素造成影响的社会问题，如就业问题、健康问题、教育问题等。像思科系统公司（Cisco System, Inc.）的免费网络技术培训项目，不仅产生了巨大的社会效益，也通过提升网络人员的素质，加强与当地政府、社区的关系等方式成功改善了企业的竞争环境。

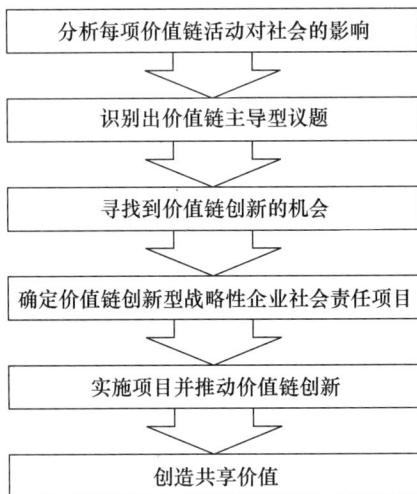

图 4 - 6　基于战略融合要求的企业价值链创新实施程序

按照国家竞争力的钻石模型，竞争环境的四个关键要素是生产要素，包括人力资源、天然资源、知识资源、资本资源、基础设施；需求条件，主要是所在地区的市场需求；相关与支持性产业；企业战略、结构和同业竞争。由此，企业通过竞争环境投资参与解决社会问题的程序（见图 4 - 8）是：首先分析企业在每项竞争环境要素上应当具备的要求（见图 4 - 9）以及是否存在短板，然后分析哪些社会因素影响这些竞争环境要素，同时分析这些社会

● R&D伦理道德 → CSR信息披露 → 企业理论 → 道德采购政策
● 绿色研发理念 → 社会责任会计 → 企业社会责任文化 → 供应链准入标准
● 知识产权管理 → 与审计 → 雇员的人文关怀 → 供应商守则与认证
● 研发CSR导向 → 社会责任认证 → 权益与劳动保护 → 供应商道德风险管
● 循环经济研发 → 与标准执行 → 职业生涯发展 → 理与控制
  理念 → 政府等利益相 → 薪酬福利与培训 → 道德供应链评估
● 产品多生命周 → 关者沟通协调 → CSR传播与沟通 → 道德供应链评估
  期设计 → CSR管理系统 → CSR项目组织协调 → 绿色供应链管理
                                            → 社会责任采购系统

辅助活动	企业基础设施：计划、财务、法律、质量管理等
	人力资源管理、选聘、培训、发展、薪酬制度等
	技术开发：研发、流程自动化、设计及再设计等
	采购：采购的标准规则以及信息系统等

| 基本活动 | 进货后勤 | 生产经营 | 发货后勤 | 市场营销 | 服务 |

● 交通工具废 → 环境保护 → 包装的使 → 社会责任营销 → 利益相关者期望
  气排放 → 安全的工作环境 → 用和处理 → 社会责任广告 → 顾客满意度
● 接受及时 → 节能减排 → 交货及时 → 品牌承诺 → 报废产品的处理
● 入库及时 → 清洁生产 → 订单管理 → 利益相关者权益 → 退货的处理
● 库存控制 → 整合资源循环利用 → 分销实现 → 顾客信息 → 顾客培训
● 新鲜度控制 → 产品质量控制 → 运输碰撞 → 秘密性 → 维修服务
● 运输影响 → 循环经济

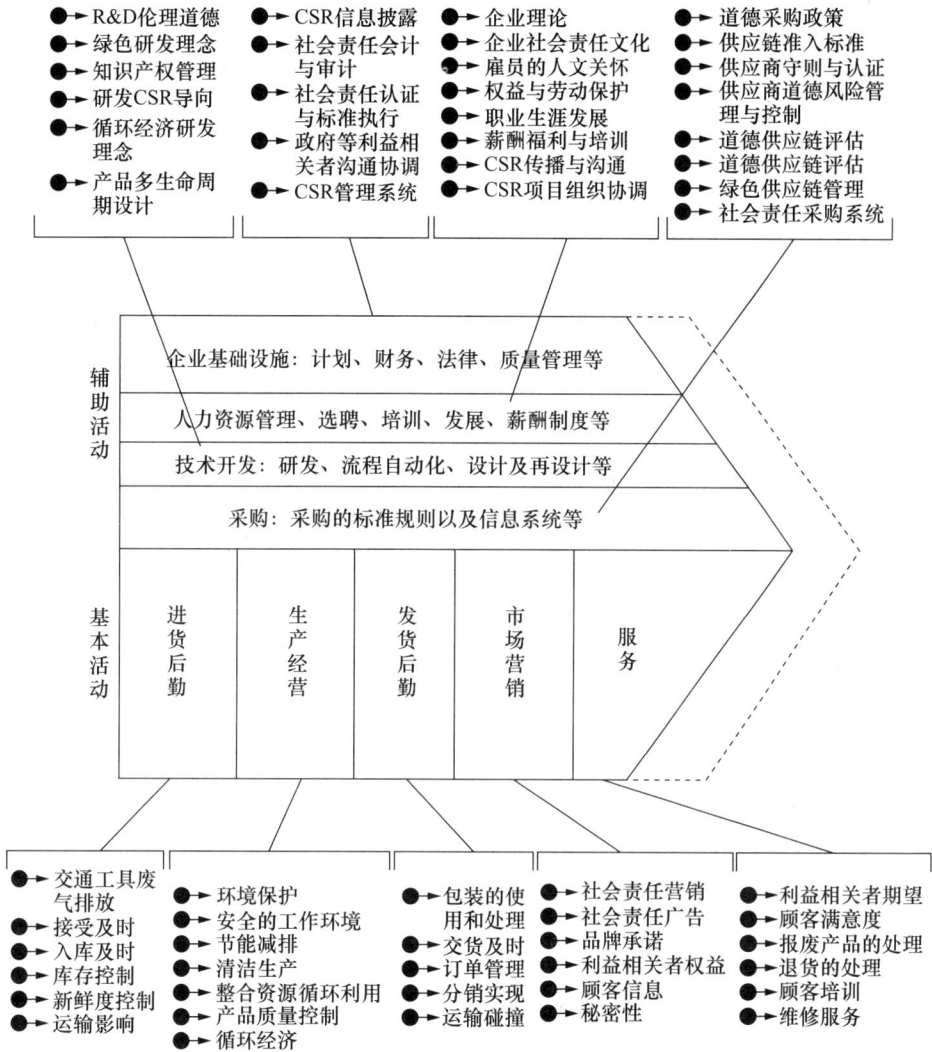

图4-7 企业社会责任议题的价值链分析模型

资料来源：邵兴东和孟宪忠（2015）。

因素是否呈现出社会问题，从而识别出竞争环境主导型议题；在此基础上，寻找到对企业具有战略价值的社会问题，确定竞争环境投资型战略性企业社会责任项目，并通过实施这些项目开展竞争环境投资，促进企业竞争环境的改善和社会问题的有效解决，进而创造共享价值。

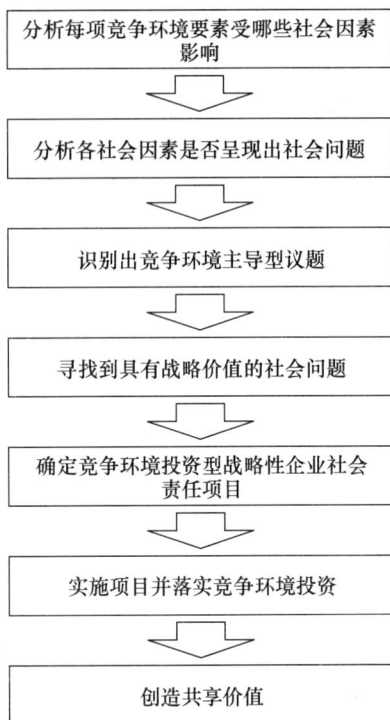

图 4-8　基于战略融合要求的企业竞争环境投资实施程序

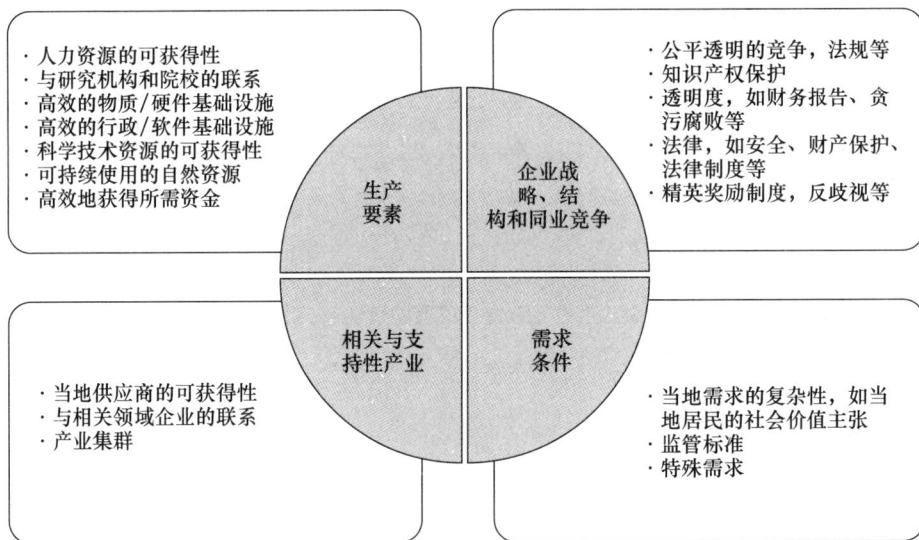

图 4-9　企业竞争环境的关键要素条件

资料来源：俞舟（2013）。

四、社会责任议题落实中的战略融合

战略性企业社会责任与共享价值的思想和理念越来越受到企业界的认同，并在实践中日益受到欢迎。作为企业社会责任实践的重要方式，落实社会责任议题必然也要求更加重视战略融合方法的运用，既能通过社会责任议题的落实来助力企业商业目标的实现，又能通过企业业务运营和管理来解决社会问题，从而同时推动社会责任议题落实方式和企业运营与管理方式的创新。

战略融合方法在企业社会责任议题管理中的应用重点在于社会责任议题识别与选择、策划与实施等环节。从社会责任议题识别与选择来看，企业可以按照战略性企业社会责任的甄别方法和程序，寻找到战略性企业社会责任议题，具体如下：分析企业发展的内外部环境，扫描社会问题，厘清企业每项价值链活动对社会可能产生的影响，以及外部社会因素对企业竞争环境各个关键要素可能产生的影响，创建一个企业面临的社会问题和商业机会的社会责任议题列表，并按照"五维评估法"、"四层过滤法"，确定出潜在的战略性企业社会责任议题。在此基础上，进一步分析各个潜在战略性企业社会责任议题的优先顺序，选择那些可以为企业重新构思产品与市场带来新机会的社会问题，或者通过改造价值链活动可以解决的社会问题，或者通过开展战略性慈善事业、发挥企业专业优势可以解决的竞争环境中对企业影响较大的社会问题，最终确定出战略融合性的三类社会责任议题：重新构思产品与市场型战略性企业社会责任议题、价值链创新型战略性企业社会责任议题和竞争环境型战略性企业社会责任议题。

从社会责任议题策划与实施来看，企业可以将战略融合作为一个主要方法，在策划与实施社会责任议题的各项行动中，尽可能将这些行动与企业的发展战略协调一致，并使其与企业的业务经营和管理活动联系起来，从而推动各项行动最大限度地创造共享价值。在操作方法上，对于社会责任议题本身就具有战略性，即战略性企业社会责任议题，企业可以分别针对重新构思产品与市场型战略性企业社会责任议题、价值链创新型战略性企业社会责任议题和竞争环境型战略性企业社会责任议题分别进行相应的战略融合行动的策划与实施；对于那些非战略性企业社会责任议题，企业也可以从重新构思产品与市场、价值链创新和竞争环境投资三个视角分别设计行动策略，或者对所策划的社会责任议题行动策略进行分析，考察在其中融入重新构思产品与市场、价值链创新和竞争环境投资等活动的可能性，如果相互之间具有协

同一致性，则可据此对社会责任议题行动策略进行优化，将其转化为社会责任议题落实的战略性行动策略。

第三节　全生命周期管理

社会与环境风险防范理念、综合价值创造理念和可持续性理念要求企业的决策和活动不能仅仅从单个环节或某个局部考虑其影响结果，外部视野、守法合规、透明运营、利益相关方参与和合作等社会责任理念的落实也不能仅仅局限于某个环节或局部领域，相反，企业应当树立全生命周期的思维，在社会责任议题落实过程中运用全生命周期管理的方法，确保社会责任理念得到真正有效落实，保证企业的决策和活动真正实现对社会负责任。

一、全生命周期管理的含义

生命周期（Life Cycle）既是一个普遍的自然现象，也是一个广泛的社会现象。一般意义上的生命周期就是"从摇篮到坟墓"（Cradle‐to‐Grave）的整个过程，展现出自然界和人类社会各种客观事物的阶段性变化及其规律。目前，生命周期概念已经被普遍应用于政治、经济、环境、技术、社会等各个领域，由此衍生出诸如产品生命周期、企业生命周期、产业生命周期、项目生命周期、资产生命周期、客户生命周期等多个概念。无论哪一种生命周期，其都会经历从孕育出现到退出消亡的全过程，并且通常表现出阶段性变化特征。

全生命周期管理（Life Cycle Management，LCM）是在生命周期概念基础上发展起来的管理概念。虽然学界和企业界经常提及全生命周期管理术语，但几乎都与特定的管理对象或特定的管理领域相结合使用，并且没有对其进行过明确的概念界定。例如，从管理对象来说，产品全生命周期管理（Product Life Management，PLM）、资产全生命周期管理、设备全生命周期管理、项目全生命周期管理、客户全生命周期管理等概念都被提出、界定和广泛使用；从管理领域来看，全生命周期成本管理（Life Cycle Costing，LCC）理论早在1964年就由英国人Gordon提出，之后全生命周期环境管理、全生命周期质量管理、全生命周期风险管理等概念也相继被提出和使用。由此可见，全生命周期管理在很大程度上是一种具有通用性的管理思想、管理模式和管理方法，能够运用于不同的对象、领域和情境。为了确保更具普适性，全生命周期管理可以一般性地界定为：针对管理客体"从摇篮到坟墓"、"从源头到终止"进行全程性、整体性、系统性、前瞻性、动态性的管理，以便更加科学地实现更具合理性的特定管理目标。这里的管理客体可以是任何具有生命周期特征的对象，如产品、服务、资产、项目、客户等，而特定管理目标则一般是事关全局、事关企业运营各个层面和各个流程的领域，如环境管理、成本控制、质量管理、风险管控等。

根据以上定义，全生命周期管理的主要特征即核心思想包括五个方面：

一是全程性。全生命周期管理超越传统的狭隘视角，突破管理仅仅聚焦于单一环节或某几个环节，而是对管理对象生命周期的所有阶段、所有环节都进行管理，实现全过程、全流程管理。而且，全生命周期管理所强调的全过程和全流程管理，不再局限于管理对象本身所处的"生命周期"，而是涵盖其源头和终止去向，真正实现全生命周期管理。例如，在治理建筑垃圾的议题上，全生命周期管理的视角不仅包括建筑垃圾本身从"产生—分类—运输—填埋—焚烧或回收再利用"的全过程如何实现有效的管理，更要关注建筑本身的全生命周期，在建筑的设计阶段，对建筑进行可持续设计或者建筑垃圾减量化设计，延长建筑使用寿命，实行旧建筑材料的直接再利用；在建筑施工阶段，加强施工现场的施工技术水平和施工管理水平，实现建筑垃圾根本性的减量化；在建筑物的生命终期阶段，先实行建筑拆解，然后对建筑产生的建筑垃圾进行资源化与无害化处理。

二是整体性。全生命周期管理在特定管理目标的设定、管控与最终实现效果的衡量上是着眼于整个生命周期的综合性结果，而不是某个或某几个阶段和环节的结果。需要指出的是，这里的整个生命周期也包括管理对象的源头和终止去向。例如，对于电动汽车的全生命周期环境影响管理，就不能仅仅考虑电动汽车使用阶段的能源消耗和气体排放，而是要从生产阶段（汽车生产和燃料生产）、使用阶段、汽车生命终端（EOL）报废处理阶段等整个生命周期（见图4-10）考察和管控其能源消耗与气体排放，这样才能评价出电动汽车的综合性和整体性环境影响，也才能更加科学、更加合理地判断出电动汽车在环境影响方面是否优于传统汽车以及混合动力汽车。

三是系统性。全生命周期管理是一个系统性的管理过程，不是一个个单一环节或阶段的叠加，这些环节或阶段通过系统化的整合，可以达到1+1>2的效果，并最终实现全生命周期的整体性结果优于各个环节或阶段的结果之和。全生命周期管理往往要求对各个环节或阶段所使用的资金、技术、人力、

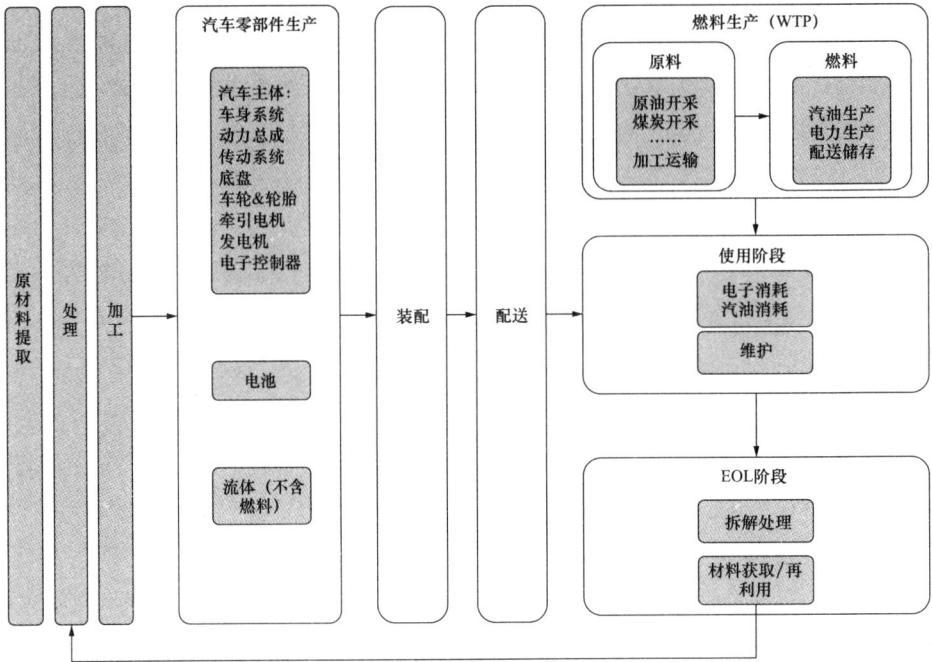

图 4-10 电动汽车的全生命周期

资料来源：李书华（2014）。

信息、能源、物料等各类资源和要素进行系统整合，既实现资源要素的整体节约，又能最充分发挥资源要素的功能。从方式上来看，全生命周期管理通常采取对流程进行整体设计与再造、对资源要素进行互换与共享、构建信息管理与资源管理系统等形式对各环节或阶段进行系统化整合，确保各环节或阶段的行动能够有机衔接和协调一致。例如，对于医疗废物的全生命周期管理，往往会通过建立一整套信息管理系统，实现医疗废物从"产生—收集—运输—处置"全部流程的信息可查、可交互和可监控。

四是前瞻性。全生命周期管理的整体性和系统性特征，还要求对管理对象进行前瞻性管理，也就是在对管理对象生命周期的某个环节或阶段进行决策和行动时，必须全面分析和预测后续环节或阶段可以与可能采取的行动策略，并考虑该环节或阶段的决策和行动对后续环节或阶段可能造成的影响，从而保证全生命周期的整体性结果达到特定管理目标。全生命周期管理要求树立"以终为始"的思维，从管理对象的源头和初始阶段就要考虑最终需要达到的效果，需要将后续环节或阶段的可能要求在源头和初始阶段就得到考虑与反映，以便前瞻性地规避在生命周期其他阶段产生的不良影响。例如，游戏产品的全生命周期管理要求在游戏产品的开发阶段，就要考虑在游戏产品投入后如何防止"玩家"上瘾和沉溺其中，以及如何防止青少年涉入不适宜的游戏环节，并将这些要求预先在游戏产品的开发中得到有效落实。

五是动态性。管理对象在生命周期不同环节或阶段呈现出显著的不同特点，这使得管理目标和管理重点也会随着生命周期阶段的演变而不断变化，由此可见，时间要素和维度是全生命周期管理需要重点考虑的因素，全生命周期管理表现出明显的动态性特征。例如，资产全生命周期管理的核心是在保证设备资产功能得到维持并逐步提高的前提下，寻求设备全生命周期成本最优化，这要求对资产生命周期不同阶段的成本构成进行分析，在不同阶段成本管理的重点也不同，如投运早期的成本管理重点在于运行成本、维护成本、故障成本及处置成本，而投运晚期的成本管理重点则在于初始投资成本，如图 4-11 所示。

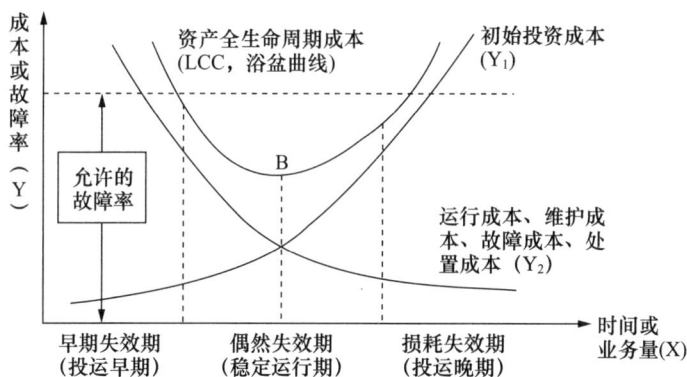

图 4-11　资产生命周期不同阶段的成本管理重点变化

资料来源：胡亦玺等（2015）。

二、全生命周期社会责任管理

全生命周期管理思想不仅可以应用于成本管理、质量管理、环境管理、风险管理等领域，同样也适用于社会责任管理，二者结合起来即全生命周期社会责任管理。所谓全生命周期社会责任管理，就是将社会责任的理念和要求在管理对象从源头到终止的整个生命周期中得到落实，确保对管理对象的各项决策和活动做到对社会负责任。按照这一界定，全生命周期社会责任管理包括两个层面的含义：在目标层面上，全生命周期社会责任管理追求的是管理对象在整个生命周期的综合性结果对可持续发展贡献最大化；在操作层面上，全生命周期社会责任管理要求在管理对象生命周期的每个环节或阶段都应当贯彻落实社会责任理念和要求，采取负责任的行为。

由于社会责任管理的核心目标是要最大限度地创造综合价值，因此全生命周期社会责任管理也可以转化为全生命周期价值管理（见图4－12）。然而，无论是全生命周期社会责任管理还是全生命周期价值管理，都具有强烈的抽象性。在实际操作中，"社会责任"和"价值"的抽象概念均需进一步转化为可以具体落实的操作性概念，即"影响"，因为无论是管理"责任"还是"价值"，都要求组织通过透明和道德的方式有效管理自身决策和活动对利益相关方、社会和自然环境的影响。由此，全生命周期社会责任管理就可以转化为全生命周期影响管理，而后者可以进一步具体化为落实"外部视野"、"守法合规"、"社会与环境风险防范"、"综合价值创造"、"透明运营"、"利益相关方参与和合作"、"社会资源整合与优化配置"、"健康生态圈"和"可持续性"等理念。

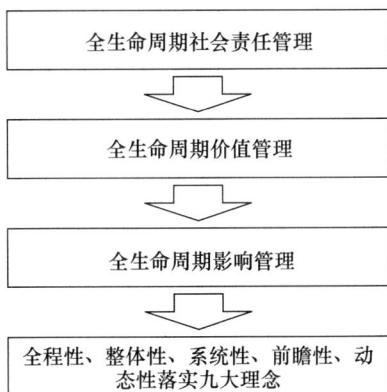

```
┌─────────────────────────────┐
│      全生命周期社会责任管理      │
└─────────────────────────────┘
              ⬇
┌─────────────────────────────┐
│      全生命周期价值管理         │
└─────────────────────────────┘
              ⬇
┌─────────────────────────────┐
│      全生命周期影响管理         │
└─────────────────────────────┘
              ⬇
┌─────────────────────────────┐
│ 全程性、整体性、系统性、前瞻性、动 │
│ 态性落实九大理念                │
└─────────────────────────────┘
```

图4－12　全生命周期社会责任管理思想的操作性转化

进一步来看，全生命周期社会责任管理也具有全生命周期管理的全程性、整体性、系统性、前瞻性、动态性特征，但"外部视野"、"守法合规"、"社会与环境风险防范"、"综合价值创造"、"透明运营"、"利益相关方参与和合作"、"社会资源整合与优化配置"、"健康生态圈"和"可持续性"等不同社会责任理念和要求的落实在各项特征上的要求不尽相同（见表4－4）。例如，"守法合规"理念的落实重点在于全程性和动态性，而"综合价值创造"理念的落实重点则在于全程性、整体性、系统性、前瞻性、动态性。

表4－4 不同社会责任理念落实的重点要求

理念特征	全程性	整体性	系统性	前瞻性	动态性
外部视野	√				√
守法合规	√				√
社会与环境风险防范	√	√	√	√	√
综合价值创造	√	√	√	√	√
透明运营	√			√	√
利益相关方参与和合作	√			√	√
社会资源整合与优化配置	√	√	√	√	√
健康生态圈		√	√	√	
可持续性	√	√	√	√	

三、生命周期评价法

生命周期评价法（Life Cycle Assessment，LCA）是全生命周期社会责任管理的典型应用，也是一种日益流行的全面分析产品、工艺或服务过程对环境影响的技术方法。

1. 生命周期评价法的含义

生命周期评价法发端于20世纪60年代末，即1969年可口可乐公司委托美国中西部资源研究所对其使用的饮料包装瓶从原料开采到最终处置的全过程环境影响进行跟踪研究与全面评估，生命周期评价法首次得到应用。20世纪80年代后期，生命周期评价法开始得到快速发展和广泛应用，国际环境毒理学和化学学会（Society of Environmental Toxicology and Chemistry）、美国环境保护署和国际标准化组织都开始积极开发与推广生命周期评价法。从对生命周期评价法的理解来看，尽管不同机构对其做出了不同的定义描述（见表4－5），但核心思想基本上一致，即对产品从原材料获取到设计、制造、使用、循环利用、最终处理等整个生命周期实际或潜在的环境干扰和影响进行评价。

表4－5　不同机构对生命周期评价法的定义

机构	对生命周期评价法的定义
国际环境毒理学和化学学会	生命周期评价是对某种产品系统或行为相关的环境负荷进行量化评价的过程；它首先辨识和量化所使用的物质、能量和对环境的排放，然后评价这些使用和排放的影响；评价包括产品或行为的整个生命周期，即原材料的采集和加工、产品制造、产品营销、使用、回用、循环利用和最终处理，以及涉及的所有运输过程
国际标准化组织	生命周期评价是对一个产品系统的生命周期中输入、输出及其潜在环境影响的汇编和评价
联合国环境规划署	生命周期评价是评价一个产品系统生命周期整个阶段——从原材料的提取和加工，到产品生产、包装、市场营销、使用、再使用和产品维护，直至再循环和最终废物处置——的环境影响的工具

资料来源：刘晓明（2012）。

2. 生命周期评价的步骤

根据 ISO14040：2006 和 GB/T 24040－2008 的要求，生命周期评价应当包括四个相互关联的步骤：目的和范围的确定、清单分析、影响评价和解释，如图4－13所示。

目的和范围的确定是开展生命周期评价的第一步，也为生命周期评价的后续步骤提供指引和基础。准确界定研究目的就是要回答为什么要开展生命周期评价，以及生命周期评价结果的应用意图和希望达到的效果。与此同时，为了保证生命周期评价的广度、深度和详尽程度能满足研究目的的要求，就需要合理定义研究范围，包括明确所研究的产品系统、产品系统的功能、功能单位、系统边界、分配程序、所选择的影响类型和影响评价的方法学、数据要求、假设、限制、初始数据质量要求、鉴定性评审的类型（如果有）、研究所要求的报告类型和格式。

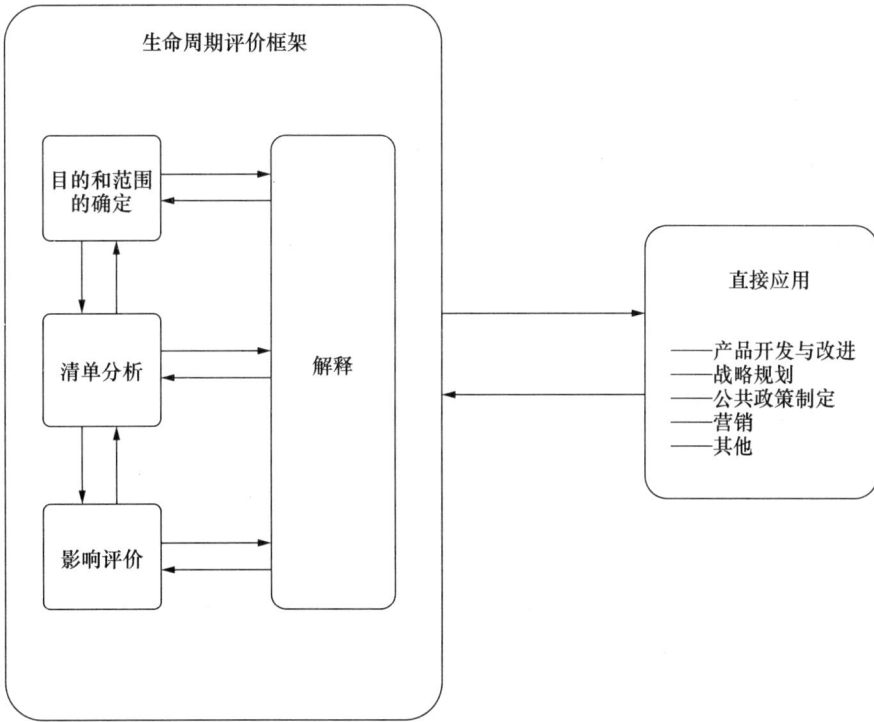

图 4 - 13　生命周期评价的基本框架

资料来源：GB/T 24040 - 2008。

清单分析（Life Cycle Inventory，LCI）的核心就是数据收集和计算，以此来量化产品系统中相关的输入和输出。数据收集包括系统边界中每一个单元过程的数据，涵盖三类：输入性数据，如能量输入、原材料输入、辅助性输入、其他实物输入；输出性数据，如产品、共生产品和废物，向空气、水体和土壤中的排放物；环境性数据，主要是其他环境因素。数据收集后，还需要进行数据计算，其程序是对所收集到的数据进行审定，建立数据与单元过程的关联，确定数据与功能单位的基准流的关联，从而形成对所模拟的产品系统中每一单元过程和功能单位的清单结果。

影响评价（Life Cycle Impact Assessment，LCIA）就是根据清单分析结果，对潜在的环境影响程度进行评价。影响评价总体上分为四个步骤（见图 4 - 14）：影响分类，即根据清单物质对环境的影响类型对清单分析结果（数据）进行分类；特征化，即以某一种环境影响类型中一种环境影响因子作为基准将不同性质的影响因子汇总，如对于二氧化碳、一氧化碳、甲烷等影响全球气候变化的温室气体，就可以以二氧化碳为标准，将其他因子归并为二氧化碳当量来表示全球气候变暖影响的大小（图4-15是汽车全生命周期清单分类特征化）；归一化，即将产品系统的特征化指标除以某个地区或全球在一定时期内的特征化的总量；加权，即对不同环境影响类型进行赋权，通过加权计算得到环境影响的综合性结果。

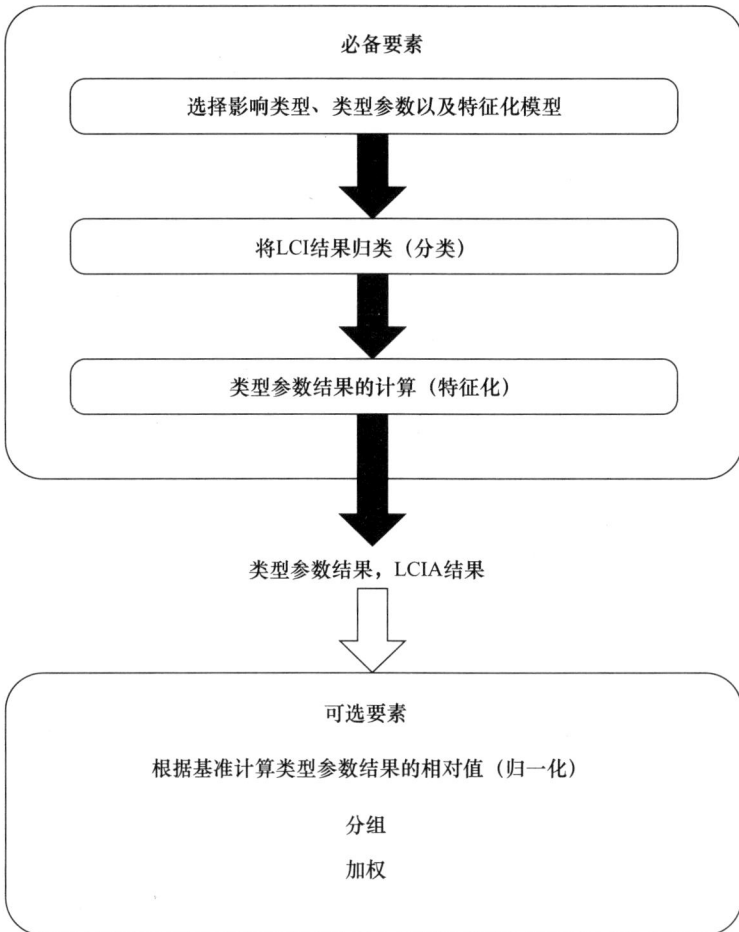

```
┌─────────────────────────────────────────────────┐
│                  必备要素                          │
│  ┌───────────────────────────────────────────┐  │
│  │    选择影响类型、类型参数以及特征化模型        │  │
│  └───────────────────────────────────────────┘  │
│                      ↓                            │
│  ┌───────────────────────────────────────────┐  │
│  │          将LCI结果归类（分类）              │  │
│  └───────────────────────────────────────────┘  │
│                      ↓                            │
│  ┌───────────────────────────────────────────┐  │
│  │        类型参数结果的计算（特征化）          │  │
│  └───────────────────────────────────────────┘  │
└─────────────────────────────────────────────────┘
                      ↓
            类型参数结果，LCIA结果
                      ↓
┌─────────────────────────────────────────────────┐
│                  可选要素                          │
│     根据基准计算类型参数结果的相对值（归一化）      │
│                    分组                            │
│                    加权                            │
└─────────────────────────────────────────────────┘
```

图4-14　生命周期影响评价的步骤

资料来源：GB/T 24040-2008。

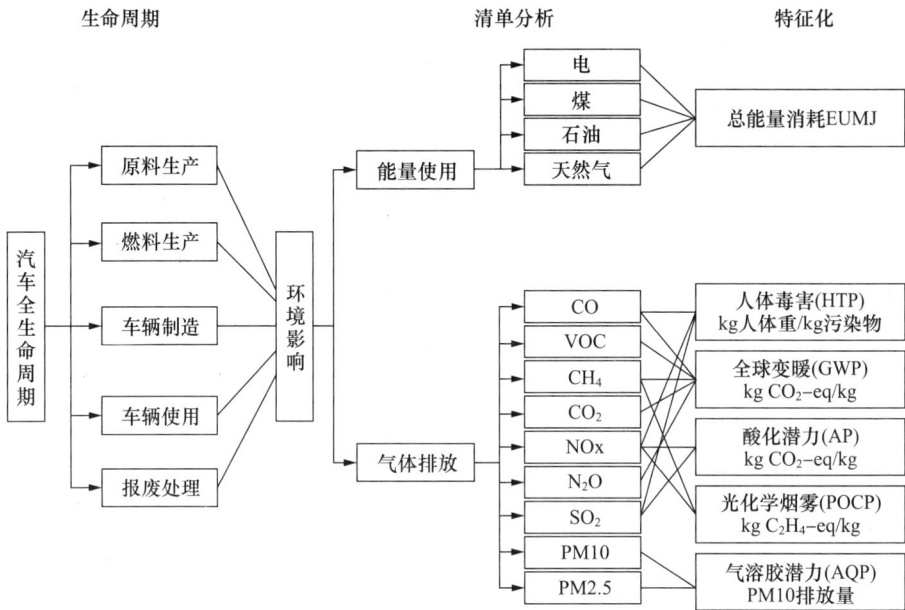

图 4-15 汽车全生命周期清单分类特征化

资料来源：李书华（2014）。

解释是根据初始确定的研究目的和范围，对生命周期清单分析和生命周期影响评价结果的信息进行识别、判定、检查和评估，并对此进行表述，形成最终的结论和建议。生命周期解释包括三个步骤：重大问题识别，即根据清单分析和影响评价的结果识别出产品系统存在的重大问题；评估，即对整个生命周期评价的完整性、敏感性和一致性进行检查；报告，即得出最终结论，提出可行建议，形成说明报告。

3. 生命周期评价的技术方法

生命周期评价最基本的技术方法有两类：基于过程的生命周期评价（Process-based LCA，PLCA）和基于经济投入产出的生命周期评价（Economic Input-output LCA，EIO-LCA）。前者是一种自下而上的分析方法，它主要是根据产品全生命周期中物料、能量与排放的输入输出清单进行环境影响评价；后者是一种自上而下的分析方法，它通过经济投入产出表计算出部门层面上的能耗及排放水平，并且依据评价对象与经济部门之间的对应关系，评价出具体产品的环境影响。基于过程的生命周期评价方法和基于经济投入产出的生命周期评价方法各有优缺点，使用范围和情境也不尽相同，它们的具体特征比较如表 4 - 6 所示。

表 4 - 6　PLCA 和 EIO - LCA 的比较

主题	细项	PLCA	EIO - LCA
边界	边界确定	根据数据质量主观确定边界	整个国民经济系统
	直接和间接	必须通过反复迭代才能计算间接影响	自动包含直接和间接影响
	进出口	可以准确计算进口原料的环境影响	一般视评价对象为本国生产的产品，采用多尺度投入产出分析方法可在一定程度上区分国内外产品
数据	类型	公共数据或私人数据	公共数据
	时效性	可根据需要收集近期数据	间隔数年定期发布
	完整性	不完整	完整的国民经济数据
	针对性	可对具体产品进行评价	只能将部门内产品统一评价
	单位	实物单位	货币单位
	数据来源	常引用其他文献参数，与评价对象产地、生产时间不一致	构建能耗及排放强度数据库
生命周期阶段	运行使用阶段	依数据条件而定	不包括
	最终处置阶段	依数据条件而定	不包括
结果分析	结果重现	公共数据情况下可以	可以
	产品比较	可以比较	不能比较归属同一部门的产品
	产品改进	具体到产品	只能到部门层面
投入	时间	多	少
	成本	高	低

资料来源：王长波等（2015）。

　　为了克服基于过程的生命周期评价方法和基于经济投入产出的生命周期评价方法各自的缺点，发挥它们各自所具有的优点，混合型生命周期评价方法（Hybrid LCA，HLCA）应运而生。混合型生命周期评价就是将基于过程的生命周期评价和基于经济投入产出的生命周期评价相结合的分析方法，它使用 EIO - LCA 模型来指导 PLCA 模型的边界和范围（李书华，2014），具有比传统生命周期评价方法更准确、数据更容易获得的优点，逐渐成为生命周期评价方法发展的新方向。

四、社会责任议题落实中的全生命周期管理

全生命周期管理既是一种管理思想、管理理念和管理模式，又能衍生出许多可以应用于企业运营的管理方法和管理工具，因此企业在社会责任议题落实中也可以和应当树立全生命周期管理的思想与理念，选择适宜并合理运用各种全生命周期管理方法与工具，提升社会责任议题落实的科学性、系统性和价值性。从应用方式来看，全生命周期管理既可以为特定议题落实提供方法指导，又能为特定议题效果预测与评估提供工具应用，同时还可以为议题项目管理提供模式选择。具体来说：

一是特定议题具体落实中融入和运用全生命周期管理的方法。如果结合全生命周期管理的界定与思路，企业社会责任议题可以分为两大类：管理对象型议题和管理领域型议题，前者如发展新能源、客户隐私保护等，后者如应对气候变化、人权保护等。根据全生命周期管理的特点，它比较适合于具有较长生命周期的管理对象型议题，或者在企业运营活动的各个环节都存在相关性或产生社会影响的管理领域型议题。对于管理对象型议题，需要考虑它在全生命周期各个环节或阶段的综合性影响，因此可以融入全生命周期社会责任管理的方法。例如，对于核电站建设社会责任议题，不仅要从核电站的设计、建造、调试、运行、延寿、退役以及核燃料的生产、获取、使用、处置等全生命周期考察其环境影响，还需要分析其经济影响和社会影响，因此需要运用全生命周期社会责任管理方法。对于管理领域型议题，需要考虑各个运营环节在该议题上的表现以及全过程整体性的表现，因此可以针对议题融入专项性的全生命周期管理方法。例如，对于减少产品的环境影响议题，主要是专注于产品的研发、设计、原材料采购、生产、运输、销售、回收、再利用、废物处置等全生命周期的环境影响，因此可以运用全生命周期环境管理方法，基本应用思路如表4-7所示。

表4-7　全生命周期管理方法在管理领域型议题落实中的应用

应用步骤	示例（以减少产品的环境影响议题为例）
识别议题涉及的流程	识别出产品的研发、设计、原材料采购、生产、运输、销售、回收、再利用、废物处置的全部流程
分析每个流程环节与议题的关系	分析上述每个环节可能给环境带来的影响以及可以减少环境影响的机会、突破口
将管理目标任务分解到每个流程环节	将议题管理的总体目标，如减排多少吨二氧化碳，结合上述分析结果分解到产品生产的每个环节，制定相应的减排方案

续表

应用步骤	示例（以减少产品的环境影响议题为例）
建立全生命周期联动机制	建立产品全生命周期的信息收集与管理体系，结合管理目标对流程进行整合与再造等
评估管理的绩效与持续改进	收集每个环节议题管理目标的达成情况，汇总成总体绩效与目标进行对比，分析差距和取得的成果，制定下一步改进计划

二是特定议题效果预测与评估中运用生命周期评价法。对于那些关注于环境影响的社会责任议题，其可能带来的环境价值预测和最终实现的环境效益评估，就可以运用生命周期评价方法，既衡量出评价对象整个生命周期创造的环境价值，又能找出评价对象在哪些环节或阶段存在环境管理短板。当然，企业在特定议题效果预测与评估中运用生命周期评价法，需要根据研究目的和范围、数据可获取性，选择和确定适合的生命周期评价技术方法，确保生命周期评价结果的科学性。例如，对于一个畜牧企业，就关注不同畜牧产品产生的环境影响议题，因此需要预测或评价其生产不同畜牧产品对环境产生的影响，这时就可以运用生命周期评价法。对此，一个典型的例子是魏云（2016）运用生命周期评价法研究发现，生产 1kg 牛肉、牛奶、猪肉、鸡蛋的生命周期中对环境的综合影响是：1kg 牛肉（$9.93E-12$）＞1kg 猪肉（$2.00E-12$）＞1kg 牛奶（$1.16E-12$）＞1kg 鸡蛋（$1.02E-12$）。

三是议题项目管理采用全生命周期项目管理模式。社会责任议题的落实既可以采用职能化模式，也可以采用项目制模式，但无论哪种模式，实际上均可以将其看作一个项目，由此就可以运用全生命周期项目管理方法。全生命周期项目管理要求企业针对每个社会责任议题项目识别与确定出生命周期的构成，并按照社会责任项目"时间—利益相关方—内外部资源—综合价值"的四要素要求，将项目整个生命周期的四要素目标分解到项目的各个环节或阶段，并进行流程优化和有效管理，最终实现社会责任议题项目的落实达到预期的目标。

第四节　跨界合作

随着技术融合、产业融合、区域融合、文化融合、经济与社会融合的日益深入，跨界合作越来越成为经济和社会领域的普遍现象，成为推动技术创新、商业创新和社会创新的重要方式。特别是在社会领域，各种社会问题日益复杂多变，仅仅依靠某一领域的主体已经难以有效解决，跨界合作正在成为解决社会问题的新思路、新要求和新途径。这意味着企业在社会责任议题落实过程中，需要充分发挥不同界别主体的优势，积极推动跨界合作，促进社会问题更加有效、更加高效、更加长效的解决。

一、跨界合作的含义

跨界（Crossover）在当今社会越来越成为一个流行语，以跨界术语为基础的跨界营销、跨界创新、跨界整合、跨界学习、跨界搜寻、跨界合作等名词不断涌现。跨界从字面意义上来讲，指的是从一个领域越过边界到达另一个领域，但在经济社会领域它指的是一种思维模式、行为模式和价值创造模式，强调通过跨越不同领域、不同行业、不同文化、不同意识形态等范畴而产生的一个新行业、新领域、新模式、新风格等（肖永革，2010）。跨界合作可以说是跨界思维的重要反映，它指的是处于不同领域和不同行业的主体开展合作与交融，推动合作双方将原本没有关联甚至矛盾对立的元素相互渗透、相互融合、相互借鉴，创造形成新行业、新业态、新领域、新创意、新模式，实现价值创造的跨越。

从合作方式的角度来看，按照合作双方对资源投入与整合程度区分，合作可以有单边付出型合作、交易型合作、整合型合作和变革型合作（肖红军等，2014），而按照合作双方所属行业、领域等"界别"的差异，合作可以是同一界别主体的合作，也可以是不同界别主体的合作。如果将这两个划分维度结合起来，那么合作方式就可以有如图 4 - 16 所示的八种，而跨界合作显然属于不同界别主体之间开展的交易型合作、整合型合作和变革型合作。

	单边付出型合作	交易型合作	整合型合作	变革型合作
同一界别主体	×	×	×	×
不同界别主体	×	√	√	√

图 4 - 16　跨界合作所属合作类型的界定

相比较于一般的利益相关方合作，跨界合作具有其特有的属性，这些也是跨界合作所包含的核心思想和主要理念，具体体现在四个方面：

一是开放性。跨界合作的双方由于属于不同的领域或行业，有时甚至界别相差甚远，毫无关联，双方在"专有知识"或"专有资产"上完全不同，相互交集甚少，因此这种合作必然要求企业具备更加开阔的眼界、更加开放的视野和更加包容的心态。跨界合作的开放性特征必然要求企业突破传统的思维定式和狭隘眼界，打破不同领域、不同行业之间的界别藩篱，兼收并蓄地从其他领域和其他行业获取新思想、新知识、新资源和新能力。例如，如果没有开放性思维，就不可能出现众多行业与艺术界的跨界合作，也就不可能出现众多现在大家耳熟能详的奢侈品品牌。

二是融合性。跨界合作双方所拥有或投入的元素虽然表面上似乎并没有直接联系，甚至相互矛盾对立，但在更高层次上（如哲学层面、理念层面）却存在相互契合与融合的空间，而且这种融合能够产生更加深刻甚至颠覆性的变化效果。事实上，跨界合作因为不同界别知识、资源、产品之间的相互渗透与融合，往往能够创造形成新行业、新业态、新领域、新创意、新模式，实现价值创造的跨越。跨界合作的融合性特征意味着企业要深入分析不同界别在点、线、面、体等不同层面上实现相互交融的可能性，并在合作过程中积极推动不同界别知识、资源、产品等要素之间的深入融合。例如，许多传统产业在互联网转型过程中，就积极开展与互联网平台企业的跨界合作，推动传统产业的要素与互联网平台的要素相互融合，从而催生出许多新的行业、业态、产品和模式。

三是探索性。跨界合作往往是着眼于对具有复杂性的新问题、新事物、新任务的探索，最终的探索结果具有较大的不确定性和创造性。绝大多数的跨界合作都不是合作双方对各自既有知识、模式甚至惯例的简单复制，也绝不是事先就能预设出将来要创造出的新行业、新业态、新领域、新创意、新模式，相反，它们往往是在相互合作的过程中共同探索、创新甚至创造，找到解决复杂性问题、发展新事物的新方案。跨界合作的探索性特征要求企业必须具有战略眼光，拥有创新开拓精神，容忍风险、容忍失败，并在合作过程中重视探索性学习，相互激发和启迪，打破惯例刚性，以创新的方式获得创造性结果。

四是广泛性。跨界合作由于突破界别的藩篱，合作对象不再局限于同一领域、同一行业，也不再局限于有直接或间接联系的利益相关方，而是拓展至更大范围的其他领域、其他行业和其他群体，因此合作的对象更加广泛。特别是，由于跨越界别之后的其他领域、其他行业和其他群体，无论是在类型上还是在数量上，可能都远比同一领域、同一行业和利益相关方群体多得多，这意味着跨界合作的潜在群体相当广泛。正是因为合作对象的广泛性，跨界合作的内容也更具广泛性，因为不同合作对象所拥有的"专有知识"或"专有资产"也不尽相同，他们追求的目标也各异，擅长的领域更是千差万别。

二、社会领域的跨界合作

虽然跨界合作在经济和社会领域均是重要现象，但目前在经济领域更为流行和普及，而在社会领域的应用则相对没有那么普遍。然而，随着综合性、复杂性社会问题的日益增多，跨界合作在社会治理中的重要性日益凸显，跨界合作在社会领域的应用也开始呈现形式多样化、领域扩大化、内容丰富化、主体多元化、平台多变化的特点。

1. 社会领域跨界合作的主要模式

政府、市场（企业）、公民社会（非营利性机构、非政府组织）是社会治理的三股重要力量，它们相互补充、相互作用，形成社会问题解决的三大主体。如果按照解决社会问题的主导性角色差异，那么社会问题解决方式将可以区分为政府主导型、企业主导型和非营利与非政府组织主导型，而相应的跨界合作模式亦可包括政府主导型合作模式、企业主导型合作模式、非营利与非政府主导型合作模式。考虑到企业社会责任的落实主体是企业，因此这里重点研究企业主导型的社会问题解决方式和企业主导型的跨界合作模式，对其他两类模式则不做详细分析和探讨。

企业主导型的跨界合作模式指的是企业在参与解决社会问题过程中，由企业发起或推动形成的与其他行业或其他领域主体的合作关系，双方携手共同致力于解决某一社会问题。根据合作对象的界别不同，企业主导型的跨界合作模式又包括四种细分模式（见图 4-17）：EEP 模式，即企业—企业合作模式，指的是企业与其他行业和其他领域的企业开展合作；EGP 模式，即企业—政府合作模式；ENP 模式，即企业—非营利与非政府组织合作模式；HP模式，即混合型合作模式（Hybrid Partnership），指的是企业与两个或两个以上界别主体（至少包括一个非企业）开展的跨界合作，具体包括 EEGP、EENP、EGNP、EEGNP 模式。从现实来看，由于众多社会问题都具有一定的复杂性，涉及的主体也会较多，因此混合型合作模式的应用相对更为普遍。

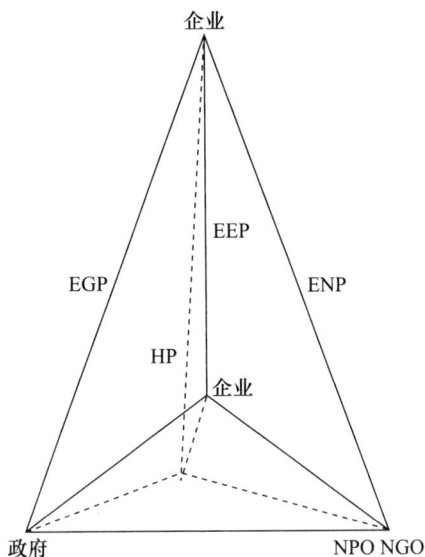

图 4 - 17   企业主导型跨界合作模式的细分类型

进一步来看，企业在参与解决社会问题过程中，之所以会选择不同的跨界合作模式，主要是基于合作对象所拥有的优势不同。从 EEP 模式来说，企业选择与其他领域和其他行业的企业开展跨界合作，主要是合作对象拥有解决社会问题所需要、但企业又缺乏或是"短板"的专有知识、专有资产和独特能力，这些可能表现为社会问题领域的专业知识、技能，也可能表现为合作对象在社会问题领域的社会影响力、特有的运作模式。例如，一个林业企业要通过碳交易、碳金融的方式实施减碳任务，就可能需要与拥有金融知识的金融企业开展跨界合作，也可能需要与拥有碳计算、碳评价知识的节能服务企业开展跨界合作。从 EGP 模式来看，企业选择与政府部门开展跨界合作，主要是政府部门在社会问题领域拥有独特的政策制定优势，能够增强企业参与解决社会问题的"合法性"。例如，电网公司在推广电能替代过程中就经常与各级政府部门开展跨界合作，争取政府部门出台推广电能替代的政策性文件。从 ENP 模式来看，企业选择与非营利机构、非政府组织开展跨界合作，主要是非营利机构、非政府组织在社会问题领域拥有专业知识和公信力，不仅能够为企业提供解决社会问题所需的独特技能，而且可以增强企业在参与解决社会问题中的可信度和可靠性。例如，很多企业在参与扶贫公益事业的过程中，就积极与中国扶贫基金会开展跨界合作，其目的就是利用中国扶贫基金会对中国贫困群体深入了解的信息、知识优势，以及它在扶贫领域的社会公信力。从 HP 模式来看，企业选择与多个界别的主体开展混合型跨界合作，主要是不同界别的合作对象能够提供解决社会问题所需的、企业在短期内难以依靠自身力量获取的要素资源、专业能力、社会影响力、公信力等。

2. 社会领域跨界合作的组织形式

无论是 EEP 模式，还是 EGP 模式和 ENP 模式，甚至是 HP 模式，企业与其他界别主体开展跨界合作可以根据解决社会问题的需要和合作双方的意愿，采取多种不同的合作组织形式，以便最有效地实现合作目标。按照合作双方的合作层次属于战略层面合作还是任务层面合作，以及合作组织是虚拟性的还是实体性的，企业在社会领域的跨界合作可以采用四种组织形式，如图 4 - 18 所示。

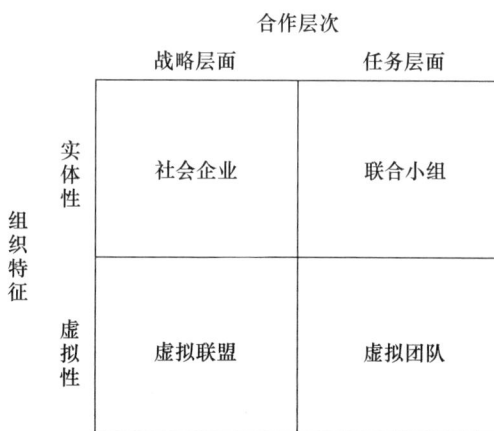

图 4 - 18 企业在社会领域开展跨界合作的组织形式

当企业与其他界别主体具有一致性的价值观，在参与解决某项社会问题过程中开展全方位的、深度的、紧密的跨界合作时，往往会采用战略合作的实体性组织，双方对这一实体性组织分别投入优势要素资源并促进相互融合，以便依托这一组织解决社会问题。战略合作的实体性组织的典型代表是社会企业（Social Enterprise），即企业与其他界别主体共同设立以商业化运作方式实现社会目的的企业。"社会企业"一词最早由 Freer Spreckley 于 1978 年提出，它在 20 世纪 80 年代和 90 年代兴起于欧美，20 世纪末进入中国香港和台湾地区，21 世纪初才开始进入内地。社会企业既不同于一般的商业性企业，又区别于传统的非营利组织（见图 4-19），它是以提供可持续社会价值为基本目标、具有私人部门属性的企业形式（Borzaga 和 Defourny，2001）。社会企业的设立通常是出于了解就业、减少贫困、改善社会公共服务等社会目标，而运作方式则采用商业化运作获取资金，维持组织的可持续发展。基于此，社会企业按照功能不同可以分为就业类、扶贫类、教育发展类、社会照料服务类和医疗服务类（余晓敏和丁开杰，2011）。

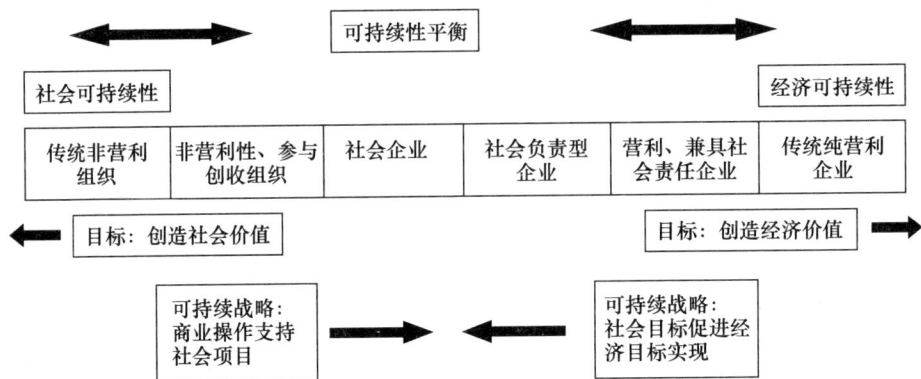

图 4-19　社会企业在可持续发展光谱中的位置

资料来源：Alter（2007），转引自陈颖（2014）。

　　当企业与其他界别主体对于解决某项社会问题有共同的战略目标，并在社会问题解决过程中开展全方位的、但关系相对松散的跨界合作时，往往会采用战略合作的虚拟性组织。这种组织形式既保证企业与其他界别主体可以基于共同的目标和各自的优势而开展分工合作，形成多种异质资源和能力的整合与协同，又能增强跨界合作的灵活性，合作双方或多方可以根据社会问题解决的需要进行动态调整与优化。战略合作的虚拟性组织的典型代表当属虚拟联盟（Virtual Alliance），即不涉及所有权的和以法律为约束力的、彼此相互依存与协作的联盟关系。虚拟联盟是战略联盟的一种，指的是具有共同价值观的不同界别主体为了解决特定的社会问题或落实特定的社会责任议题，通过非正式契约或隐性契约而开展战略合作，形成联盟关系。例如，为了解决水资源问题，许多企业、政府、非政府组织就成立了多种形式的虚拟联盟。

虚拟联盟中的成员具有平等性，他们在合作中共享资源、整合能力、分工协作，以便实现优势相长。需要指出的是，企业在参与解决社会问题的过程中，采用虚拟联盟形式开展跨界合作，其成败很大程度上取决于联盟成员之间是否具有一致性价值观、能否建立起相互信任。

当企业与其他界别主体在参与解决社会问题过程中，仅仅针对某项具体任务开展跨界合作而不是全方位的合作时，如果任务要求或合作双方希望在合作中保持更加紧密的关系，则企业往往会采用任务合作的实体性组织，双方互派人员或共同投入资源到这一组织中，以便共同联合行动。相反，如果任务特点和合作双方并不需要在合作中保持直接的、密切的联系，而是通过现代信息技术构建一种松散的、灵活的工作模式，那么企业往往会采用任务合作的虚拟性组织，双方按照任务需要开展分工协作。对于任务合作的实体性组织，典型代表是联合小组，即不同界别的组织均派出人员共同成立工作团队，并投入相应的资源到工作团队，由工作团队发挥各成员的专长优势，集中工作，协作完成解决某项社会问题的具体任务。依据任务的持续性不同，联合小组存续的时间也有很大不同，但无论如何它都具有时限性。对于任务合作的虚拟性组织，典型代表是虚拟团队（Virtual Team），即不同界别组织的成员基于共同理想、共同目标或共同利益，在形式上形成一个解决社会问题的任务工作团队，但他们分散于不同的时间、空间与组织边界，并通过通信和信息技术的联结，按照各自分工协作完成工作任务。虚拟团队作为一种新型的工作组织方式，相对传统的组织形式具有人才、信息、效率、成本等多个方面的优势，因此在解决社会问题的跨界合作中得到越来越广泛的应用。

三、跨界合作的实施程序

企业在参与解决社会问题过程中，不仅需要深入了解跨界合作的主要模式和典型组织形式，而且要对实施跨界合作进行系统管理，绝不能仅仅凭经验、凭感觉、凭偏好、零敲碎打地开展跨界合作。为此，企业对于在社会领域开展跨界合作应当建立一套规范化、系统性的管理流程，形成由跨界合作需求分析、跨界合作对象选择、跨界合作方案策划、跨界合作实施管理、跨界合作效果评估、跨界合作优化改进构成的闭环管理体系，如图 4 - 20 所示。

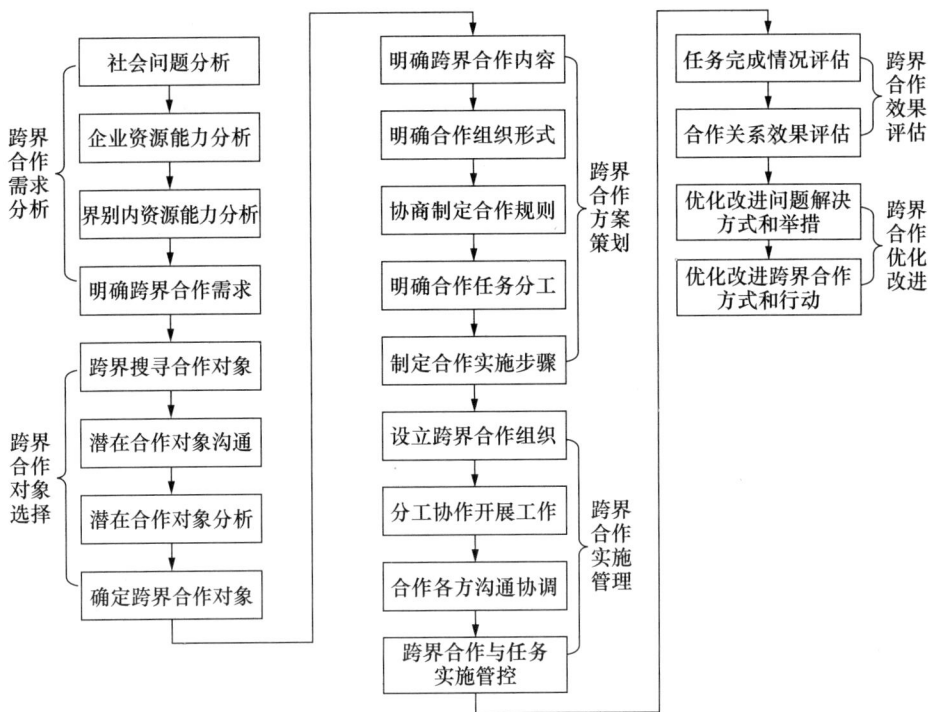

图 4 - 20   企业在社会领域开展跨界合作的管理流程

需求分析是企业与其他界别主体开展跨界合作的第一步。企业首先需要对所参与解决的社会问题进行分析，包括问题的影响范围和复杂程度分析。如果社会问题的影响范围广泛，影响对象跨越多个界别的利益相关方，那么其他界别主体对这一问题的关注程度就会越高，共同参与解决这一问题的意愿也会更强烈，反之亦然；如果社会问题的复杂程度越高，那么它所需要的资源规模和类型、异质性能力数量就会越多，对其他界别主体参与进来的需求就会更强烈。其次，企业需要对自身的资源能力进行分析，考察所拥有和可动用的资源能力能否满足参与解决这一社会问题的需求。如果不能，还需要进一步分析所在行业和所在领域是否有其他企业能够弥补资源能力缺口，当答案为否时，企业进行跨界合作的必要性就会显著增强。最后，企业需要结合自身的发展战略以及对跨界合作的态度，最终确定是否需要进行跨界合作来参与解决这一社会问题。

对象选择是企业与其他界别主体开展跨界合作的第二步。企业首先需要根据解决社会问题所需要的资源能力类型和缺口进行跨界搜寻（Boundary - spanning Search），包括其他行业的企业、政府、非营利与非政府组织，找到在这些资源能力方面具有优势的其他界别主体。其次，企业需要与这些主体进行接洽和沟通，了解他们对共同参与解决社会问题的意愿，以及他们可以和愿意贡献的资源能力，从而形成潜在的跨界合作对象清单。最后，企业对跨界合作对象清单中的各主体进行比较分析，主要是从他们与该社会问题的联系、价值主张、合作经验、社会声誉、参与意愿、资源优势、异质能力等多个维度进行考察，并最终综合确定跨界合作的对象。

方案策划是企业与其他界别主体开展跨界合作的第三步。企业与其他界别主体正式实施跨界合作之前，应当进行系统性、预见性的合作方案策划，这个过程应当推动跨界合作对象共同参与。跨界合作方案策划具体包括五个方面的内容：一是明确跨界合作内容，即在解决社会问题的哪些层面、哪些环节、哪些领域、哪些事务、哪些行动上要与合作对象进行合作；二是明确合作组织形式，即确定与跨界合作对象采取哪种组织形式开展合作，在战略合作的实体性组织、战略合作的虚拟性组织、任务合作的实体性组织、任务合作的虚拟性组织中进行选择，并设计出具体的组织形式；三是协商制定合作规则，即企业与跨界合作对象基于合作的内容和组织形式，共同确定合作过程中涉及的治理规则、沟通规则、协调规则、激励约束规则等；四是明确合作任务分工，即针对确定的合作内容，分别明确企业与各合作对象所应承担的具体任务，并以正式协议或非正式契约形式界定各自的任务分工；五是制定合作实施步骤，即针对各项合作任务分工，明确相应的实施步骤和时间计划。

实施管理是企业与其他界别主体开展跨界合作的第四步。跨界合作实施管理主要包括四项内容：一是设立跨界合作组织，即按照跨界合作方案策划阶段所确定的合作组织形式，由企业和合作对象分别投入相应的资源，正式成立相应的合作组织；二是分工协作开展工作，即企业与跨界合作对象按照任务分工和实施步骤，投入资源具体完成相应的工作；三是合作各方沟通协调，即在开展跨界合作和具体完成任务的过程中，企业与合作对象按照事前确定的沟通规则、协调规则进行相互沟通与协调，以便更加有效地完成合作任务；四是跨界合作与任务实施管控，即对跨界合作的各项内容以及每项任务的实施进展进行监控、调整和修正。

效果评估是企业与其他界别主体开展跨界合作的第五步。跨界合作效果评估应当包括两个层面：一是任务完成情况评估，即评估跨界合作是否完成了事前策划的各项任务，以及跨界合作是否有效解决了相应的社会问题。这实际上是要评估跨界合作创造的社会价值水平，突出跨界合作产生的社会效应。二是合作关系效果评估，即评估企业与合作对象在沟通协调、关系处理等方面的成效，以及合作各方之间的关系融洽程度。此外，企业还应当评估跨界合作为合作各方所创造的价值水平，以及各方分享到的价值益处。

优化改进是企业与其他界别主体开展跨界合作的第六步。跨界合作优化改进主要是基于效果评估结果，对社会问题解决方式和举措进行优化改进，以及对跨界合作方式和行动进行优化改进，从而通过下一循环的、经过改进的跨界合作增进对社会问题的有效解决。

四、社会责任议题落实中的跨界合作

跨界合作在社会领域的日益广泛应用，意味着企业在落实社会责任议题过程中可能和应该会越来越多地采用跨界合作的实践模式。跨界合作的方法一方面可以应用于企业对社会责任议题的管理全过程，另一方面则是重点在策划与实施社会责任议题的具体行动中予以应用。具体来说：

一是收集、识别和选择适宜采用跨界合作的社会责任议题。企业为了撬动更多社会资源，在更大范围发挥更大作用，最大限度地增进社会价值创造效果，可以在社会责任议题收集和识别过程中有意识地选择一些适宜采用跨界合作的议题。通常来说，跨界合作适用于那些影响面大、涉及不同界别的众多利益相关方的议题，这类议题往往难度较大，单靠某一方的力量难以有效解决，需要引入创新和变革。而跨界，恰恰能带来多元的视角、资源和经验，形成优势互补、资源共享的开放性合作局面。

二是策划与实施的社会责任议题具体行动应尽可能包含跨界合作策略。企业在对落实某项社会责任议题进行策划与实施的过程中，应尽可能按照企业在社会领域开展跨界合作的系统管理流程要求，从跨界合作需求分析、跨界合作对象选择、跨界合作方案策划、跨界合作实施管理、跨界合作效果评估、跨界合作优化改进等方面进行系统管理，以便清晰界定出社会责任议题落实行动中是否需要、涉及和如何实现跨界合作行动。尤其是，对于那些具有跨界损害或跨界影响的社会责任议题，企业更是要通过有效的跨界合作行动和系统的跨界合作管理来促进议题的高效落实。

三是重视战略层面的跨界联盟在落实社会责任议题中的应用。企业在落

实社会责任议题过程中开展跨界合作，应尽可能不要仅仅看作是一次性的合作，不要认为跨界合作随着议题实施任务的完成就完全终结，而是从企业与不同界别主体构建常态化战略联盟的视角，尽可能在议题实施过程中采用跨界联盟的方式，并通过落实社会责任议题的共同行动而推动跨界联盟常态化。与此同时，企业在对某项社会责任议题落实过程中，也可以借助或利用企业与其他界别主体已经建立的联盟平台开展跨界合作，并通过共同行动而深化这一跨界联盟。

四是社会责任议题管理的各环节均可考虑采用跨界合作方法。企业无论是对社会责任议题的收集与识别，还是对社会责任议题的策划与实施，以及对社会责任议题的绩效评价与改进，均应秉持开放性态度，各个环节相关工作的开展均可以考虑与其他界别主体进行跨界合作，以便收集与识别的范围更广、策划与实施的视野更阔、评价与改进的方法更优，从而使得社会责任议题管理本身效果更佳。

第五节　平台化履责

随着双边市场理论的兴起和移动互联网的广泛渗透，平台经济、平台产业、平台企业、平台思维、平台战略、平台创新、平台竞争等概念迅速流行，并在不同情境中得到应用，除了商业层面的产品平台、供应链平台、产业平台和多边市场平台之外，公益平台、社会创新平台等非商业性平台也大量存在，成为解决社会问题重要载体。由此，以解决某一特定社会问题为主要目标的平台化履责模式受到企业的青睐，而利益相关方参与和合作理念、社会资源整合与优化配置理念以及生态圈理念也意味着企业在落实社会责任议题过程中可以和应当应用平台化履责方法。

一、平台化履责的含义

企业社会责任的缘起在于企业的社会性嵌入和企业的社会公器属性，由此使得先应式或后应式地参与解决社会问题成为企业履行社会责任的关键性构面。正因如此，传统上学术界和企业界更多地从履行社会责任的内容视角即依据社会问题的性质与类型、对参与解决社会问题要求的内化或外显程度来区分企业的履责范式。从前者来看，最具代表性的观点当属 Porter 和 Kramer（2006）根据社会问题与企业发展战略的契合度而区分的战略性企业社责任与回应性企业社会责任两类履责范式；从后者来看，最具典型性的观点是 Matten 和 Moon（2008）在比较欧美企业对解决社会问题的制度化要求和表达方式的基础上总结归纳出的显性企业社会责任与隐性企业社会责任两类履责范式。虽然基于内容视角的企业履责范式划分能够为企业个体开展社会责任实践提供议题选择的思考逻辑和方向指引，但它对企业落实社会责任议题的方式这一更重要的实践问题缺乏必要考量，并先验性地对企业开展社会责任实践进行假设锁定，即企业对于选定的任何类型社会问题的参与解决方式均是立足特定企业个体视角，将自身设定为直接的、具体的执行主体。显然，这会对企业在参与解决社会问题中的角色定位形成心智钳制，也会对企业选择以更加有效、更能对社会负责任的方式参与解决社会问题造成思维禁锢，其结果是容易忽视特定企业个体在参与解决某些社会问题中的其他更优和更适宜的功能，企业履行社会责任的潜在社会价值难以最大限度地得到实现，甚至可能因为角色越位和错位而影响这些社会问题的可持续解决。

事实上，企业履行社会责任范式的划分不能仅仅着眼于企业在社会问题域中决策"做什么事"，更不能扼杀企业在参与解决不同类型社会问题中多样化角色的选择权利与机会，而是能够为企业以合意的、正确的甚至创新的方式参与解决不同类型社会问题提供选择空间和决策参考。无论是立足于应然还是实然角度，对于特定企业个体来说，参与解决某一社会问题的方式至少包括企业在其中的角色定位和实施策略两个方面，这也是划分企业履行社会责任范式的两个必要维度。角色定位界定出企业对自身在参与解决某一社会问题中的功能作用，通常可以分为直接执行主体和服务推动主体，前者意味着企业是某项社会责任议题的实际落实者和具体执行者，属于自我直接履责模式，后者指的是企业推动利益相关方或其他组织成为某项社会责任议题的实际落实者和具体执行者，属于推动他人履责模式。实施策略绘制出企业对参与解决某一社会问题的实现路径，核心是资源与能力配置方式，通常可以分为以配置自身资源为基础和以整合社会资源为基础两种策略，前者意味着企业立足于自身所拥有的资源集合直接或间接地落实某项社会责任议题，后者指的是企业调动、整合和利用利益相关方与其他组织所拥有、控制的资源去落实某项社会责任议题。

通过"角色定位—实施策略"的分类组合，企业履行社会责任的范式可以细分为四类：独立自履范式（直接执行主体—立足自身资源）、合作自履范式（直接执行主体—立足社会资源）、价值链履责推动范式（服务推动主体—

立足自身资源）、社会履责撬动范式（服务推动主体—立足社会资源）。独立自履范式是企业将参与解决某一社会问题内化于自身运营，在实现核心社会功能过程中完全依靠自身力量有效管理相关社会责任议题，例如通过清洁生产来参与解决气候变化问题；合作自履范式是企业通过开展与利益相关方和社会的合作，将他们的优势资源与能力内嵌和运用于自身对相关社会责任议题的具体落实中，例如通过企业主导的节能技术产学研合作来参与解决气候变化问题；价值链履责推动范式是企业依托自身在价值链中的地位、优势和资源，推动价值链成员去具体落实相关社会责任议题，例如通过绿色采购方式推动供应商落实应对气候变化议题；社会履责撬动范式是企业着眼于最为广泛和最为充分发挥不同社会主体在解决某一社会问题中所具有的比较优势，通过搭建或支持形成社会资源整合平台来撬动各具优势的不同社会主体具体落实相关社会责任议题，因此也称为平台化履责范式，例如通过发起组建社会化的"节能减排联盟"撬动其他企业、非政府组织甚至政府贡献资源或者直接落实应对气候变化议题。与履责范式的传统划分相比，四类履责范式的区分大大拓展了企业参与解决社会问题的视野，企业不仅能够立足微观个体角度对参与解决社会问题的可行方式做出工具理性决策，即依据社会问题与企业核心社会功能的关联度、企业所拥有的比较优势和核心能力等选择适合企业特征的社会责任议题落实方式，而且能够站在宏观整体角度对参与解决社会问题的合意方式做出价值理性决策，即依据不同社会主体的比较优势和意愿程度、社会问题出现的制度情境、不同社会治理机制的替代与互补关系等选择能够推动社会问题可持续解决的企业参与方式。

在按照"角色定位—实施策略"分类组合思路的划分下，独立自履范式、合作自履范式和价值链履责推动范式是一直以来众多企业所采用的社会责任实践范式，属于传统履责范式，而社会履责撬动范式即平台化履责则是新兴出现的、区别于传统履责范式的全新社会责任实践范式。相比较于传统履责范式，平台化履责在微观行为与宏观效果的多个维度上均实现了明显超越，主要表现在四个方面：社会治理方式的超越，即从分散治理到集中治理；价值创造方式的超越，即从有限共享到全面共享；社会责任边界的超越，即从以影响为基础到以分工为基础；社会责任管理的超越，即从关系管理到价值观管理。

二、平台化履责的运作机理

平台化履责既区别于传统履责范式的运作逻辑，即考虑如何利用自身或利益相关方的资源、能力和网络来实现自身参与解决社会问题或推动利益相关方履责，也不同于平台化商业模式的运作逻辑，即考虑如何连接商业生态系统中多个群体并利用共性资源和能力来实现多方共赢的商业利益。平台化履责不是平台化商业思维在企业社会责任领域的平行移植，也不是二者在表层的形似神不似的简单"杂交"，相反，它在融合二者特质的基础上演化出独特的运作逻辑和机理。

1. 前提条件：四个前置性问题与四个层次假说

企业社会责任在组织层面上是一种透明和道德的行为，而在社会层面上则是一种新的资源配置机制（李伟阳和肖红军，2012），由此，平台化履责可以看作是企业对自身与平台上不同社会主体的道德资源、爱心资源与要素资源的社会化配置方式创新。按照平台化履责范式下的"价值观—责任感—公民行为"演进路径，道德资源与爱心资源的配置应当前置于要素资源的配置，它们之间往往形成"触发—反馈"关系。因此，从本源上和深层次来看，研究平台化履责范式出现的前提条件就是要探索道德资源和爱心资源配置的必要性与可能性，主要是要回答四个层次递进的问题：一是本源性问题，即为什么要对企业与平台上不同社会主体的道德资源和爱心资源进行配置？二是基础性问题，即为什么企业不是直接贡献而是促进平台上不同社会主体贡献道德资源、爱心资源和要素资源？三是操作性问题，即为什么要以平台化的方式聚集不同社会主体贡献道德资源、爱心资源和要素资源？四是可行性问题，即为什么不同社会主体愿意进入履责平台贡献道德资源、爱心资源和要素资源？回答这四个问题，就形成了平台化履责范式的四个层次假说：

一是道德资源和爱心资源的稀缺性假说。道德和爱心能够通过功能的显化表现出资源性，成为类似于自然资源、资本资源、人力资源等耳熟能详的重要社会资源。而社会上道德与爱心的缺失与沦丧现象比比皆是，道德供给与道德需求之间的"剪刀差"深刻反映出道德资源和爱心资源的稀缺性。道德资源和爱心资源的稀缺性意味着应当对其进行有效整合与优化配置，最大限度地实现道德资源和爱心资源的社会价值，这也是平台化履责范式出现的本源性前提条件。

二是社会价值本位的判断标准假说。企业是一种历史性存在、设定性存在和社会性存在，企业存在的价值归根结底在外部、在于能够为社会创造价值，社会价值本位应当成为企业在行为域中选择更优行为方式的指挥棒。这意味着企业行为是否对社会负责任，最终的判断标准必然是企业行为能否促进社会资源的更优配置，为社会创造最大化的综合价值，最大限度地增进社会福利。社会价值本位的判断标准意味着企业会从"能否最大限度地增进社会福利"的视角来选择自身与其他社会主体的道德资源、爱心资源和要素资源的配置方式，用更能创造社会价值的"促进方式"代替限制企业潜力发挥的"自履方式"，这也是平台化履责范式出现的基础性前提条件。

三是平台化资源配置的更优效率假说。无论是对于道德资源和爱心资源，还是对于用于解决社会问题的要素资源和能力，两类资源的配置方式均可以分为独立或有限合作的个体性配置模式和全面共享与合作的集体性配置模式。前者是社会主体个体依据自身偏好或价值实现要求采取要么完全独立的、要么与利益相关方有限合作的方式进行自我配置，属于原子式的分散配置模式；后者是将不同社会主体个体的两类资源聚集于某个平台，通过主体间的全面合作与协同、资源的全面共享与再组合等方式进行社会化配置，形成凝聚的集体（Conglomerate Collectivity）而非聚集的集体（Aggregate Collectivity），属于网络化的集中配置模式或平台化资源配置模式。无论是对于道德资源和爱心资源，还是对于用于解决社会问题的要素资源和能力，网络化的集中配置模式（平台化资源配置模式）相较于原子式的分散配置模式都具有更高的社会价值配置效率，这也是平台化履责范式出现的操作性前提条件。

四是社会主体多元价值偏好的更优实现需求假说。对于具有"非经济价值强偏好—经济价值弱偏好"和"非经济价值强偏好—经济价值强偏好"的社会主体，他们在自我驱动和社会诱发下，愿意贡献共享资源和能力参与解决社会问题，通过创造与分享社会价值而实现对非经济价值的强烈追求。而且，社会主体对于非经济价值偏好的实现也同样具有理性，希望所贡献与共享出来的资源和能力能够最大限度地创造社会价值，因此他们会在可能的不同实现方案中选择最具社会价值创造效率的方案。正是平台化资源配置模式具有更高的社会价值配置效率，才促使不同社会主体在多元价值偏好的更优实现需求驱动下，愿意进入履责平台并在平台网络中贡献与共享资源和能力，这也是平台化履责范式出现的可行性前提条件。

2. 演化目标：打造可持续的社会责任生态圈

平台化履责的基本目标是要形成针对特定社会问题的社会化解决机制，

高阶目标则是要打造可持续的社会责任生态圈。社会责任生态圈是基于共同的社会责任目标而相互作用的直接或间接履责主体、履责对象与履责环境之间互动形成的统一整体，具有开放性、自组织性、涌现性、稳健性和共同演化等特征。由平台化履责演化形成的社会责任生态圈与商业生态圈在存在目的、结构形态和运行方式上都有显著差异，内嵌其中的平台类型、平台构成和界面规则也明显不同，具体包括：

一是显性或隐性履责平台是社会责任生态圈的支点。履责平台是社会责任生态圈内不同社会主体之间的关系嵌入到一个客观载体，通过将某种确定的负责任"行为秩序"内嵌于这一载体并贯穿于整个社会责任生态圈，形成具有界面性质的、着眼于解决社会问题的平台。履责平台的基本作用是提供连接，将不同履责主体、不同履责对象通过某种规则相互联结形成复杂网络，衍生出社会价值的"连接红利"或价值增值，因此是社会责任生态圈的支点。根据实体化程度的不同，履责平台可以分为显性履责平台和隐性履责平台。显性履责平台包括社会企业、着眼于解决社会问题的专业社会组织、公益基金会等实体组织类平台以及着眼于解决社会问题的信息系统等产品类平台，功能作用更多的是提供连接以聚集解决社会问题所需的资源；隐性履责平台包括着眼于解决社会问题的联盟和论坛等虚拟组织类平台、社会责任标准或倡议等规范类平台以及公益众筹网或公益社区等网络类平台，功能作用是在提供连接的基础上，通过"交互学习"（Interactive Learning）增进知识积累与创新，为社会责任生态圈中的不同社会主体参与解决社会问题提供信息与知识支持。

二是社会价值生态网络是社会责任生态圈的核心。依托履责平台相互连接的不同社会主体构成社会价值生态网络，它将社会价值创造从单一社会个体、线性价值链拓展到价值网，社会价值取代商业生态圈中的商业利益成为社会责任生态圈中不同社会主体相互连接的纽带。按照对解决社会问题的角色贡献不同，社会价值生态网络的节点包括需求方群体、解决社会问题的具体执行者群体、要素资源提供者群体、辅助咨询提供者群体（如 NGO）和履责平台提供者，它们通过自我调节、交换合作和动态匹配，将个体组织拥有的解决社会问题所需的信息、要素、知识等不同类型的私有资源转化为网络共有资源，并与网络成员组织共同分享和利用，共同创造和分享社会价值。虽然社会责任生态圈具有去中心化、民主化、去权威化的特征，但社会价值生态网络中不同成员组织由于对履责平台的界面联结程度和对解决社会问题的价值贡献大小不同而存在地位差异。

三是双元性界面规则是社会责任生态圈的基石。依托履责平台演化形成的社会价值生态网络能否有效和高效地推动社会问题解决，最大限度地创造社会价值，很大程度上取决于作为"协调机制"和组织学习成果的界面规则的适配性、一致性和兼容性，由此界面规则成为决定社会责任生态圈健壮性和可持续性的关键因素。社会价值生态网络与商业生态网络在界面规则的形成基础和内容上均存在显著区别，前者以最有利于解决社会问题、共创共享社会价值为界面规则的基本纲领，后者则以最有利于塑造网络的市场竞争优势，最大限度地创造商业利益为界面规则的指导思想。进一步来看，社会价值生态网络中的界面规则是网络成员组织集体参与形成的，属于事实规则而非正式规则或论坛规则，并由原则性的形式面（The Ostensive Aspect）和特定行动的执行面（The Performative Aspect）共同构建，呈现出双元性特点。

3. 核心机制：基于履责平台网络演进的动态调适

根据网络节点数量与界面规则成熟程度的变化，依托履责平台形成的社会价值生态网络将经历初创形成、扩张成长、稳定运行和自我更新或死亡四个演进阶段，呈现螺旋式上升或抛物线式的发展轨迹。从履责平台持续健康发展的角度来看，社会价值生态网络在每个演进阶段的使命任务、战略焦点和管理重点不尽相同，由此导致平台化履责的核心机制随之动态转换，形成核心机制与阶段使命任务之间的高度契合。

初创形成阶段的主要使命任务是构造履责平台基础架构，搭建由初创成员构成的初始社会价值生态网络，相应的战略焦点和管理重点就是要寻找到对于解决特定社会问题具有互补优势和道德资源的社会主体，选择确定合适的初创成员，通过初设规则进行连接而生成初始平台网络，这意味着搜寻机制和生成机制是初创形成阶段的核心机制。扩张成长阶段的主要使命任务是拓展初始社会价值生态网络规模，完善履责平台网络嵌入方式、嵌入强度、嵌入密度和网络界面，推动履责平台更多和更优地实现社会资源配置，相应的战略焦点和管理重点就是促进和吸引更多社会主体进驻履责平台与嵌入社会价值生态网络，探索生态圈化运作方式与优化界面规则，这意味着触发机制和吸纳机制是扩张成长阶段的核心机制。稳定运行阶段的主要使命任务是建设形成自组织、自维持的健康社会责任生态圈，最充分和最有效地配置每一个网络成员最大限度贡献的资源与能力，最大限度地形成解决特定社会问题的合力与聚力，最大化地创造社会价值，相应的战略焦点和管理重点就是激励约束社会价值生态网络成员遵守界面规则，协调他们在履责平台上开展解决特定社会问题的一致行动，这意味着协调机制和治理机制是稳定运行阶段的核心机制。自我更新或死亡阶段的主要使命任务是在履责平台目标愿景已经达成，或者环境改变导致特定社会问题已经"不成问题"时，要么推动履责平台更新转换到新的目标愿景，促使既有社会责任生态圈转变为着眼解决新的社会问题的新社会责任生态圈，以获得新生，要么成功结束履责平台和社会责任生态圈的存在，释放社会价值生态网络积累的资源或能力重回社会，相应的战略焦点和管理重点就是重塑履责平台目标愿景，重构履责平台架构和社会责任生态圈，实现履责平台转型升级与变革创新，或者有效管理履责平台以及网络成员的有序退出，这意味着进化机制或退出机制是自我更新或死亡阶段的核心机制。

三、企业实施平台化履责的战略选择

虽然平台化履责作为一种企业社会责任实践新范式具有普适性，但对于特定企业个体而言，是否实施、何时实施、如何实施平台化履责却是异质性和权变性的战略决策问题。选择适宜的平台化履责战略模式和实现路径，不仅关系到特定企业个体开展平台化履责的投入产出绩效，而且会直接影响到依托履责平台构建的社会责任生态圈的运行机制、价值效率甚至演化轨迹。

1. 战略决策：平台化履责的多因素情境选择模型

特定企业个体实施平台化履责的首要任务是在履责范式的可能集合中，因应情境理性决策是否选择平台化履责实践方式，而履责对象性质、企业采取的社会责任姿态和企业的影响力程度则是构成决策情境的关键要素。也就是说，特定企业个体实施平台化履责的战略决策是综合考量所需解决的社会问题类型、企业承诺的社会回应策略和企业具有的影响力范围等多重因素的抉择结果。

从社会问题类型来看，不同类型社会问题形成的根本原因不同，与特定企业个体的经营活动关系也有显著差异，因此特定企业个体参与解决不同类型社会问题的意愿、动力和方式必然迥异。首先对于参与解决价值链主导型社会问题的意愿最为迫切和强烈，当企业经营活动对这一社会问题产生消极影响时（不妨称为消极影响性的价值链主导型社会问题），企业的参与往往是基于财务价值创造主导驱动，而当企业经营活动对这一社会问题形成积极影响时（不妨称为积极影响性的价值链主导型社会问题），企业的参与往往是基于社会价值创造主导驱动；对于参与解决竞争环境主导型社会问题的意愿程

度次之，通常是受到利益与道德的双轮驱动，前者是着眼于通过参与解决社会问题而提升企业长期竞争力的工具性动机，后者则是企业作为社会公民实施道德行为的价值性动机；对于参与解决普通社会问题的意愿相对最弱，一般是基于纯粹的道德驱动，着眼点是创造社会价值。结合平台化履责的核心思想和前置性假说，三类社会问题对于平台化履责范式的适用程度并不一致，企业对于参与解决消极影响性的价值链主导型社会问题更多地应当采取价值链内化模式，可以采用独立自履、合作自履和价值链履责推动范式，但往往不适宜运用平台化履责范式；对于参与解决积极影响性的价值链主导型社会问题、竞争环境主导型社会问题和普通社会问题，均可以采用平台化履责范式，且它们对平台化履责范式的适用程度依次提高。

从社会回应策略来看，特定企业个体对履责范式的选择必然受教于和受制于企业整体社会责任战略，企业回应社会问题的战略姿态决定企业对参与解决社会问题的资源投入意愿和方式创新动力。通常来说，采取反应型和防御型社会回应策略的企业对参与解决社会问题的资源投入和方式创新的意愿与水平都很低，它们最有可能采用独立自履和合作自履两种范式承担少量社会责任，平台化履责范式不适合也不会被它们所考虑和运用；采取适应型和前瞻型社会回应策略的企业往往会积极主动地参与解决社会问题，拓展与创新履责方式，不仅价值链履责推动范式会被经常采用，而且平台化履责也成为它们参与解决社会问题的重要方式。特别是，采取前瞻型社会回应策略的企业将自身定位为履行社会责任的引领者和开拓者，它们将会主动探索更多创新性的社会问题解决和预见方案，而平台化履责范式则是它们寻找前瞻性社会问题的解决之道。

从企业影响力范围来看，反映出企业在社会上的知名度、认知度和美誉度，高影响力企业往往具有较高的社会资本，对其他企业或社会主体往往具有认知与行为上的示范作用。企业影响力越高，不仅表明企业越有能力作为解决社会问题的服务推动者定位和采用以整合社会资源为基础的社会责任议题落实策略，而且社会对企业带动其他企业或社会主体共同参与解决社会问题也有更高的期望。这表明高影响力企业采用平台化履责方式参与解决社会问题更能释放企业的社会价值创造潜力和更好地回应社会期望，能够比低影响力企业更大范围和更高效率地配置社会资源，即高影响力企业更适合采用平台化履责范式。进一步来看，按照影响力的范围和高低差异，可以将企业区分为弱影响力企业、价值链内高影响力企业、行业内高影响力企业和全社会高影响力企业，它们拥有采用平台化履责范式的能力基础依次增强，后三者分别对价值链成员、行业内主体和全社会主体所拥有的资源具有调动、整合和利用能力，而弱影响力企业对外部资源的撬动能力最弱。与此同时，社会对这四类企业实施平台化履责的带动效应也有依次增强的期望，对于它们的关注程度和评价标准也依次提高。这些都表明平台化履责范式对弱影响力企业、价值链内高影响力企业、行业内高影响力企业和全社会高影响力企业的适用程度依次提升。

综合社会问题类型、企业社会回应策略与企业影响力范围，可以构建平台化履责范式的适用情境模型，如图4－21所示。平台化履责范式的优先适

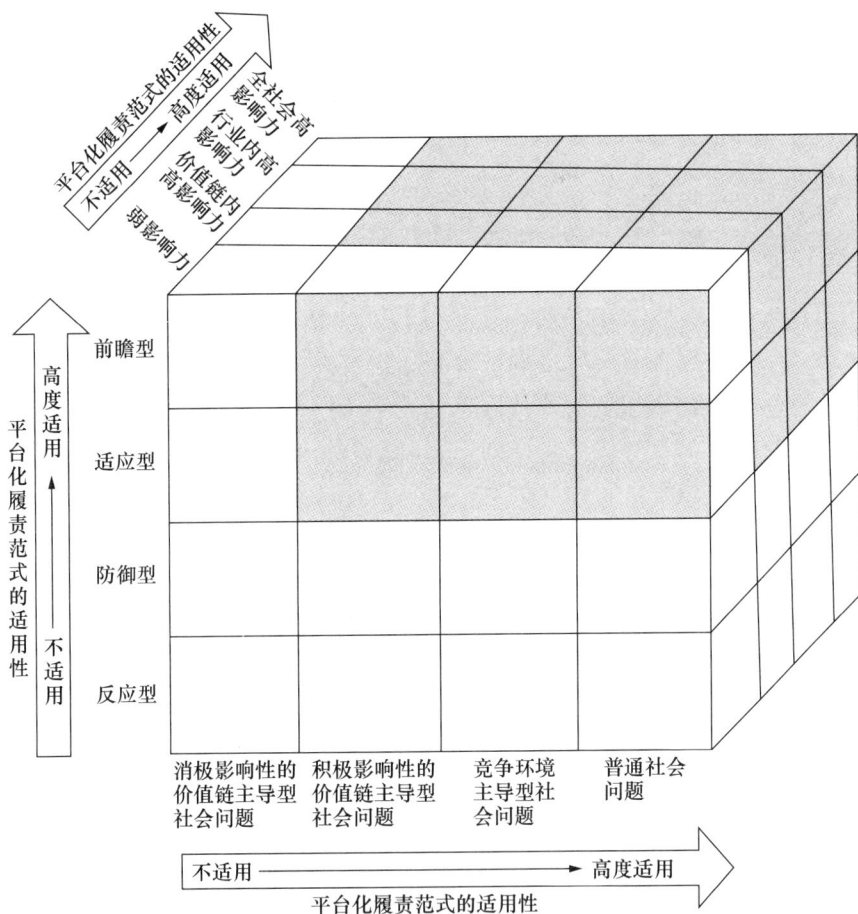

图 4－21　平台化履责范式的适用情境模型

用领域是特定的价值链内高影响力企业、行业内高影响力企业和全社会高影响力企业采取适应型或前瞻型社会回应策略，并着眼于参与解决积极影响性的价值链主导型社会问题、竞争环境主导型社会问题和普通社会问题。其中，当在全社会具有高影响力的特定企业个体采取前瞻型社会回应策略，并着眼于参与解决普通社会问题时，平台化履责范式将具有最佳的适用性。

2. 战略模式：基于"平台基础—实现方式"的六种战略

特定企业个体在对选择实施平台化履责范式做出战略决策后，就需要从操作层面研究和确定适宜企业的平台化履责战略模式，以便最大限度地保证实施成功与降低失败风险。这要求企业理性评估自身所拥有的平台资源基础，通常包括企业对解决特定社会问题所拥有的社会关系网络和知识存量，在此基础上，界定出履责平台获取方式集合，权衡分析并选择合适的履责平台实现方式。社会关系网络和知识存量的不同组合将导致企业所拥有的平台资源基础呈现出基础差、基础一般和基础好三种类型，而履责平台构建作为企业价值创造能力的重要构成要素，实现方式也如企业其他能力的获取一样，可以区分为内部发展与外部获取两种模式，由此形成企业实施平台化履责的 2 × 3 战略类型矩阵，如图 4-22 所示。

图 4-22 企业实施平台化履责的六种战略

从新创战略来看，当企业对解决特定社会问题缺少社会关系网络基础和拥有较少知识存量，即平台基础较差，同时又希望依托企业所拥有的其他资源和能力进行内部开发和培育，那么企业采取的战略将是通过新创履责平台实施平台化履责。新创战略意味着企业将通过知识积累、知识学习和知识创新获取解决特定社会问题相关的显性或隐性知识，梳理、分析和开发针对解决特定社会问题必不可少的社会关系网络要素，全新搭建履责平台主体架构，创建生成全新的履责平台网络。新创战略可以是特定企业个体独立地或寻找合作伙伴共同开发构建履责平台，但无论哪种方式，特定企业个体必须是履责平台构建的主导者，合作伙伴只是承担支持性角色，而且履责平台必须是全新创设的，并不是借助合作伙伴拥有的平台基础构建的。新创战略本质上是一种"无中生有"战略，是企业获取新知识、新社会资本和新平台的过程，往往需要花费较长时间和较多的资源与能力投入，并且具有较高的失败风险，因此比较适合冗余资源和能力较多、重视平台搭建的内部能力培养、风险承受度较高的企业。

从演化战略来看，企业对于某些社会问题可能已经长期关注并采取独立自履范式、合作自履范式和价值链履责推动范式开展解决实践，积累和沉淀了解决这些社会问题的部分知识，并在履责过程中初步形成了解决这些社会问题的利益相关方网络和社会关系网络，但企业尚缺乏构建解决这些社会问题的平台的经验。当企业内外部环境发生变化并且企业重新进行角色定位，希望撬动更多社会资源参与解决这些社会问题、创造更多社会价值时，企业就可以采取演化战略开展平台化履责，即一方面将先前积累的解决这些社会问题的知识运用到履责平台架构开发上，另一方面将已经形成的利益相关方网络和社会关系网络导入履责平台并形成履责平台网络。演化战略亦属于履责平台的内部开发获取方式，是企业在履责实践积累的解决社会问题相关知识和社会关系网络基础上，通过内嵌、移植、重组和拓展的方式将其演化为履责平台网络，实现由传统履责范式向平台化履责范式的转变。因此，演化战略本质上是一种"范式变迁"战略，往往是企业因为受到较强内外部变革力量触发而生发的履责战略创新，是企业重新思考、重新定位、重置能力和重组网络的过程。相比较于新创战略，演化战略使得企业获取履责平台需要花费的时间和资源与能力投入都会有所减少，成功的可能性也更高，适合于已经运用传统履责范式参与解决特定目标性社会问题的企业。

从包络战略来看，它指的是企业已经构建和拥有针对解决某一社会问题的履责平台，通过共享平台基础架构，将类似社会问题甚至差异巨大的社会问题解决功能包络进来，实现履责平台功能的横向延展和纵向深化，提高平台基础架构资源的利用效率和价值创造水平。包络战略属于在良好平台基础上的内部化平台获取方式，本质上可以看作是一种"延伸拓展"战略，是企业对既有履责平台的创新与延异，反映出企业对既有履责平台渗透效应与扩散效应的充分利用，其实施的前提是解决若干不同社会问题所需的关键资源和核心能力在相当程度上具有相似性。包络战略比较适合已经具有一个或几个开放性与延展性较高的良好履责平台、重视追求社会价值创造上的"范围经济"的企业。

从购买战略来看，当企业对解决特定社会问题完全缺乏社会关系网络与知识存量基础，但拥有较充分的冗余资源与能力，并希冀短期内在开展相应的平台化履责上有所建树，就可以选择外延式购买战略获取履责平台。购买的履责平台可以来自商业组织、非政府组织甚至政府组织，但由于履责平台构建的着眼点是创造社会价值，绝大多数履责平台均为非商业化运作模式和非盈利性目标，因此购买的方式往往采取间接购买、谈判接管、协议划转等形式，对于部分采用市场化运作的实体性平台亦可以采取直接购买方式。履责平台的购买不仅包括履责平台架构本身，更重要的是依托履责平台形成的社会价值生态网络。购买战略本质上是一种"市场交易"战略，是企业与履责平台出让方不断谈判、博弈、交易并各得其所的过程，它使企业能够快速获取所需的履责平台，风险则主要来自购买后的整合重组失败风险，比较适合冗余资源和能力较多、不关注平台搭建的内部能力培养、具有获取时间迫切性需求的企业。

从嫁接战略来看，当企业对解决特定社会问题具有一定的社会关系网络基础和知识存量，但缺少足够的冗余资源实施履责平台的外部购买，也缺乏必要的实践和经验而无法实行履责平台的演化战略，此时企业可以采用嫁接方式实现对履责平台的获取。嫁接战略指的是企业选择一个针对解决特定社会问题已经存在的履责平台，与平台提供者开展合作，将自身针对解决特定社会问题所拥有的社会关系网络和知识存量嫁接到该履责平台，企业成为形式上的履责平台提供者，推动不同社会主体进入履责平台贡献资源和能力，从而实现平台化履责。嫁接战略本质上是一种"借台唱戏"战略，属于履责平台的外借获取模式，其实施可以采用租用和联盟两种方式。成功的嫁接战略是"小投入、大产出"的平台化履责实现方式，是企业社会资本和专有知识顺利转化为社会价值的重要途径。嫁接战略也能使企业较快获取所需的履责平台，风险主要来自与履责平台提供者的契约风险，或联盟合作下新旧"两张网"之间的协调风险，比较适合冗余资源和能力较少、对履责平台"不求所有，但求所用"、善于处理外部合作关系的企业。

从转化战略来看，它指的是骨干型企业或商业平台企业利用已经形成的商业生态圈和自身在其中的"影响力"，推动将社会责任理念或要求融入商业生态圈，使其成为商业生态圈的核心运行规则，而解决各种社会问题也成为商业生态圈的重要功能，由此实现商业生态圈向社会责任生态圈的转化，相应地，骨干型企业或商业平台企业不再是纯粹的商业价值创造平台提供者，而是转变为履责平台提供者。转化战略本质上是骨干型企业或商业平台企业将外部的商业生态圈推动转变为解决特定社会问题的履责平台，属于履责平台的外部获取方式，比较适合具有高影响力、高带动力、社会责任绩效较优的商业价值创造平台提供者。

四、社会责任议题落实中的平台化履责

平台化履责作为一种新的企业社会责任实践范式，它将企业在解决社会问题中的角色定位从包办一切的"救世主"和"拯救者"转变为社会资源的整合与优化配置者，褪去现实中社会期望对企业的纯粹"道德热度"，避免"道德竞赛"和"道德绑架"，让企业以理性、创新的方式参与解决社会问题，防止企业发展和社会发展的失序、失衡、失控和失范。因此，企业在落实社会责任议题过程中，可以根据实际情况考虑采用平台化履责范式，具体包括三个方面：

一是综合考量是否采用平台化履责范式落实社会责任议题。企业在落实社会责任议题过程中，应当根据议题的类型、对议题采用的回应策略以及企业的影响力范围，综合确定是否采用平台化履责范式。当社会责任议题属于积极影响性的价值链主导型议题、竞争环境主导型议题和普通议题，并且对议题将采取适应型或前瞻型回应策略时，企业可以考虑采用平台化履责范式。当然，如果企业具有较高影响力，运用平台化履责范式落实这一社会责任议题将更加可取。

二是选择和实施合适的战略模式构建社会责任议题落实平台。企业在确定对落实某项社会责任议题采取平台化履责范式后，就需要根据企业所具有的平台基础和履责平台获取的方式两个方面的因素，从新创战略、演化战略、包络战略、购买战略、嫁接战略和转化战略中选择合适的平台化履责战略模式，通过实施相应的战略而构建起落实该社会责任议题的平台。

三是有效管理落实社会责任议题的平台化履责全过程。在落实社会责任议题的平台网络初创阶段，企业工作的重点是对社会责任议题进行全生命周期分析，对所需的要素资源和关键能力进行全方位分解，通过社会化信息搜

寻（Social Information Seeking）获得潜在的初始合作成员集合。在此基础上，通过甄别遴选、沟通互动、谈判协商等多种方式，从潜在初始合作成员集合中选择确定对履责平台和实施社会责任议题具有价值认同的初创成员，相互议定平台初设规则（如章程）并承诺遵守，初创成员按照社会分工合作开展社会责任议题落实行动，连接形成初始社会责任议题生态网络。在落实社会责任议题的平台网络扩张成长阶段，企业工作的重点是创新传播方式，向外界展示落实社会责任议题的社会价值以及对社会主体个体的多元价值偏好满足，将社会责任议题落实平台运行的价值外溢效应传递到广泛的社会主体，触发不同社会主体对参与落实社会责任议题的道德与爱心，催生他们加入平台的内生性动力，形成相对广泛的平台网络成员候选群体。同时，通过合适的机制对平台网络的新加入者进行选择。在落实社会责任议题的平台网络稳定运行阶段，企业的重点工作是基于平台上不同社会主体的优势进行社会分工，将社会责任议题生态网络分工中每一个网络成员分别贡献的互补性异质资源或能力进行统筹整合与优化配置，推动落实社会责任议题的各个组分按照功能原则重新聚合与型构，形成落实社会责任议题的协同一致行动和整体性突破。与此同时，为了增进社会责任议题生态网络的健康性和可持续性，还需要通过有效的内部治理和外部治理实现适宜的激励约束。在落实社会责任议题的平台网络自我更新或死亡阶段，企业的重点工作要么是通过渐进式自我更新或激进式自我更新实现社会责任议题落实平台网络的进化、转型、升级和变革，要么以适当的方式推动社会责任议题落实平台网络的解散或退出。

第六节　"互联网＋"

随着全球新一轮科技革命和产业变革的不断演进，互联网与各领域的融合正在成为一股势不可当的时代潮流，正对各个国家、各个地区经济社会发展产生着战略性和全局性的影响。"互联网＋"的兴起及其在经济社会领域的深入应用，不仅推动了经济发展方式的深度变革，而且正在深刻改变社会运行方式，促使大量社会创新的涌现。这意味着"互联网＋"已经成为解决社会问题的新视角、新思路和新方法，企业参与解决社会问题、落实社会责任议题需要顺应时代潮流，科学树立互联网思维，积极运用"互联网＋"，推动社会责任议题落实方式、举措、行动、手段和工具的全面创新。

一、"互联网 +"的核心思想

自 2015 年"互联网 +"成为国家战略以来，社会各界都对"互联网 +"进行了不同视角的解读，形成了对"互联网 +"本质认识的不同观点。综合和透视已有的不同观点，"互联网 +"本质上可以看作四个层次的创新，如图 4 - 23 所示。

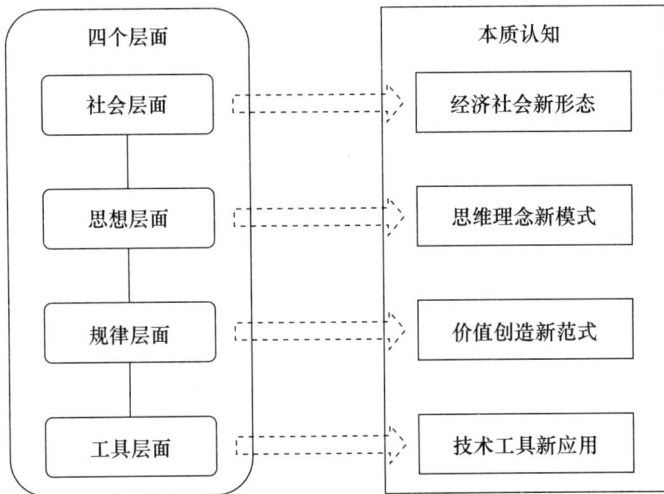

图 4 - 23 "互联网 +"的四层次本质

从社会层面来看，"互联网 +"本质上是一种新的经济社会形态。互联网技术作为一种通用目的技术，就像蒸汽动力之于第一次工业革命，电力之于第二次工业革命，它正在成为推动新工业革命的基础力量，并引发经济社会发展的深刻变革。《国务院关于积极推进"互联网 +"行动的指导意见》就明确指出，"互联网 +"就是把互联网的创新成果与经济社会各领域深度融合，推动技术进步、效率提升和组织变革，提升实体经济创新力和生产力，形成更广泛的以互联网为基础设施和创新要素的经济社会发展新形态。"互联网 +"意味着要充分发挥互联网这一通用目的技术在生产要求与社会资源中的优化与集成作用，引发社会生产方式和生活方式的变革，推动社会结构与运行规则的变迁，形成共享经济、零边际成本社会等新的经济社会形态，如图 4 - 24 所示。

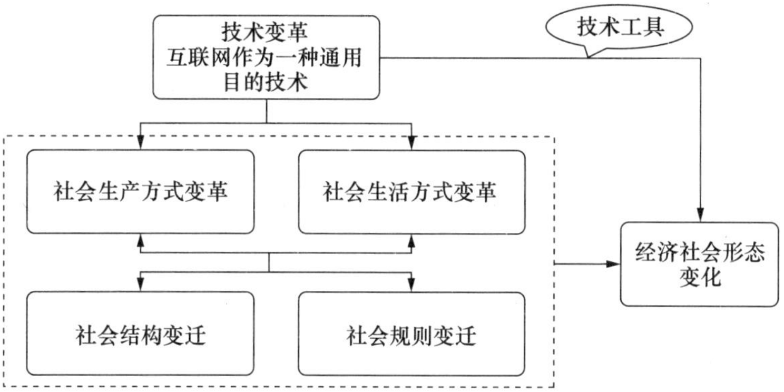

图 4 - 24　"互联网 +"引发经济社会形态变化的机理

从思想层面来看，"互联网 +"本质上是一种新的思维理念模式。在互联网广泛和深度渗透于经济社会各个领域、各个群体的大背景下，"互联网 +"已经不再是简单的技术经济范式变革问题，而是人们需要基于互联网的本质精神对生产生活、行为逻辑做出重新思考的思维模式。按照与互联网技术特征的关联程度，"互联网 +"的思维模式可以分为四个层次（见图 4 - 25）：一是基本思维，即网络连接思维。互联网的基本特征就是连接一切，将所有主体、客体和各种要素连接起来，形成不同范围、不同部件构成的巨大网络。所有企业都应具备网络连接思维，注重网络连接带来的连接效应和网络效应。二是普适思维，即在"互联网 +"背景下得到强化的和凸显的、具有普适性和规律性的思维，包括开放协作思维和普惠共享思维。开放协作思维指的是互联网本身就具有开放特点，"互联网 +"更加突出地要求企业保持对利益相关方和社会的开放性，互联网使得利益相关方和社会更加便捷与有效地参与企业决策和活动，也推动企业与利益相关方和社会之间的协作更加紧密。普惠共享思维指的是互联网作为一种通用目的技术和具有普遍服务性的技术，应当惠及社会所有主体，而互联网强调的社会主体平等性，也要求经济社会发展的成果应当具有普惠性；基于互联网的共享经济模式和零边界成本社会的流行，意味着企业应当抓住共享经济的基本规律，树立共享观念，创新决策和活动方式，更加有效地创造价值。三是核心思维，即"互联网 +"最关键和本质的思维，包括迭代创新思维和跨界融合思维。迭代创新思维指的是"互联网 +"强调对产品、服务甚至行为方式进行持续的微改进、微优化和微创新，实现不断的升级提升和更新换代。跨界融合思维指的是"互联网 +"

一方面要求推动互联网与其他行业和部门的跨界融合，另一方面推动不同界别依托互联网进行相互融合。四是延伸思维，即由互联网广泛应用而拓展出来的思维，包括平台共赢思维和社会生态思维。平台共赢思维指的是"互联网＋"催生越来越多的双边或多边市场，平台化成为新的商业模式和社会问题解决的新方式，企业应当树立平台化理念，集聚和整合不同主体的资源，促进社会资源的优化配置以及增进全社会的价值创造水平。社会生态思维指的是"互联网＋"推动人们生产生活方式的社群化和生态化，依托互联网的各种社群和生态圈大量涌现，企业应当树立社会化和生态圈理念，打造具有共生特性的生态圈，实现价值创造模式的创新和价值创造水平的提升。

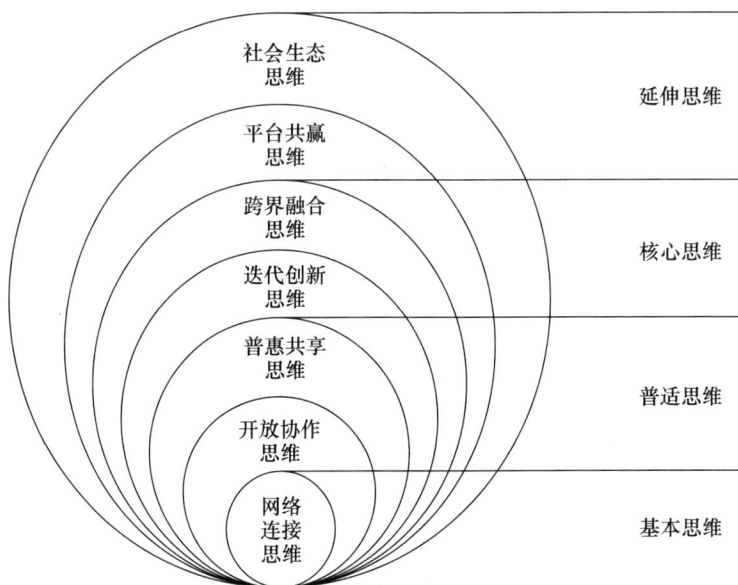

图4－25　"互联网＋"的四层次思维

从规律层面来看，"互联网＋"本质上是一种新的价值创造范式。互联网作为一种通用目的技术，它通过推动社会生产生活方式的变革，引起价值创造主体、价值创造范畴、价值创造来源、价值创造途径和价值分配方式的变化，形成共创共享综合价值的新模式，如图4－26所示。在"互联网＋"大背景下，价值创造主体由传统的企业个体或线性价值链主体转向以企业为核心的网络型价值创造主体；价值创造范畴由传统的纯粹经济价值转向涵盖经济价值、社会价值、环境价值的综合价值；价值创造来源超越要素投入、要素结合方式、制度安排以及思想创新等传统来源，更加强调生产可能性边界扩大效应、协同效应和耦合效应；价值创造途径由传统强调专业化和社会分工转向更加强调利益相关方合作以及社会资源整合；价值分配方式由原来的零和博弈模式转向价值共享模式。

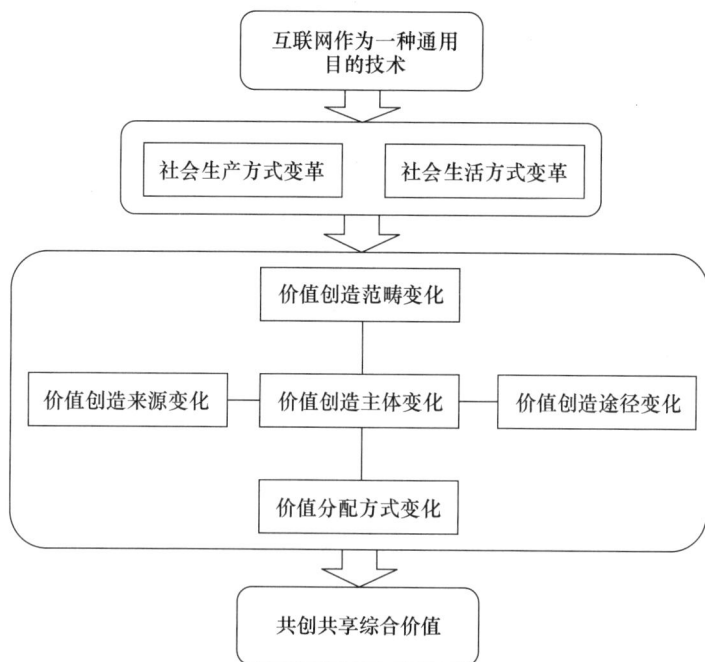

图 4 - 26　"互联网＋"推动价值创造范式的创新过程

　　从工具层面来看，"互联网＋"本质上是新的技术工具应用。相比于以往对互联网的技术工具应用，"互联网＋"提出更高的要求，导致对互联网技术工具应用的新变化（见图 4 - 27）：从应用主体来看，无论是个人还是组织，都会在各自活动中普遍应用互联网技术工具；从应用领域来看，互联网技术工具在经济社会各个领域得到广泛应用；从应用方式来看，各个社会主体都开始主动应用而不是被动接受互联网技术工具；从应用程度来看，互联网技术工具深度融合于各社会主体的生产生活；从应用载体来看，不同社会主体可以应用的互联网技术工具类型和平台层出不穷；从应用价值来看，互联网技术工具的应用既带来生产效率的提升和生活方式的便捷，也带来许多新的社会问题，风险与价值并存。

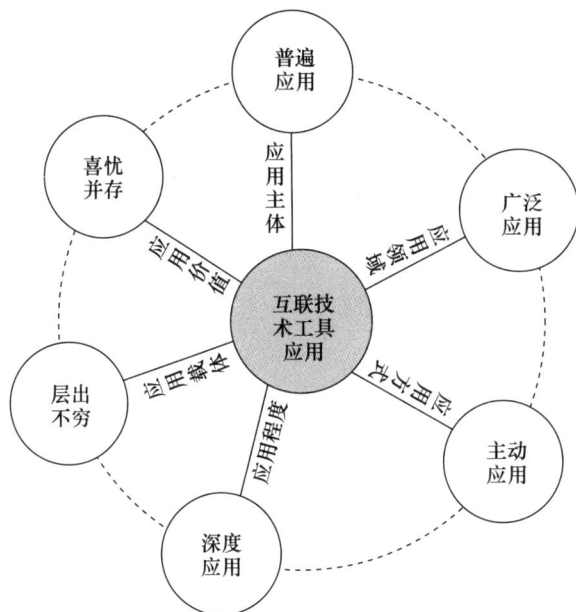

图 4 – 27   "互联网＋"推动互联网技术工具应用的新变化

二、"互联网＋"社会创新

社会创新（Social Innovation）概念最早由德鲁克（1973）提出，他强调："创新既包括技术创新也包括社会创新，社会创新是在经济与社会中创造一种新的管理机构、管理方式或管理手段，在资源配置中取得更多的经济价值与社会价值"。① 后来，众多学者对社会创新概念进行了界定，但目前仍然没有形成统一的标准。实际上，对于社会创新可以简单理解，就是寻找社会问题的创新性解决方案，目的是满足社会需求和实现社会目标。社会创新与技术创新之间存在诸多差异之处，如表 4 – 8 所示。

---

① ［美］彼得·德鲁克. 管理：使命、责任、实务［M］. 北京：机械工业出版社，2006.

表 4 - 8　社会创新与技术创新的区别

类别	技术创新	社会创新
创新动机	解决经济问题，实现经济目标，促进经济发展	解决社会问题，实现社会目的，促进社会发展
创新主体	营利性企业	政府、企业、社会机构
资金来源	单一渠道（企业）	多重渠道，如政府、慈善基金会、志愿者劳动等
创新的效益	企业获得超额利润并高质发展，商业市场繁荣	促进社会发展和社会变迁，改善社会生活
创新的障碍	社会制度的有力支撑	创新管理流程的优化，产业和人才基础
评价标准	规模、市场份额或利润	社会平等和公正、社会和谐程度等

资料来源：肖红军等（2015）。

　　"互联网＋"在经济领域的广泛应用可以带来技术创新范式的变革，而在社会领域的深入应用则能带来社会创新范式的转变。"互联网＋"作为一种新的思维理念模式、新的价值创造范式和新的技术工具应用，它通过作用于社会创新的全过程和全要素，形成对社会创新对象、组织、载体、路径的全面变革，实现更加精准的包容性创新、更加有效的开放协同创新、更加多元的平台创新、更加大众化的微创新，如图 4 - 28 所示。

　　从社会创新的起点即社会需求识别来看，"互联网＋"让社会创新的对象识别与选择更加精准可靠，而以此为基础的包容性创新（Inclusive Innovation）更具针对性和有效性。包容性创新是社会创新的重要内容，指的是通过创新解决社会发展中弱势群体本身的权利贫困和所面临的社会排斥（吴晓波和姜雁斌，2012），尤其是指针对"金字塔底层"群体（Base of the Pyramid，BOP）的特殊需求而开展创新活动，使他们参与、获得并享受创新成果（Prahalad 和 Hart，2002；Prahalad，2005）。包容性创新既关注弱势群体对创新的参与性，也强调弱势群体对创新成果的分享。成功的包容性创新应当能够使"金字塔底层"群体可负担（Affordability）、可接受（Acceptability）、可获得（Availability）和可感知（Awareness），即 Anderson 和 Markides（2007）提出的包容性创新"4A"指导框架。目前，包容性创新已经涵盖医疗健康（如通

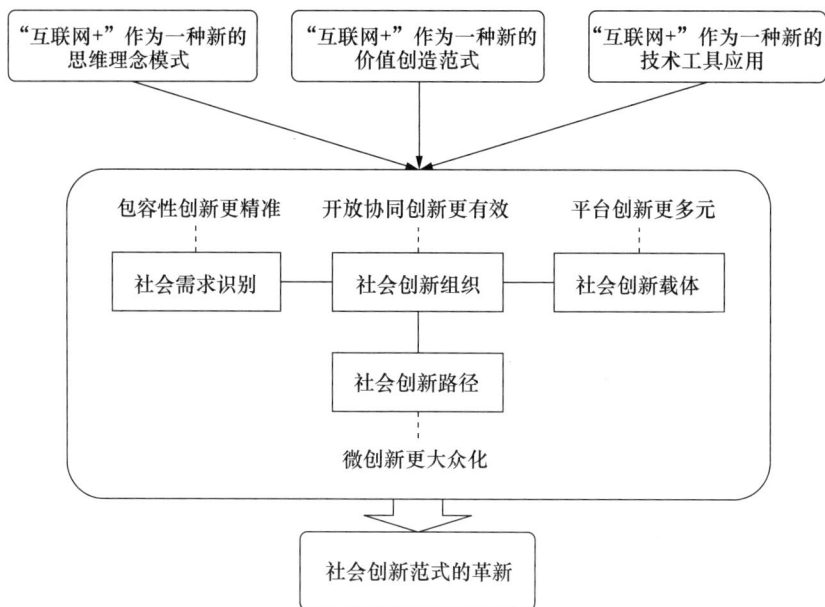

图4-28 "互联网+"对社会创新范式的影响

用电气公司开发的便携式心电图仪Mac）、家用电器（如海尔集团开发的大地瓜洗衣机）、汽车（如印度塔塔汽车集团开发的平民汽车Nano）、信息技术（如印度Datawind公司开发的平板电脑Aakash）、金融服务（如肯尼亚Safaricom电信公司开发的移动手机银行M-pesa）等多个领域，一定程度上满足了"金字塔底层"群体的生存型需求、生活型需求、生产型需求和精神型需求。进一步来看，"互联网+"能够使创新主体更加准确、动态和快速地识别"金字塔底层"群体及其生活习性、消费特征和需求特点，能够使"金字塔底层"群体更加便捷、直接和平等地参与到创新活动，从而使得包容性创新的"4A"效果更加显著。

从社会创新的组织方式来看，"互联网+"使得开放式创新（Open Innovation）和协同创新（Callaborative Innovation）在社会创新中得到更加广泛的应用，开放式创新和协同创新的效果更佳。开放式创新是相对封闭式创新提出的，Chesbrough（2003）最早将其界定为外部资源的内部化、内部资源的外部化，即创新资源跨组织边界的流动，有价值的创意或想法可以同时来自于组织内外部，也可以通过组织内部和外部渠道进入市场。按照创新资源流动的方向，开放式创新有内向型（Outside-in）、外向型（Inside-out）和混合型

（Coupled）三种模式。协同创新是企业、政府、知识生产机构（大学、研究机构）、中介机构和用户等为了实现重大科技创新而开展的大跨度整合的创新组织模式（陈劲和阳银娟，2012），是将各个创新主体要素进行系统优化、合作创新的过程。虽然开放式创新与协同创新的概念和思想都是在商业情境下提出的，也主要是在商业领域得到广泛讨论，但它们也同样适用于社会领域。尤其是，随着社会问题的复杂性增长和社会需求的多样化增加，社会创新越来越要求创新主体走开放式创新和协同创新的新路子。进一步来看，"互联网＋"能够促进不同创新主体之间开展更加紧密的沟通、协调、合作以及资源整合，因此使得开放式创新和协同创新对于解决社会问题、满足社会需求变得更加有效。

从社会创新的介质载体来看，"互联网＋"改变了传统社会创新的线下模式，也改变了传统社会创新中不同主体简单、有限的合作模式，取而代之的是平台创新、O2O（Online to Offline）模式开始流行。"互联网＋"所隐含的平台共赢思维、社会生态思维均要求社会创新需要立足社群化、生态化和平台化的特点，针对不同社会领域和不同圈层社群，开展多元化的平台创新，构建社会创新平台，整合优化社会资源，形成更大范围、更多主体、更加灵活的社会创新。现实中，无论是众多的公益捐赠平台或公益众筹，还是互联网金融中针对特殊群体的P2P（点对点借贷平台）小额信贷，以及日益增多的志愿服务平台，都是"互联网＋"社会创新引发多元平台创新的体现。特别是，O2O模式在社会创新中越来越受到青睐，人们通过"微信服务号＋微网站＋微信群"以及特定的平台开展"线上"的信息交换、资源接收、知识交流，通过实体团队、特定组织等在"线下"开展具体的社会问题解决行动。

从社会创新的实现路径来看，"互联网＋"使得社会普遍参与的迭代微创新成为社会创新的主要途径。微创新是随着互联网行业的发展而兴起的，目前主要是在商业领域得到讨论。最早提出微创新概念的是奇虎360的董事长周鸿祎，他认为企业的产品可以不完美，但只要能够打动用户心里最甜的那个点，把一个问题解决好，有时候就能够四两拨千斤，这种单点突破就叫"微创新"（周鸿祎，2010）。其后，微创新概念得到进一步发展，指的是创新主体重视对产品技术、服务、工业（流程）、商业模式等一个或几个方面的改进，并由量变发展到质变，众多微创新组合最终引发颠覆性创新。微创新具有全面开放性、广泛渗透性、双重组合性、快速迭代性、不断试错性、用户体验至上的特点（周青等，2015），它同样适用于社会领域。现实中的众多社会问题和社会需求不可能通过大规模的、颠覆性的、革命性的创新来解决或实现，而更多的是通过对关键要素、关键环节、关键问题进行微创新或微改进。尤其是在"互联网＋"背景下，普惠共享、迭代创新等"互联网＋"思维都要求让社会大众参与到社会创新中来，这使得微创新变得更加大众化、更加主流化。

三、"互联网＋"企业社会责任

"互联网＋"作为一种新的经济社会形态，必然会带来社会生产生活方式的变革，由此引发社会思潮和社会问题的变化，进而对企业履行社会责任、创造综合价值的发展方向、演进路径和实践模式产生影响，如图4－29所示。

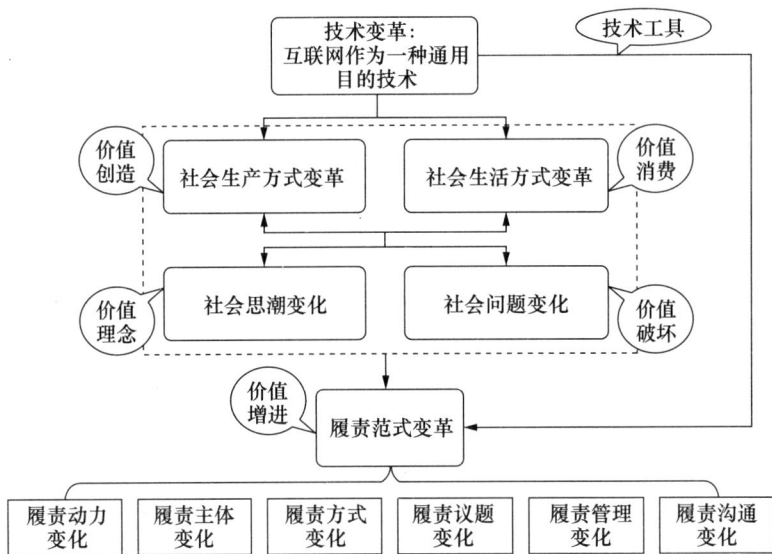

图4－29 "互联网＋"对企业履行社会责任范式的影响

从履责动力来看，"互联网＋"引发企业假设变化，进而引起履责动力更加强调内生性和价值理性动机。"互联网＋"引发人们对传统的人性假设、企业本质、企业与社会关系认知的重新反思。互联网和新型通信技术使人们进入全球性的社交空间和新的时间领域之中，在互联网上分散的、合作性社交网络中，人们乐于用自己的时间和才智（大部分不索取任何报酬）来为他人谋福利，即人们行为的驱动力来自"对社会性的需要和集体性的寻求"，这意味着亚当·斯密在《道德情操论》中推崇的"道德人"假设更多地得到倡导。相应地，企业本质上被认为是兼具经济功能和社会功能、社会生产属性和社会交往属性相融合的组织，是通过为社会提供商品和服务与有效管理内嵌于商品和服务提供过程中的人与人的关系而增进社会福利的有效方式，这隐含着企业与社会之间存在着耦合与共生关系。在这些新的假设认知下，企业存在的目的是创造社会价值，因此承担社会责任是企业发展的内在基因，即企业承担社会责任更多地来自内源性动力，具有显著的价值理性特征。

从履责主体来看，"互联网＋"引发生产方式变化，进而引起履责主体更加强调中小企业和个体能动性。"互联网＋"使传统的大规模标准化、用机器生产机器的生产方式被以互联网为支撑的智能化大规模定制的生产方式替代，更适应单一产品生产的刚性生产系统被适合于生产小批量、多品种产品的可重构制造系统替代，制造模式则从削减式制造转变为叠加式制造，传统的"集中生产、全球分销"的生产方式加速被"分散生产、就地销售"的生产方式替代。在这些新的生产模式下，小企业由于更符合"互联网＋"所强调的个体化和碎片化生产形态以及大规模定制、分散式和社会化生产方式，因此其在支撑整个经济社会系统可持续发展中的作用和影响力更加突出，而大型企业的地位和影响力则相对弱化。按照戴维斯的"责任铁律"理论，即企业的社会责任应该与其社会权力相匹配，中小企业在未来所应承担的社会责任应更大，也理应更受到社会的高度关注。因此，目前以大型企业社会责任为重点甚至中心的推动模式将会被更加强调和重视中小企业与个体社会责任的推动模式取代。

从履责方式来看，"互联网＋"引发商业模式变化，进而引起履责方式更加强调建设合作性责任生态圈。"互联网＋"的普遍共享思维、平台共赢思维、社会生态思维，都意味着它强调分享协作机制，重视企业与消费者、供应商、同业企业、合作伙伴之间的紧密互利合作关系，共同形成以价值共享为基础的商业生态圈。商业模式的改变引起企业履行社会责任方式的转变。一方面，目前更加强调企业个体履行社会责任的模式将会被更加重视企业合作网络或生态圈履行社会责任的模式取代，即认为推动企业所在的整个商业生态圈负责任更为重要；另一方面，企业个体履行社会责任的方式将从"授人以鱼"、"授人以渔"向搭建"渔场"转变，即更加强调创建更多企业合作参与的社会责任履行平台，适应集体性行动的需要，打造形成社会责任生态圈。

从履责议题来看，"互联网＋"引发资源配置变化，进而引起履责议题更加强调动态发挥比较协同优势。"互联网＋"引发企业对资源认知和配置的新变化，要求企业的任何决策都必须着眼于整个商业生态圈所拥有的资源，资源配置重点由传统的聚焦企业内部资源转向统筹企业内外部资源；同时，具有动态性特征的专有知识、信息、社会关系等无形资源对企业发展的重要性显著提升，甚至成为决定性因素。资源认知和配置方式的改变将引起企业社会责任重点议题选择模式的转变。目前，企业往往采取不考虑自身优势而选择普遍性或一般性社会责任议题的模式，或者仅仅考虑自身优势而选择战略性社会责任议题的模式；而在将来，企业对社会责任重点议题的选择将从整个商业生态圈的价值创造出发，不仅要考虑自身与商业生态圈中其他组织或个体的相对优势，而且要能够发挥自身优势与其他组织或个体优势的互补效应和协同效应，并随着企业相对优势的动态变化而及时调整，形成基于优势互补与多元协同的动态性社会责任议题选择模式。

从履责管理来看，"互联网＋"引发组织形态变化，进而引起履责管理更加强调价值观与开放参与管理。"互联网＋"一方面将推动以非营利组织、非政府组织和社会团体为主导的公民社会迅猛发展，并持续不断地催生出各种形态的新型社会性组织；另一方面将促使企业组织模式实现从集权化层级式到扁平化网络式的变革，"层级组织"被"节点网状组织"替代。公民社会的兴起和地位提升要求企业的社会责任管理更加重视非营利组织、非政府组织和社会团体的参与，网络组织的盛行意味着企业的社会责任管理必须对所有网络成员开放，并且更加重视位于网络节点上的利益相关方的参与。同时，扁平化的组织结构和社会责任边界的动态性使得集权被分权取代，控制被自主替代，传统的指令管理（MBI）模式和目标管理（MBO）模式在企业社会责任管理领域变得不适应，取而代之的是采取价值观管理（MBV）模式，充分发挥社会责任作为企业核心价值观的引领作用和全体员工履行社会责任的自主性。

从履责沟通来看，"互联网＋"引发沟通方式变化，进而引起履责沟通更加强调即时精准和网络互动性。高度发达的互联网技术使得横向的、用户对用户式的即时网络传播方式代替了一对多、自上而下、集中式、垂直式的传统信息传播方式。这要求企业适应性地调整针对利益相关方的社会责任沟通模式。一方面，企业的社会责任沟通应该更加即时精准，不仅传统的年度社会责任报告可能会变得像目前的财务报告披露一样，分为季度披露甚至月度披露，而且社会责任重大信息必然是第一时间披露，并且是动态连续披露；企业不仅要基于大数据对不同利益相关方的关切问题和沟通交流习惯进行深入剖析，以便针对不同利益相关方实施不同的沟通方式和传播不同的沟通内容，保证沟通的精准性和有效性，而且要通过多种技术手段跟踪和评估针对不同利益相关方的社会责任沟通效果。另一方面，企业的社会责任沟通更加强调网络互动性，不仅企业社会责任信息披露的需求了解、内容确定、信息发布、效果评估、跟踪反馈等全过程需要与利益相关方开展互动，而且企业履行社会责任实践过程中也要求通过信息网络与不同利益相关方进行更加频繁的沟通互动，甚至企业会针对特定重要的社会责任项目建立基于互联网的、囊括主要利益相关方的虚拟社区，实现企业与利益相关方、利益相关方与利益相关方之间更加便捷、更加紧密、更加开放的多维互动，拉近相互之间的心理距离，赢得彼此的利益认同、情感认同和价值认同。

四、"互联网 +"社会责任议题落实

作为企业开展社会创新和履行社会责任的重要内容，企业落实社会责任议题也深受"互联网 +"的影响。无论"互联网 +"是作为一种新的思维理念模式和新的价值创造范式，还是作为一种新的技术工具应用，都会对企业落实社会责任议题带来不同程度的变化。显然，在"互联网 +"成为势不可当的大趋势的背景下，企业在落实社会责任议题过程中，应当主动拥抱互联网，推动互联网思维与社会责任议题落实的深度融合，运用互联网技术工具优化社会责任议题落实。具体来说：

一是积极运用互联网思维对企业落实社会责任议题范式进行优化。企业应当深刻理解网络连接思维、开放协作思维、普惠共享思维、迭代创新思维、跨界融合思维、平台共赢思维和社会生态思维等互联网思维，按照以"互联网 +"为基础的社会创新范式优化，通过更加有效的包容性创新、开放协同创新、平台创新和微创新，对社会责任议题识别与选择、社会责任议题策划与实施、社会责任议题评价与改进进行全方位优化，从而实现对社会责任议题落实范式的优化。

二是重视线上履责平台以及 O2O 模式在社会责任议题落实中的应用。企业应当分析不同社会责任议题的属性，一方面从跨界融合、平台共赢和社会生态的视角，构建基于互联网技术的线上履责平台，整合利益相关方和社会资源，形成平台化履责模式；另一方面从网络连接、开放协作和普惠共享的

视角，主动接入和利用已有的线上履责平台，发挥已有平台的集聚作用，更好地利用落实社会责任议题所需的各种要素。特别是，企业可以充分发挥O2O模式的优势，将线上对社会责任议题的相关信息交换、资源整合、知识交流与线下的具体社会责任议题实施行动相结合，以便实现社会责任议题的更有效落实。

三是充分利用互联网媒介实现利益相关方对社会责任议题的沟通参与。企业应当认真研究"互联网＋"背景下社会沟通方式、渠道、内容、频率和关键要点的变化，在社会责任议题落实过程中，利用互联网技术工具和媒介（如微信、微博），推动与利益相关方进行更加便捷、更加紧密、更加开放、更加精准的沟通互动，提升利益相关方沟通效果，加深利益相关方对社会责任议题落实的参与程度，从而使得社会责任议题的落实更加顺利、更加高效、更受认同。

四是充分利用互联网技术工具优化社会责任议题项目管理。无论是单个社会责任议题项目团队对项目从计划、实施、协调、监控到收尾的全过程管理，还是企业对多个社会责任议题项目的整体管理，都可以借助和利用互联网技术工具，提升社会责任议题管理效率和效果。

第七节　社会化沟通

透明运营理念、利益相关方参与和合作理念要求企业在决策和活动中加强与利益相关方和社会的沟通，而其中至关重要的则是超越传统"自说自话"的沟通方式，运用社会化沟通方法，实现"打中人"和"打动人"。同样，企业在社会责任议题落实过程中也需要转变沟通方式，开展社会化沟通，增进利益相关方和社会对企业落实社会责任议题的了解、理解、信任、支持与合作。

一、社会化沟通的含义

随着企业在社会中地位的显著提升、移动通信和互联网技术的高度发达以及人们生产生活方式的改变，企业对外沟通的方式正在经历深刻变化，社会化沟通日益成为企业开展对外沟通的新要求、新趋势和新主流。按照沟通过程的八要素模型（见图4-30），沟通过程一般可以分解为主体/发送者、编码、渠道、解码、客体/接收者、反馈、噪声和背景八要素。基于此，社会化沟通（Social Communication）可以界定为：在社会化情境中，社会化主体（组织）通过社会化渠道、以社会化方式向社会化客体传递社会化信息，以及接收来自社会化客体反馈的社会化信息。

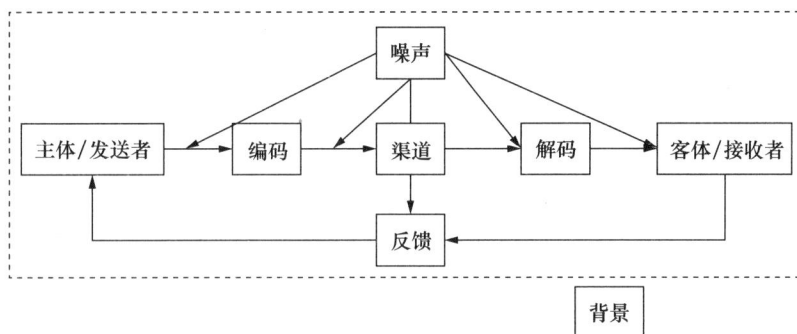

图 4 - 30   沟通过程的八要素模型

资料来源：杜慕群（2009）。

根据这一定义，社会化沟通包括六大要素：一是社会化情境。沟通活动处在一个由沟通双方心理、社会文化、空间和时间等诸多要素构成的情境中，而社会化沟通则存在于这样一个情境中，即人们生活社群化、社会规范建构化、社会生产协作化。二是社会化主体。企业或其他组织被认为是社会性存在，具有社会属性，经过不同程度的社会化建构，是社会运转的重要组成部分，因此受到社会公众的关注。三是社会化客体。接收信息的客体必须是具有公共代表性的社会中的人或组织（也可以是群体性代表），而不能仅仅是组织内部或价值链内部成员，因此其关注点会更为广泛，沟通也必然是一对多、多对多。四是社会化渠道。沟通主体以社会群体方便快捷、习惯使用、互动分享的平台、载体或媒介（如社会化媒体）与客体进行沟通。五是社会化方式。沟通主体对信息内容的编码以及沟通客体对信息内容的解码，均从社会价值出发，以社会群体熟悉的表达方式予以开展。六是社会化信息。沟通主体向客体沟通的内容或传递的信息是社会群体所关心的，是客体所需要的，在某种意义上具有社会性。

从沟通意愿、沟通行为和沟通结果等全过程来看，相对于企业传统上的习惯性沟通模式，社会化沟通具有主动性、亲民性、多样性、参与性、互动性、平等性、及时性、便捷性、高效性和风险性十个方面特点，如图 4 - 31 所示。

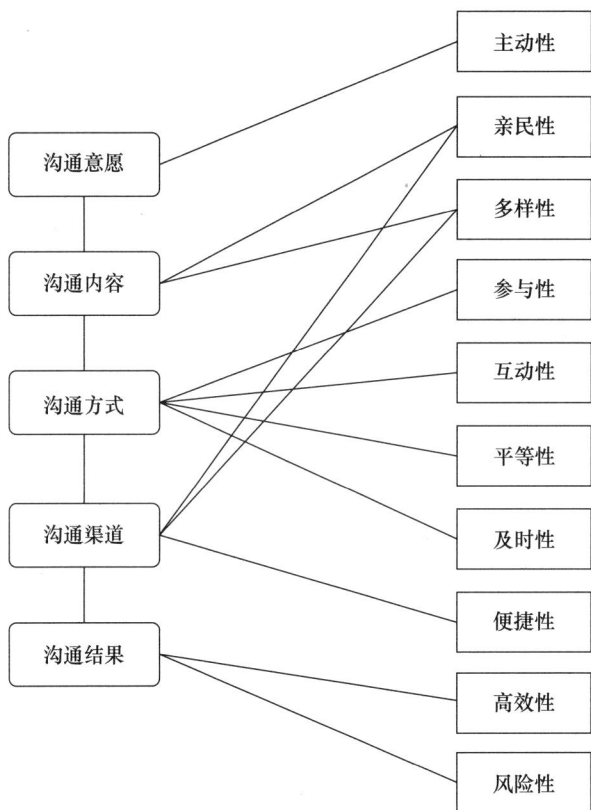

图 4 - 31　社会化沟通的特点

在沟通意愿方面，社会化沟通意味着企业会更加积极主动地与社会化的利益相关方和公众进行沟通，而不是像传统上那样进行被动性的回应；在沟通内容方面，社会化沟通意味着企业会采用社会群体更加熟悉的语言、更加能感知的表达传递他们更加希望知晓的信息，同时根据社会群体的差异性提供多样化的信息和内容；在沟通方式方面，社会化沟通意味着企业更加重视社会群体的体验感，积极促进和满足他们的参与感（如现实中许多企业开展的"开放日"活动），运用各种线上线下的形式增进彼此之间的互动，强调自身与不同社会群体之间在沟通上的平等性，以平等的态度与他们进行沟通，同时更加重视运用社会化媒体与不同社会群体进行及时性甚至即时性沟通，尤其是当今后真相（Post－truth）越来越频繁出现，及时性沟通更为重要；在沟通渠道方面，社会化沟通意味着企业采用更加亲民、更加多样和更加便捷的载体与社会群体进行沟通，尤其是采用被社会群体所熟悉与广泛使用的社会媒体进行沟通；在沟通结果方面，社会化沟通意味着企业与社会群体的沟通成本相对低廉，并因为传播速度更快、范围更广、互动更强而沟通效率更高，但也存在对沟通效果更难以把控的风险。

二、社会化沟通的实施程序

鉴于社会化沟通日益成为企业对外沟通的主流模式，企业应当从组织整体层面制定社会化沟通战略，明确相应的管理流程，形成社会化沟通管理体系。而在操作层面，企业则需要针对特定议题的社会化沟通和特定对象的社会化沟通建立差异化实施程序。对于特定议题的社会化沟通来说，其实施程序主要包括九个步骤（见图4－32）：确定社会化沟通议题，主要是收集、整理和分析需要与利益相关方或社会公众进行社会化沟通的议题，这些议题通常应当具有社会性与公开性需求；明确社会化沟通目标，主要是对选定的社会化沟通议题，预期和明确通过社会化沟通应当达成的具体目标；识别社会化沟通对象，主要是对每一个社会化沟通议题涉及的利益相关方和社会主体进行识别，并分析确定哪些利益相关方和社会主体需要实施社会化沟通；分析沟通对象的特点，主要是对涉及的每一个社会化沟通对象关于议题的诉求与关注点、习惯性的信息获取渠道、偏好的沟通方式等进行分析，必要时需要进行走访调查；制定社会化沟通策略，主要是针对每一个社会化沟通对象，明确在该议题上对其采取引导型、推动型还是回应型的沟通策略；编制社会化沟通方案，主要是对每一个社会化沟通对象，将要沟通的内容、采用的沟通渠道、沟通工作的内部分工、沟通工作的时间安排、沟通可能存在的风险、需要的资源保障等进行明确，形成方案；实施社会化沟通方案，主要是按照拟定的社会化沟通方案进行具体落实，分别针对每一个社会化沟通对象开展相应的沟通行动；评估社会化沟通绩效，主要是对议题的整体性沟通效果以及针对每一个对象的社会化沟通效果进行评估，考察是否达到预期的社会化沟通目标；社会化沟通总结改进，主要是对议题的社会化沟通经验教训进行总结，优化和改进议题的后续社会化沟通工作，持续完善特定议题的社会化沟通制度与程序。

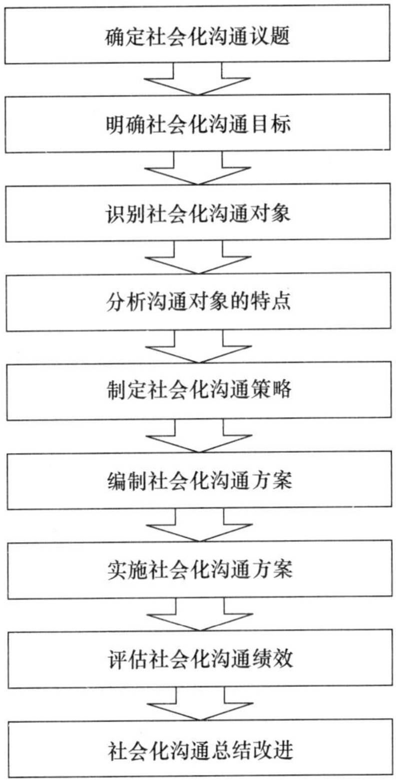

图4-32　针对特定议题的社会化沟通程序

　　对于特定对象的社会化沟通，其实施程序主要包括十个步骤（见图4-33）：识别社会化沟通对象，主要是对企业的重要利益相关方和关注企业的社会主体进行识别，分析确定需要开展社会化沟通的利益相关方和其他社会主体；明确社会化沟通目标，主要是对每一个社会化沟通对象进行社会化沟通所要达到的具体目标予以明确和预期；分析沟通对象的期望，主要是分析每一个社会化沟通对象对企业的期望、诉求和关注点；确定社会化沟通议题，主要是根据沟通对象对企业的期望分析，明确哪些诉求与关注点需要进行社会化沟通，确定出针对每一个对象的社会化沟通议题；考察沟通对象的特点，主要是对每一个社会化沟通对象习惯性的信息获取渠道、偏好的沟通方式等特点进行分析，必要时需要进行走访调查；制定社会化沟通策略，主要是对每一个社会化沟通对象，明确采取引导型、推动型还是回应型的沟通策略；编制社会化沟通方案，主要是针对每一个社会化沟通对象分别拟定社会化沟通具体方案，明确特定对象需要沟通议题的内容、每个议题采取的沟通渠道、每个议题沟通的任务分工、每个议题沟通的时间安排、每个议题沟通可能存在的风险、每个议题沟通需要的资源保障等；实施社会化沟通方案，主要是按照方案中的沟通计划，针对特定对象进行相关所有议题的社会化沟通具体行动；评估社会化沟通绩效，主要是对每一个社会化沟通对象开展社会化沟通的成效进行评估，考察是否达到社会化沟通的预期目标；社会化沟通总结改进，主要是对每一个对象开展社会化沟通的经验教训进行总结，优化和改进针对各个对象的后续社会化沟通工作，持续完善特定对象的社会化沟通制度和程序。

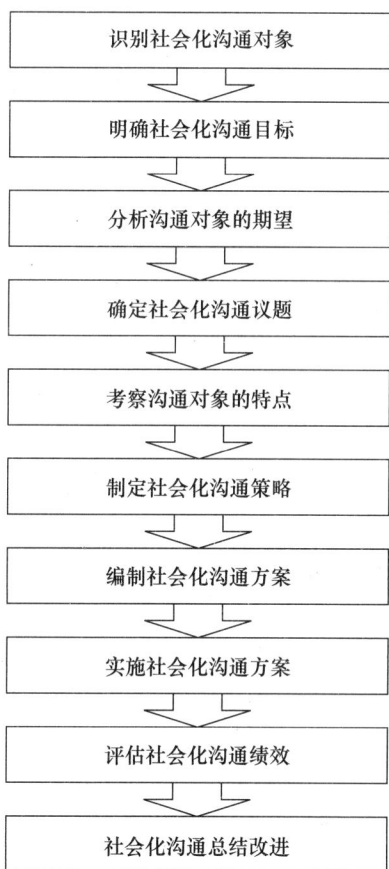

图 4-33　针对特定对象的社会化沟通程序

三、社会化沟通的实现方式

企业在进行社会化沟通模式设计时，社会化沟通六大要素中的社会化情境、社会化主体和社会化客体都可以作为预设而存在，因此构建的核心就在于社会化信息、社会化方式和社会化渠道三个要素。这意味着企业要成功实现由内部式沟通、工作式沟通和官僚式沟通转向社会化沟通，需要主动推动沟通内容的社会化、沟通表达的社会化和沟通渠道的社会化，实现沟通全过程的社会化，如图 4 - 34 所示。

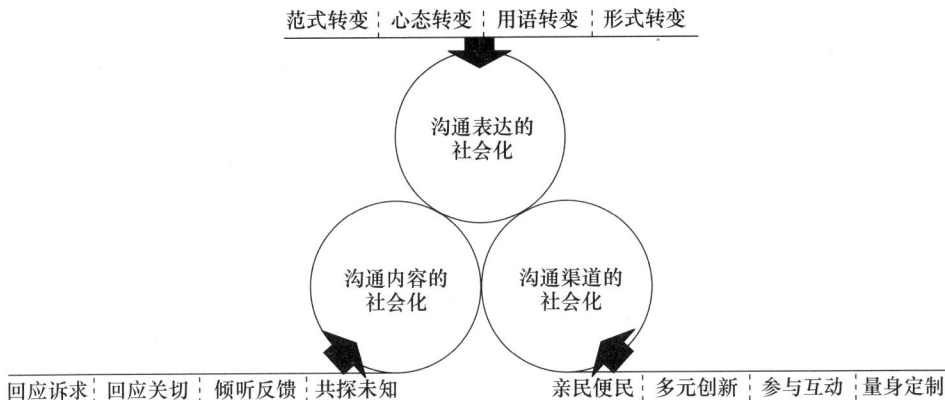

图 4 - 34　社会化沟通的实现方式

1. 沟通内容的社会化

按照约瑟夫·勒夫特（Joseph Luft）和哈林顿·英格拉姆（Harrington Ingram）在 20 世纪 50 年代提出的"约哈里之窗"（Johari Window）信息交流过程模型（见图 4 - 35），每一个社会主体（包括企业）的信息依据自知和他知的程度可以区分为四种类型：公开区，即关于社会主体的所有自知和他知的信息；隐秘区，即关于社会主体的自知但他人不知道的信息；盲目区，即关于社会主体的自己不知但他人知道的信息；未知区，即关于社会主体的自己和他人都不知的信息，属于"双盲区"。在"约哈里之窗"中，隐秘区、盲目区和未知区都存在社会主体与外部其他主体出现冲突的潜在风险，因此沟通的任务就是要扩大公开区，缩小盲目区和隐秘区，发现未知区，减少相互之间的潜在冲突。

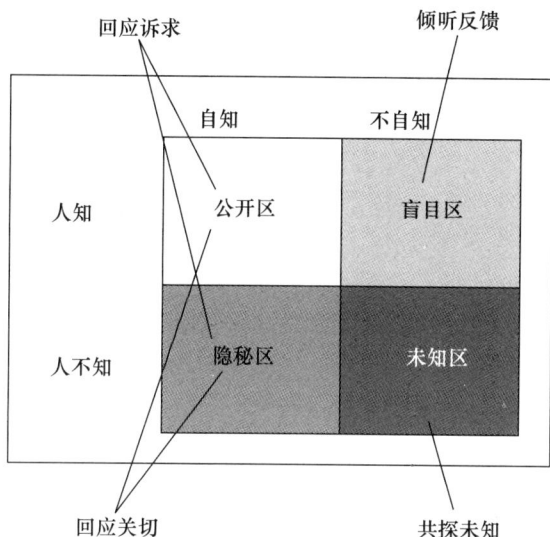

图 4 - 35　沟通内容社会化的要求

对于企业开展社会化沟通来说，针对公开区与隐秘区，沟通内容的社会化就是回应诉求和回应关切。前者指的是企业对利益相关方的利益诉求和权益诉求做出回应，但这些诉求并不仅仅是企业与特定利益相关方之间的纯粹商业性事务，而是具有一定的社会性，如企业与某个供应商之间关于价格的沟通就不能看作社会化的沟通内容；后者指的是企业对社会公众或机构关注的关于企业的信息予以回应，而这些社会公众或机构要么基于情感、要么基于价值观对企业予以关注，如企业就自身应对气候变化的行动与社会公众进行沟通。针对盲目区，沟通内容的社会化就是倾听反馈，即与利益相关方、社会公众或机构进行对话，倾听他们掌握的企业在某些社会性议题上的情况，而这些情况是企业自身所不知道的。例如，企业对于社会救助对象的帮扶效果，尤其是帮扶对象的心理感受，往往并不掌握，而一些公益组织开展的调查则能较好地知晓这些情况，这时企业就可以通过对话来倾听公益组织的调查分析结果。针对未知区，沟通内容的社会化就是共探未知，即通过各种形式与利益相关方、社会公众或机构共同研究、探讨、寻求与企业相关的社会性议题信息。例如，对于从事人工智能研发生产的企业，对于人工智能（包括企业所从事的技术创新活动）的社会伦理性影响等内容就是一个未知区，企业可以联合专业机构以及利益相关方进行共同探寻。

2. 沟通表达的社会化

沟通表达的社会化要求企业实现表达范式、表达心态、表达用语和表达形式的转变，如图4-36所示。

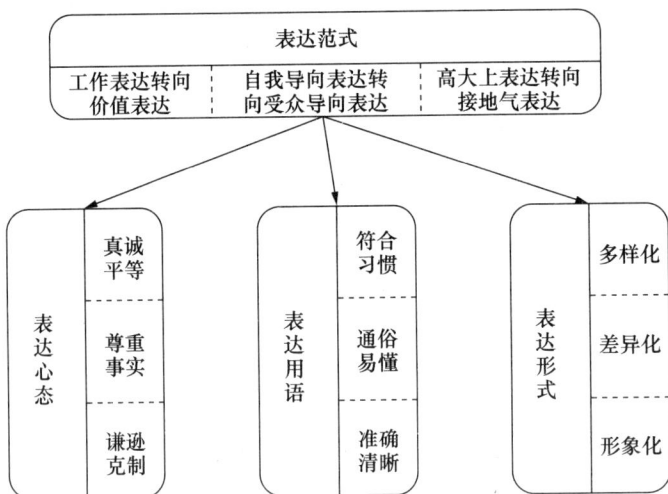

图4-36　沟通表达社会化的要求

在表达范式方面，沟通表达的社会化要求企业实现三个方面的转变：一是从工作表达转向价值表达。目前，大多数企业在对外进行沟通时，往往都是在介绍和传递企业做了哪些工作的信息，而利益相关方和社会群体对此并不感兴趣，他们希望获得的是企业开展的这些工作对他们或整个社会有何价值。为此，企业就需要对工作表达进行改变，将内部"工作"转化成外部"价值"，形成价值表达，让利益相关方和社会群体感知到企业通过运营活动为他们或社会创造的价值贡献。例如，对于电网公司，每年开展的带电作业次数就可以转化为减少多少停电时间，并进一步转化为相当于创造了多少GDP的增量。二是从自我导向表达转向受众导向表达。自我导向表达意味着企业善用"从我出发"的、说服式的表达，以自我认为可行、自我认为方便、自我认为有效的方式进行表达，而缺乏从受众需求、受众特点、受众感受角度予以考虑的表达方式，其结果往往是"谁写谁看"、"写谁谁看"，完全达不到沟通的预期效果。受众导向表达则不同，它强调企业采取"以终为始"的表达思路，将实现与受众的沟通效果作为最终目标，反过来以受众的沟通习惯、沟通需求、沟通感受为出发点，设计和推出受众能够易于接受、能够产生共鸣、能够达到认同的表达。三是从高大上表达转向接地气表达。现实中大多数企业尤其是大企业，善于用"官腔"、"官话"、"套话"向受众进行"官僚式"、高大上的表达，其结果是让受众毫无感觉甚至生厌，完全达不到沟通的预期效果，有时甚至适得其反。而接地气的表达则不同，它要求企业要贴近社会大众，靠近普通百姓，移情利益相关方群体，以朴实、通俗、形象、熟知的方式进行表达，从而让受众感到可接受、感到亲切、感到认同。

在表达心态方面，沟通表达的社会化要求企业树立积极进取、虚心耐心、与人为善的心态，在与受众的沟通表达中重点需要做到三点：一是真诚平等。一方面，企业与受众应当进行真诚的沟通交流，不仅自身要从内心深处形成真诚沟通的意愿，而且在表达中要展现出足够的诚意，让受众感受到企业的真诚。否则，企业与受众就难以建立相互信任，沟通也就难以深入。另一方面，企业应当树立平等观念，不仅企业与利益相关方和社会公众都是平等的，而且不同类型利益相关方和社会群体之间也是平等的。企业在沟通表达中应当抛弃"高高在上"、"高人一等"的不合时宜的姿态，而是展现出相互尊重、平等对待的态度。二是尊重事实。企业所有的沟通表达都应当以事实为基础，要有事实依据，采取客观、公正、务实的态度，绝不能掩盖事实、无中生有、强词夺理。即使是涉及企业的负面事件，企业也不能回避事实、否认事实和藏匿事实，也必须以承认事实、尊重事实为基础进行沟通表达。三是谦逊克制。企业在与受众的沟通表达中，需要树立适度、谦逊的心态，绝不能自吹自擂、贪功邀功、自我赞颂，更不能以贬低别人来彰显自我功绩。企业必须克制自我标榜的冲动，保持谦卑的态度，任何表达都不能过，做到"话不能说得太满"。与此同时，企业对于一些外部误解甚至故意刁难和颠倒是非，也必须克制"以牙还牙"的冲动，而是积极主动地友善沟通，摆事实讲道理，澄清事实，消除误解。

在表达用语方面，沟通表达的社会化要求企业改变以往"生硬"、"冷冰冰"、"官方化"的语言习惯，取而代之的是"接地气"、"质朴"、"易于传播"的语言表达。这意味着企业的表达用语需要做到三个方面：一是符合习惯。表达用语应当考虑不同受众的认知习惯、语言习惯、风俗习惯、生活习惯，尽可能符合他们的习惯特点，这样受众才可能最充分地理解企业的沟通表达。二是通俗易懂。表达用语应当尽量避免"专业化"、"工作化"、"内部化"，采用贴近生活、贴近社会的通俗性语言，让受众易懂易理解。通俗易懂要求企业对专业化、工作化、内部化语言进行重新编译，将其转化成外部熟知、容易接受的语言。三是准确清晰。表达用语应当准确到位、释义清晰，绝不能模棱两可、似是而非、容易混淆，更不能生搬硬套、错用乱用、词不达意，否则就容易造成受众理解上的困难，引起受众的误会、误解，严重时可能会造成意想不到的负面事件。

在表达形式方面，沟通表达的社会化要求企业采取利益相关方和社会公众喜闻乐见的形式进行对外沟通表达，重点要求做到三个方面：一是多样化。表达形式应当丰富多样，除了传统的文字、图片、图形、视频之外，还可以以动漫 Flash、微信 H5、微电影、虚拟现实（VR）等新兴形式予以展现。企业要实现较好的沟通表达效果，特别是对于一些大众化的沟通传播，应当尽可能采取不同形式的组合，这样既能使各种表达形式取长补短，也能为不同受众提供多样化的选择。二是差异化。表达形式的有效性取决于受众对于这一形式的接受性、兴趣性、理解性，因此企业应在分析不同受众特点的基础上，针对不同受众采用不同的表达形式。与此同时，不同的表达内容适用的表达形式也有所差异，企业也应当根据需要表达内容的差异，选择和确定最为合适的表达形式。三是形象化。企业应当以利益相关方和社会公众容易想象、容易感知、容易体会的形象化方式予以沟通表达，这样能够使受众将表达内容与自身经历关联起来，形成更为深刻的理解与印记。例如，国家电网公司在表达"青藏联网工程"时，就将其形象化表达为绿色的"电力天路"；在表达 1 度电的价值时，就采取与社会公众生活密切相关的形象化方式，如图 4－37 所示。

3. 沟通渠道的社会化

沟通渠道的社会化要求企业对沟通渠道设计和选择的思路与原则进行转变，在此基础上调整、优化和创新沟通载体，如图 4－38 所示。

从设计与选择原则来看，沟通渠道的社会化要求企业在渠道设计与选择时应当重点关注四个方面：一是亲民便民。沟通渠道应当符合利益相关方和社会公众的渠道使用习惯，贴近民众、贴近受众，利益相关方和社会公众要熟悉这些渠道，并能够方便快捷地使用这些渠道。二是多元创新。沟通渠道要避免单一化，应当多种渠道综合运用，尤其是沟通对象复杂多样时，沟通渠道更加需要多元化。与此同时，企业应当根据沟通对象、沟通内容和沟通情境对沟通渠道进行创新，尤其是在互联网技术工具广泛应用的背景下，企业的沟通渠道更应当与时俱进地进行创新。三是参与互动。沟通渠道应当能

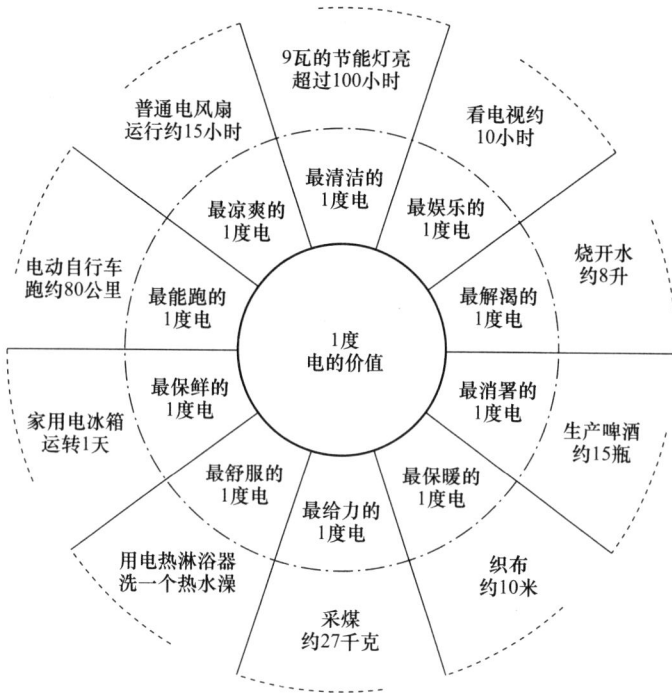

图 4 - 37 国家电网公司对"1 度电的价值"的形象化表达

资料来源：国家电网公司（2011）。

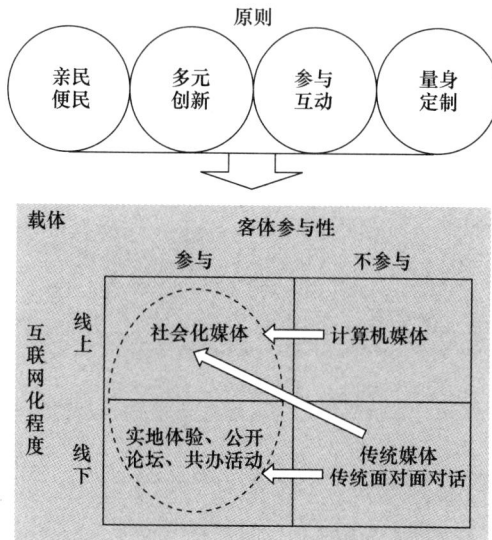

图 4 - 38 沟通渠道社会化的要求

够让利益相关方和社会公众参与进来，实现企业与受众之间的互动，避免沟通的单向性，激发受众的主动性，让受众切身体验、体会所沟通的内容。例如，中国广核集团对其核电站采用"公众开放体验日"形式，邀请社会各界参与各大核电基地组织的深度体验与互动交流活动，从而让公众了解真实的核电，了解核电企业的生产和运营。四是量身定制。沟通渠道的设计与选择也应当注意差异化，企业需要针对特定类型的利益相关方或特殊社会群体，根据其特点量身定制沟通渠道。例如，国网浙江省诸暨供电公司在特高压线路建设过程中，与当地社区和村民进行沟通时，就针对诸暨是"篮球之乡"的特点，通过举办篮球比赛的方式实行"篮球沟通"。

从具体沟通载体来看，结合载体的互联网化程度和沟通对象的参与程度两个维度，企业与利益相关方和社会公众的沟通载体可以区分为四类：客体参与的线上载体，主要是日益广泛运用的社会化媒体，如微信、微博等；客体参与的线下载体，包括各种实地体验、公开论坛和共办活动；客体不参与的线上载体，主要是计算机媒体，如视频会议、网站、电子邮件等；客体不参与的线下载体，主要是传统媒体，如会议、电话、传真、电视、报纸等。沟通渠道的社会化要求企业的沟通载体由传统媒体和计算机媒体转向更加重视运用客体参与的线上载体和客体参与的线下载体，尤其是将社会化媒体置于沟通载体的突出位置。社会化媒体（Social Media）指的是允许用户自主创作、分享、评价、讨论和相互沟通的以 Web 2.0 为技术基础构建的交互式信息传播的新型在线媒体平台，主要形式有社交网站、即时通信（微信、飞信、QQ 等）、个人空间、博客、微博等（孙晓阳，2016）。社会化媒体的特点决定了基于社会化媒体进行沟通与基于传统媒体和计算机媒体进行沟通在诸多方面都有明显不同（见表 4-9），能够对企业的沟通效果产生巨大影响。Kesavan 等（2013）指出，社会化媒体具有重要的社会影响力，已经成为构建思想和知识圈必不可少的产业。企业如果能够运用社会化媒体进行沟通，就会获得相对传统媒体更大的影响力。

表 4-9　基于传统计算机媒体的沟通与基于社会化媒体的沟通之间的比较

特点	基于传统计算机媒体的沟通	基于社会化媒体的沟通
信息逻辑	以"流程 + 数据"为中心，以满足业务为主，忽略了对人的关注	以人为本、人人互动，多基于用户的实时行为流，让流程和数据为人服务
沟通结构	等级制、直线型沟通	网络化、扁平化沟通

特点	基于传统计算机媒体的沟通	基于社会化媒体的沟通
信息传播方式	基于流程，局部线性传播，多单向流动	基于关系的非线性传播，呈弥漫状双向流动
用户参与程度	组织中局部用户参与、互动程度低	提供"Facebook 式"交互体验，激发更多的人主动贡献和反馈，用户参与程度高
关系可视化	关系及结构可视化程度低	将人们相互交往的模式和结构变得可视化
生动性	生动性较低	视频、图片等分享，生动性高
开放性	封闭的/私有的	开放程度较高
知识管理能力	显性知识和结构化数据传递，知识开发利用程度有限，知识更新缓慢，个性化知识需求难以满足	促进知识分类共享，显著提高隐性知识的传递效率，有效挖掘潜在隐性知识、最佳实践和相关经验，永久的知识沉淀
集成能力	沟通工具单一或者联合使用，集成能力较低	具有强大的集成能力，将多种工具融合到一起
社区化能力	多为分散化个体，社区化能力较低	可以很快形成社区，帮助建立有价值的社会网络，将潜在联系转换为实际存在
非正式组织形成	按照工作流程、角色、职责等形成组织形式，非正式组织不易形成，作用也难以发挥	社交网络促进非正式组织的形成和可视化

资料来源：闵庆飞等（2013）。

四、社会责任议题落实中的社会化沟通

企业落实社会责任议题的核心是参与解决社会问题，这不仅会涉及解决社会问题过程中的众多利益相关方，而且也会引起社会公众的广泛关注，因此开展社会化沟通，积极回应、主动对话、赢得认同、获得支持成为企业落实社会责任议题过程中的重要行动内容。企业在落实社会责任议题过程中，也应当积极推进沟通范式的转变，有效实施社会化沟通模式，具体包括：

一是按照特定议题的社会化沟通程序开展社会化沟通的系统管理。对于任何社会责任议题的落实，企业都应当树立社会化沟通思维，针对议题的社会化沟通开展系统管理，全面涵盖确定社会化沟通议题、明确社会化沟通目标、识别社会化沟通对象、分析沟通对象的特点、制定社会化沟通策略、编制社会化沟通方案、实施社会化沟通方案、评估社会化沟通绩效、社会化沟

通总结改进九个步骤。当然，针对不同社会责任议题的复杂程度和涉及外部主体的关联程度不同，企业可以对九个步骤中的若干步骤进行繁简不一的管理，但无论如何，在思考逻辑上应当全部涵盖九个步骤。需要指出的是，企业亦可以将社会化沟通的九个步骤纳入社会责任议题的整体透明度管理中，例如，编制社会化沟通方案可以作为制定社会责任议题沟通方案的一个组成部分。

二是重视社会责任议题沟通表达的社会化。企业应按照沟通表达社会化的要求，在与社会责任议题的利益相关方和社会公众沟通的过程中，变工作表达为价值表达，变自我导向表达为受众导向表达，变高大上表达为接地气表达，并在表达心态、表达用语和表达形式上符合社会化表达的要求。尤其是，企业在表达用语上应当符合社会责任议题涉及的利益相关方的习惯，并尽可能将议题涉及的专业知识和专业用语转化为社会公众所熟知的语言表达，而在表达形式上则要注重多样化、差异化和形象化。

三是重视社会责任议题沟通渠道的社会化。企业在与社会责任议题的利益相关方和社会公众沟通的过程中，不仅在渠道的设计和选择上应尽可能做到亲民便民、多元创新、参与互动和量身定制，而且在具体沟通载体上应当适应"互联网＋"的发展大趋势，尽可能多地采用微信、微博、社交网站等社会化媒体，同时重视实地体验式的沟通应用。需要指出的是，由于许多社会责任议题涉及专业领域，因此相关的意见领袖对于利益相关方和社会公众的影响非常大，这意味着通过意见领袖开展社会化沟通是一条重要渠道，企业应当合理地加以利用。

第八节　品牌化运作

无论是商业领域的产品经营、服务营销、商业模式打造，还是社会领域的公益活动、公民行动、履责范式建设，企业要实现与其他企业的差异化，增进社会认知与印象，增强社会影响力与带动力，就离不开品牌化运作模式，并以此构建形成具有区分度、认知度、知晓度、美誉度的产品品牌、服务品牌、商业模式品牌或公益品牌、社会责任品牌。作为企业履行社会责任的重要内容，企业落实社会责任议题也应当树立品牌化运作的思维，掌握科学的品牌化运作方法，打造形成被社会广泛认可的社会责任品牌。

一、品牌化运作的含义

"品牌"的英文表达为"Brand"，来源于古斯堪的纳维亚语"Brandr"，意思是"燃烧"，并延伸为"打上烙印"，指的是牲畜所有者用烧红的烙铁在牲口身上烙上印记，用以识别他们的动物。这种用品牌来区别产品辨识度的方法延续了好几个世纪，而到现在，我们的衣食住行各个方面都被各种各样的品牌所包围。尽管如此，目前大家对于"品牌"概念的理解并没有形成统一的认知，不同学者和从业者分别从不同视角对品牌进行了定义，形成了品牌概念界定的符号说、资产说、价值说、综合说、关系说、互动说、承诺说，如表4－10所示。

表4－10　不同学说对品牌概念的理解

学说	定义	代表人物
符号说	品牌是区分标志，用以识别不同的产品或服务供应厂商	Kotler（1991）、Upshaw（1995）、高学敏（2013）
资产说	品牌是自身形象的象征，用以积累无形资产	Biel（1992）
价值说	品牌是为买卖双方所识别，并能够为双方带来价值的东西	舒尔茨（2005）
综合说	品牌是生产、营销与时空的结合	Upshaw（1995）
关系说	品牌是与消费者建立的长久关系	Keller（1998）、Fleming（2000）、侯立松（2010）
互动说	产品形成于生产环节，而品牌形成于流通环节，企业塑造品牌的性格，而消费者决定品牌的命运，品牌属于生产者，但真正的拥有者是消费者	Aaker和魏农建（2007）
承诺说	品牌是承诺、保证和契约	Panke（2003）

资料来源：资雪琴（2014）、胡晓云（2016）。

从品牌设立的最初动机来看，它是一种所有者或生产者行为，仅仅是为了区分所有物，而之后演变成对交易者或消费者的承诺，并在交易过程中与交易者或消费者形成互动，彼此产生情感关系，同时交易者或消费者感受到价值，进而对所有者或生产者形成无形资产。这意味着品牌实际上涵盖了所有者或生产者行为、交易者或消费者行为以及他们之间的互动行为，是一种综合性的整合体。由此可见，符号说、资产说、价值说、综合说、关系说、互动说、承诺说对品牌概念的理念，实际上反映出对品牌不同层次的理解，其关系如图 4 – 39 所示。

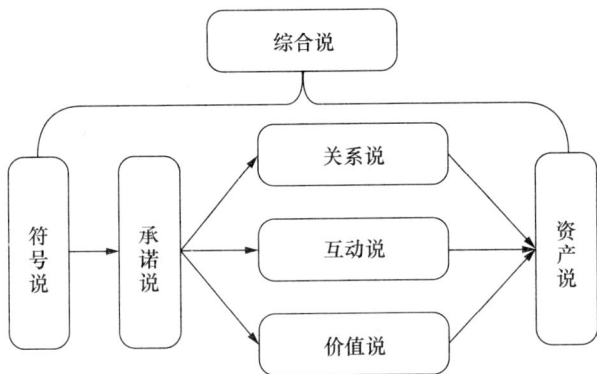

图 4 – 39　对品牌理解的不同学说之间的关系

深入挖掘符号说、资产说、价值说、综合说、关系说、互动说、承诺说之间的关系，可以发现对品牌概念的理解实际上可以从品牌的形成过程来进行认知（见图 4 – 40）。所谓品牌，就是事物（可以是企业、产品、服务或某项行为）在受众心里的烙印；同时，品牌是"品质＋牌子"，事物的主体通过向受众定义品质和传播牌子，而使受众通过交易或参与事物获得所需利益、满足情感需求和实现价值追求，最终在心里形成对事物的烙印。

基于对品牌概念的理解，品牌化（Branding）就可以界定为通过符号化、意义化等方式，为事物进行价值赋予或价值再造的过程（胡晓云，2016）。而品牌化运作，则是指对品牌化过程进行策划、实施、监测、评估、改进的系统性管理。品牌化运作不仅普遍运用于商业领域，如许多知名的企业都对其产品或服务进行了品牌化运作，在各个行业形成了众多广为人知的产品品牌、服务品牌甚至企业品牌，而且越来越多地在社会领域得到应用，如许多非政府组织或非营利组织都开展了品牌化运作，造就了环保组织绿色和平、WWF、RED、壹基金等国内外知名的组织品牌，同时众多社会性项目也实施了品牌

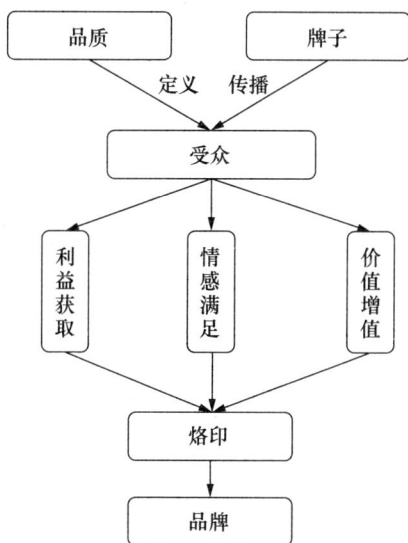

图 4 - 40 从过程视角对品牌的理解

化运作，形成了希望工程、母亲水窖等公众耳熟能详的公益品牌项目。品牌化运作之所以会受到商业性组织和社会性机构的高度青睐，特别是在当前"互联网＋"的背景下，品牌化运作几乎成为一种普适方法，其背后深层次的原因在于受众对符合化、意义化事物的认知习惯，而认知习惯一旦锁定，往往很难被颠覆，其他替代性事物就可能像资深媒体人和传播专家罗振宇在2016~2017年的跨年演讲中所说的，要么交越来越贵的"认知税"，要么打越来越残酷的"认知战"。

二、社会领域品牌化运作的方法

品牌化运作在商业领域的应用已经相当成熟，目前对于品牌化运作模式的讨论也主要集中于商业领域，对社会领域的品牌化运作涉猎较少，但商业领域的品牌化运作思路和方法能够为社会领域提供经验与借鉴。一方面，商业领域客户对品牌的心理建构过程和消费行为能够为研究利益相关方对社会领域品牌的感知和反应提供借鉴。例如，黄合水（2004）以记忆研究中的激活扩散理论为基础，提出品牌资产的形成和作用机制（见图 4 - 41），为社会领域品牌建设和品牌管理提供了方向和可能。另一方面，商业领域各种品牌管理理论模型与实践范式能够为社会领域品牌化运作的理论建构和实践指导提供借鉴。例如，苏晓东等（2002）提出的"720°品牌管理"模式，指出品牌管理应涵盖包含有战略→员工→团队→效率的内360°企业行为圈和包含有产品→客户→渠道→效益的外360°企业行为圈，涉及品牌驱动力、品牌核心价值、品牌战略、品牌管理平台、品牌识别系统、品牌推广、品牌监测七个步骤（见图4-42），为社会领域品牌建设和品牌管理的实施提供了路径借鉴。

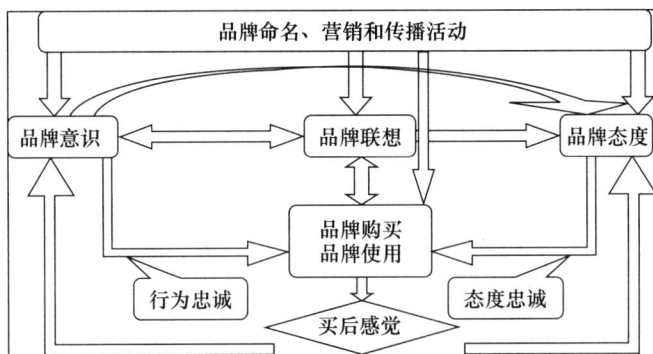

图4-41　品牌资产的形成和作用机制

资料来源：黄合水（2004）。

从社会领域来看，其品牌化运作的思路既可以借鉴商业领域品牌化运作的一般范式与步骤，又要考虑社会领域品牌化运作的特殊性。实际上，社会领域的品牌化运作与商业领域的品牌建设与管理主要区别在于去竞争化、去资产化、去商业化。去竞争化指的是社会领域的品牌化运作目的不是与其他机构或品牌进行竞争，不是为了胜过其他机构或品牌；去资产化指的是社会领域的品牌化运作不是将品牌作为资产进行运营，其目的也不是增加机构的无形资产；去商业化指的是社会领域的品牌化运作虽然也开展品牌的传播性活动，但不进行商业性广告活动，同时运作的目的不是通过增加附加值而获取更多的商业利益。进一步来看，社会领域的品牌化运作目的是增强机构或事物（如公益活动）的认知度和知名度，增进利益相关方对机构或事物的更高认可、认同，提升机构或事物的影响力和带动力，促进利益相关方和社会主体共同参与到相应的社会事务中，为增进公共利益做出贡献。

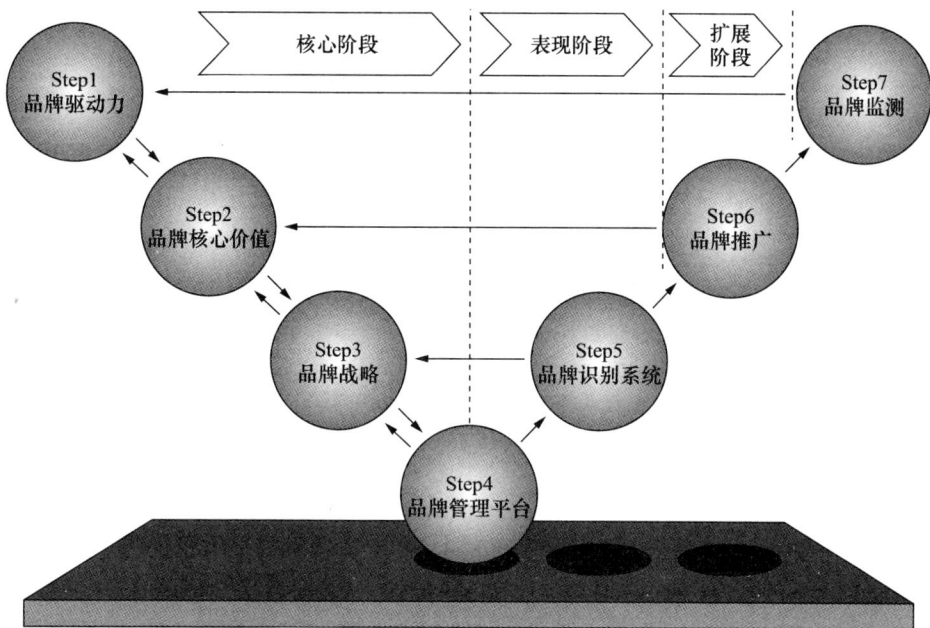

图4－42 720°品牌管理的实施步骤

资料来源：苏晓东等（2002）。

在借鉴商业领域品牌建设与品牌管理一般步骤以及考虑社会领域品牌化运作特殊性的基础上，可以将社会领域的品牌化运作分为四个阶段十个步骤，如图4－43所示。

第一阶段即品牌认知阶段，也就是对机构或事物的品牌属性进行调查、研究、描述和刻画，以便对品牌的物理属性、功能属性、情感属性、价值属性形成全面认识。品牌认知阶段包括品牌调研、品牌定位和品牌主张三个步骤。品牌调研是品牌化运作的起点，要对社会领域的任何机构或事物（活动）进行品牌化运作，首先需要对类似机构或事物（活动）的知名品牌进行调查研究，掌握其品牌属性，以便对本机构或事物的品牌进行差异化定位。例如，要对一项公益众筹活动进行品牌化运作，首先需要对目前知名的公益众筹品牌进行调查研究，摸清它们的基本情况，这样才能对本公益众筹活动进行差异化的品牌定位。品牌定位就是让社会领域机构或事物的品牌在利益相关方和社会公众的心智中实现区隔，占据一定心理空间或心智资源。成功的品牌定位应当能够较好地反映出差异化定位，使机构或事物的品牌在利益相关方

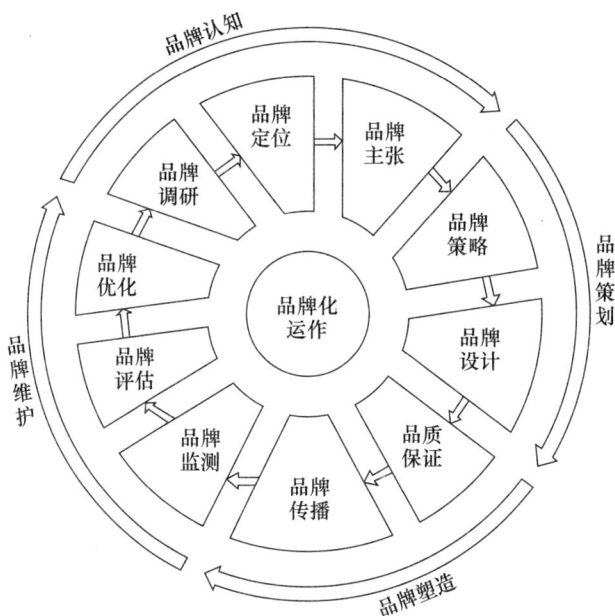

图 4 - 43　社会领域品牌化运作的完整步骤

和社会公众的心目中占据最有利的位置，成为利益相关方和社会公众思考时的第一联想品牌，也成为他们参与类似社会事务的首选品牌。例如，国际红十字会的品牌定位就是一家人道主义机构，是落实国际人道法规则的监督者。当有志愿者参与战争或灾难地区的人道援助时，首先联想和选择的就是国际红十字会的品牌。品牌主张是对品牌定位的具体体现，它向利益相关方和社会公众传达机构或事物的核心理念和价值观。品牌主张综合反映出机构或事物的功能价值、情感价值和道德追求，是利益相关方和社会公众认识品牌、认可品牌和认同品牌的重要通道。品牌主张必须基于事实存在，言简意赅，具有个性化，通常可以采取功能主张、情感主张和理念主张的方式进行刻画。例如，"母亲水窖"项目的品牌主张就是"点滴汇聚，润泽万家"。

　　第二阶段即品牌策划阶段，也就是对社会领域的机构或事物的品牌展示进行构想、构架和设计，形成品牌的深层表达，以便利益相关方和社会公众能够容易地识别和记住机构或事物的品牌。品牌策划阶段包括品牌策略和品牌设计两个步骤。品牌策略是在品牌定位和品牌主张的基础上，对机构或事物采取何种品牌设立模式进行决策和选择，最终确定适合机构或事物的品牌设立方式。通常来看，按照品牌新设程度、新品牌与原有品牌之间的关系，社会领域的机构或事物的品牌设立模式可以分为四类（见图4-44）：统一品牌策略、主副品牌策略、背书品牌策略和全新品牌策略。统一品牌策略意味着机构参与的所有社会事务或活动均使用同一个品牌，例如，中国石化在开展志愿者服务活动时，均采用"爱心加油站"志愿服务品牌。主副品牌策略意味着突出主品牌（往往是机构品牌），副品牌处于从属地位，例如，"壹基金·蓝色行动"、"壹基金联合救灾"等品牌都是壹基金的副品牌，主品牌则是壹基金。背书品牌策略意味着机构原有的品牌与新品牌之间是母品牌与子品牌的关系，并分为显性背书品牌和隐性背书品牌，例如，"海航光明行"、"海航少年行"、"海航社会创新创投"等品牌都是以"海航公益"为背书，都是"海航公益"的子品牌。全新品牌策略意味着机构对参与的特定社会事务或活动设立一个全新的品牌，与机构已有的品牌没有直接关联，例如，1999年由共青团中央、中国青基会联合国家有关部委在共同发起保护母亲河大型环保公益项目时，就设立了"保护母亲河行动"的全新品牌，与中国青基会已经设立的"希望工程"品牌没有任何关联。品牌设计是根据确定的品牌策略，对社会领域的机构或事物的品牌命名、品牌标识、品牌口号等进行设计，以便利益相关方和社会公众形成对机构或事物的品牌识别。成功的品牌设计应当能够准确表达价值主张，体现品牌定位，容易让利益相关方和社会公众产生对品牌的记忆和联想，进而对品牌形成认知与认同。

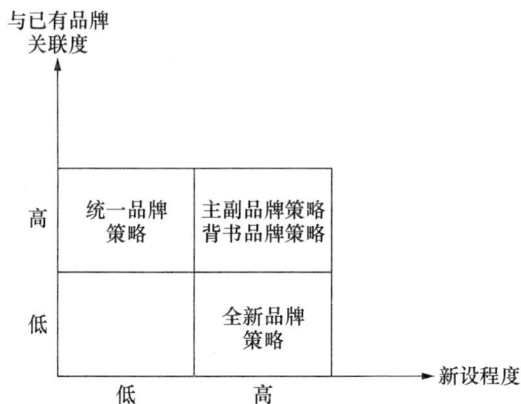

图4-44 社会领域的机构或事物的品牌设立模式

第三阶段即品牌塑造阶段，也就是对社会领域的机构或事物的品牌进行实质性的建设行动，以便打造形成利益相关方和社会公众真正知晓、高度认可、广泛认同的品牌。品牌塑造阶段包括品质保证和品牌传播两个阶段。品质保证是品牌塑造的基础，社会领域的机构或事物只有具备符合社会规范、符合社会价值取向的行为品质，才可能塑造出被利益相关方和社会公众认同的品牌。这意味着机构或事物需要按照先前确定的品牌定位、品牌主张和品牌口号，在行为方式、行为特征和行为效果中全面体现出相应的物理属性、功能属性、情感属性、价值属性。品牌传播是在品质保证的基础上，对设计的品牌命名、品牌标识、品牌口号、品牌属性等进行对外宣传、展示和沟通，以便赢得利益相关方和社会公众的好感与认同。社会领域的机构或事物一般不进行商业化的广告宣传，重点在于对外的形象展示和在沟通中进行传播。特别需要注意的是，社会领域的机构或事物品牌传播也不是越多越好，过度的、不科学的传播不仅不能提升品牌的影响力，还会招致社会公众的反感，破坏机构或事物的品牌形象。

第四阶段即品牌维护阶段，也就是对已经塑造起来的机构或事物品牌进行形象维护，保持品牌在利益相关方和社会公众中的知晓度、认知度和影响力。尤其是在发生未曾预测的环境变化或突发事件而对品牌造成损害时，品牌维护更是至关重要。例如，中国红十字会在"郭美美"事件发生后，品牌形象和品牌声誉受到严重损害，中国红十字会就此开展了相应的品牌维护工作。品牌维护阶段包括品牌监测、品牌评估和品牌优化三个步骤。品牌监测是就利益相关方和社会公众对机构或事物品牌的知晓度、认知度和美誉度以及品牌的影响力进行监测，同时对品牌建设的外部环境变化进行监测，以为品牌打造与品牌传播的及时调整提供依据。品牌评估是根据品牌监测结果，评估机构或事物品牌是否面临风险，是否要对品牌建设的相关策略和行动进行调整优化。品牌优化则是对品牌评估结果进行具体落实，实现对机构或事物品牌的持续优化和逐步改进，不断提升品牌在利益相关方和社会公众中的知晓度、认知度和影响力。

三、责任品牌的建设路径

无论是商业领域还是社会领域的机构或事物，成功的品牌必然都是对社会负责任的品牌，社会责任缺失的品牌终究会遭到利益相关方和社会公众的唾弃，因此打造责任品牌成为商业领域和社会领域开展品牌化运作的重要内容。所谓责任品牌，就是对社会负责任的品牌，它拥有最大限度增进社会福利、最大程度创造综合价值的品质和行为，并赢得利益相关方和社会公众的利益认同、情感认同和价值认同。责任品牌既可以是一个商业性企业或社会机构的品牌，也可以是一个产品、一种服务、一项社会性事物或活动，前者如 2013 年爱尔兰社区商业组织（BITCI）宣布 CRH 爱尔兰、英特尔、微软、德勤等为责任品牌，后者如众多的公益项目品牌。

对于企业来说，责任品牌的建设有两种情境和两种路径（见图 4－45）：已经拥有品牌，采取品牌责任化；已经或将要开展社会责任实践，采取责任品牌化。品牌责任化实际上就是企业将社会责任的理念和要求融入整个品牌建设中，在企业行为、产品生产、服务提供等各领域融入社会责任，保证负责任的印象；同时，在品牌传播中融入社会责任要素，重点传播品牌的责任理念、责任追求、责任行动、责任效果，让利益相关方和社会公众对品牌形成负责任的印象。责任品牌化实际上就是企业针对社会责任实践开展品牌化运作，按照品牌调研、品牌定位、品牌主张、品牌策略、品牌设计、品质保证、品牌传播、品牌监测、品牌评估和品牌优化的完整步骤打造社会责任实践品牌。

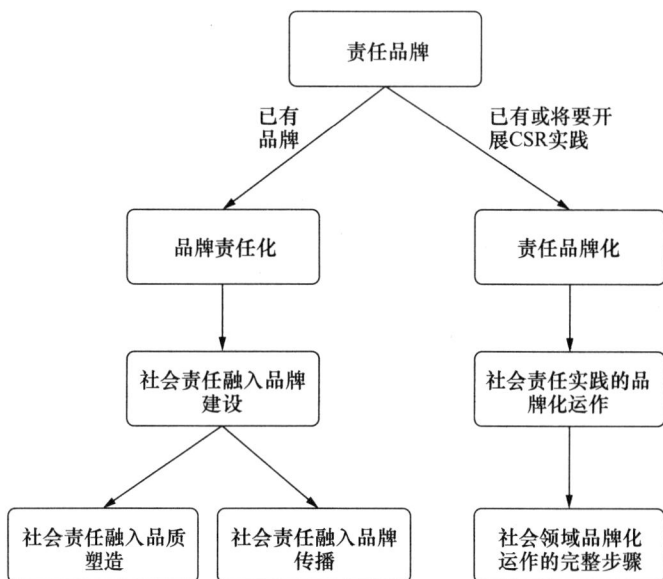

图 4－45 企业建设责任品牌的两条路径

无论是品牌责任化还是责任品牌化，企业打造责任品牌都可以认为是社会责任管理与品牌建设的融合。由此，企业打造责任品牌的重点可以考虑四个方面：一是推动社会责任融入品牌传播。通过发挥"发现价值、传播价值、提升价值"的功能，丰富品牌传播内容，优化品牌传播方式，变业绩表达为价值表达，变自我宣传为社会沟通，变单一视角为多元视角。二是推动社会责任融入品牌维护。深度论证企业重大决策是"价值创造规律使然"，而不是"企业偏好选择结果"，是最大限度地为社会创造综合价值的必然选择，能够从根本上防止出现颠覆性的社会舆论危机；通过推动企业重大决策统筹考虑社会期望和利益相关方诉求，能够显著减少各种"发热点"和"出血点"，最大限度地避免出现不利舆情，控制好社会和环境风险。三是责任活动品牌化。系统梳理企业社会责任实践的亮点领域、特色做法和重大活动，对其进行规范化，将其固化成为长期的、系列的活动，并进行推广以扩大责任活动的覆盖范围和影响力。在企业责任品牌下对这些责任活动品牌化，并全面进行宣传推广。四是品牌活动责任化。系统梳理企业业务，深挖品牌业务活动及潜在品牌业务活动的价值和责任内涵，运用社会责任的理念审视和思考企业品牌活动，改进和规范业务流程，使企业向社会提供产品和服务的过程更好地满足利益相关方需求、展现责任内涵，使现有的品牌业务活动成为企业履行社会责任的重要途径。例如，国网浙江诸暨供电公司在特高压项目建设过程中，就将社会责任根植到特高压品牌建设中，打造形成特高压责任品牌（见图4-46）。其基本做法就是将对利益相关方和经济社会环境负责任的理念与做法以及公开透明的公众沟通融入特高压立项审批、规划设计、政策处理、施工建设和运行维护的全生命周期，从品质上保证特高压的可靠可信赖和综合价值最大化，形成利益相关方对特高压品牌的情感与价值认同。

四、社会责任议题落实中的品牌化运作

企业落实社会责任议题是企业开展社会责任实践的核心内容，社会责任实践品牌化意味着企业社会责任议题落实过程中也可以和应当开展品牌化运作，尤其是那些对企业运营具有重要影响、能创造积极社会价值、需要更多外部参与并且需要持续开展的社会责任议题，更是应当考虑采用品牌化运作方法。企业在落实社会责任议题过程中开展品牌化运作需要重点注意以下几个方面：

根植目标 - | 优化电网工程建设环境 |

根植任务 - - - - - - - - - - - - - - | 特高压责任品牌 | **＝** | 负责任的（品质＋牌子） |

根植内容 - - - - - - - - | 利益相关方管理 | | 环境与社会管理 | | 公众沟通管理 | | 社会表达 |

根植载体 - - - - - | 立项审批 | | 规划设计 | | 政策处理 | | 施工建设 | | 运行维护 |

根植步骤 - - - - | 利益相关方识别与分析 | | 责任根植思路 | | 责任根植行动方案与实施 | | 责任根植绩效评估 |

品质塑造十三项举措		品牌传播九项举措

品质塑造十三项举措：

项目社会与环境影响评估	执行公众参与程序
环境友好社会和谐性设计	利益相关方参与融入规划设计
依法合规开展政策处理	诚意沟通征拆事项
开放运营消除公众质疑	施工人员安全健康管理
大件设备运输风险排查	施工中的公众信访与应对
与周边基础设施共享	做好土地复垦与环境管理
竣工阶段的信息公开与公众沟通	

品牌传播九项举措：

挖掘传播项目正向价值	为项目争取外部支持
发布服务诸暨白皮书	特高压微信互动
与村民开展篮球外交	特高压品牌进校园
特高压徒步采风	特高压报告文学
特高压展厅	

| 工程品质 | ⇨ | 责任品质 |

| 品牌认知 | ⇨ | 品牌认同 |

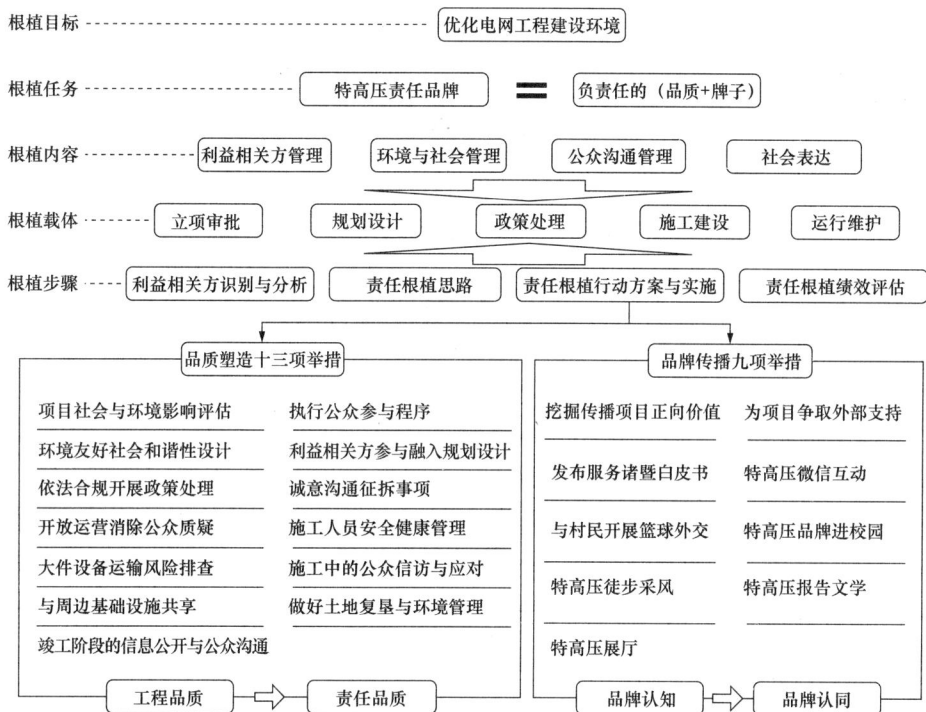

图 4 - 46　国网浙江诸暨供电公司通过社会责任根植打造特高压责任品牌

资料来源：国网浙江诸暨供电公司 2015 年社会责任根植项目《全过程品牌建设优化特高压工程建设环境》总结报告。

　　一是提前策划和部署社会责任议题的品牌化运作。企业在落实社会责任议题的初始阶段，就应当确定是否针对议题开展品牌化运作，而一旦确定需要，就应当将品牌化运作纳入社会责任议题实施的整体策划，在社会责任议题实施方案中应当涵盖品牌化运作的策划。否则，品牌化运作就会相对被动，品牌化运作与社会责任议题的实施也可能出现相互脱节，难以达到预期的目标和效果。

　　二是合理确定社会责任议题的品牌定位和品牌策略。品牌定位和品牌策略对于企业社会责任议题的品牌化运作至关重要。企业应根据社会责任议题的属性和企业希望打造什么样的社会责任议题项目品质，科学确定社会责任议题项目的差异化定位。在此基础上，企业需要根据整体的社会责任战略、品牌战略以及特定社会责任议题与已有社会责任品牌之间的关系，确定出针对该议题是采取统一品牌策略、主副品牌策略、背书品牌策略还是全新品牌策略。

三是合理确定社会责任议题的品牌命名和品牌标识。品牌命名对于利益相关方和社会公众对社会责任议题项目的认知与认同非常重要。企业应当根据社会责任议题项目的属性和定位，为议题策划出一个能够反映其最根本理念与品质内涵、易于被记忆和传播的名字。品牌命名的关键是要简洁、辨识度高、有特色并融入社会责任理念。在此基础上，企业应当围绕品牌名字设计品牌的LOGO，在该议题实施的各类宣传品如网站、宣传手册、展板、活动用的各类服装道具中充分展现，提高利益相关方和社会公众对该品牌的认知度。

四是打造社会责任议题项目的负责任品质。品质是建设高品位、好声誉的社会责任议题项目品牌的基础。虽然企业落实社会责任议题本身就是履行社会责任行为，就是在对社会负责任，但社会责任议题落实理念、方式和方法不同，将决定社会责任议题项目的品质。现实中，一些企业在落实社会责任议题过程中往往因为方法不当或行为失范，反而造成社会对其的负面评价。因此，企业应当按照议题的品牌定位，切实将社会责任议题打造成一个精品项目、精品实践，以便为品牌传播奠定基础。

五是开展适度与创新性的社会责任议题品牌传播。企业对于社会责任议题的品牌传播一方面需要保持适度，不能过度宣传；另一方面应当符合社会责任议题的特点，考虑社会责任议题的受众特点，创新品牌传播模式。社会责任议题的品牌传播最好能够贯穿于议题开展的全过程，保证内容客观、全面、真实，与利益相关方和社会公众的利益、情感与价值观关联起来，用看得懂的、有趣的方式进行传播，提高传播的可信度，提高互动性和增加现场体验。

第五章 企业社会责任议题管理的典型误区

从理论上来说，规范的企业社会责任议题管理能够有效推动企业走上合意的社会责任实践之路，可以很大程度上增进企业的综合价值创造能力与水平，但现实是，企业社会责任实践与企业社会责任议题管理中充斥着诸多的误区与陷阱，对企业落实社会责任议题的绩效乃至企业履行社会责任的绩效形成严重干扰和影响。企业要成功开展社会责任议题管理，需要清醒认识并有效避免现实中出现的各种认知误区和行为误区，确保社会责任议题管理在理念、方法、行动、机制和评价等方面的科学合理性，保证企业落实社会责任议题，真正做到对社会负责任。

第一节 认知误区

正确的认知是企业开展社会责任议题管理的前提，而错误的认知则会导致企业落实社会责任议题的动力缺失与方向迷失。现实中，人们对于企业社会责任和企业社会责任议题存在诸多模糊、偏颇甚至错误的认知，不仅直接影响企业落实社会责任议题的动力与方向，而且导致企业社会责任议题管理出现操作性的偏离与失范。

一、企业社会责任内容的认知误区

对企业社会责任内容的错误认知将会直接导致企业社会责任议题管理的无所适从和起点错误。反观现实，社会上对企业社会责任内容的认知存在诸多误区，典型的包括唯有赚钱论、纯粹慈善论、无私奉献论、泛化箩筐论、特定议题论和单纯报告论。

1. 唯有赚钱论

唯有赚钱论的核心观点就是"企业的唯一社会责任就是赚钱"。这一观点长期在社会上存在，不仅被一些有影响力的经济学家所坚持，而且为许多企业界人士所认同。从前者来看，诺贝尔经济学奖得主、美国著名经济学家密尔顿·弗里德曼（Friedman）终其一生都在坚持这一观点，他于 1962 年在著作《资本主义和自由》、1970 年在《纽约时报杂志》上撰文都明确提出，"企业唯一的且仅有的社会责任——只要遵守游戏规则，企业就可以使用其资源，并从事那些以提高利润为目的的活动，也就是，没有欺诈或作假地参与到开放自由的竞争中"①②。1988 年他在接受《商业与社会评论》时仍然强调，"确实存在实实在在的社会责任，那就是在遵守法律和适当的道德标准的前提下，尽可能地挣更多的钱。他们的社会责任就是在那些约束下，尽可能挣钱，因为这样会最好地服务消费者"③。2005 年他在与全麦食品公司创始人和 CEO 约翰·马凯的争论中，通过《还慈善事业一个清白》一文进一步解释了他所坚持的"企业的社会责任就是赚取利润"④。与弗里德曼持类似观点的 Levitt（1958）认为，企业最终只需要承担两种责任，即诚实和赚钱。国内一些学者（如许小年）也在不同场合多次力挺"弗里德曼名言"，强调企业最大的社会责任就是合法地为股东赚钱。从后者来看，不少企业家都认为，企业的社会责任就是做好企业的本分，而赚取利润就是这一本分。例如，美国柏树半导体公司创始人 T. J. 罗杰在 2005 年就提出"利润第一"的观点。

唯有赚钱论本质上是以肯定企业社会责任概念为名，行否定企业社会责任概念之实（李伟阳，2012）。唯有赚钱论的主要理论基础是新古典经济学，它强调在完全自由的市场经济中，企业对利润最大化的追求会自动带来社会福利的最大化，由此也就推论出企业促进社会福利最大化即负责任的行为就是利润最大化。显然，新古典经济学的这一假设与现实明显不符，其背后的狭义"经济人"假设、"人与人全部和唯一的关系是市场交换关系"假设、"个人、企业与社会的价值标准完全一致"假设、"个人、企业与社会的关系是完全无差别、被动和不可变动的"假设以及"企业是有自生能力的"假设（李伟阳、肖红军，2009），都严重背离现实世界。因此，唯有赚钱论看似无可厚非的逻辑推理在现实中根本无法成立，其结论也就难以立足。当然，唯

---

① Friedman M. , Capitalism and Freedom［M］. Chicago：University of Chicago Press，1962.

② Friedman M. The Social Responsibility of Business is to Increase Its Profits［J］. The New York Times Magazine，1970（13）. 转引自李伟阳，肖红军，郑若娟. 企业社会责任经典文献导读［M］. 北京：经济管理出版社，2011.

③ 转引自沈洪涛，沈艺峰. 公司社会责任思想起源与演变［M］. 上海：世纪出版集团、上海人民出版社，2007.

④ 密尔顿·弗里德曼. 还慈善事业一个清白［J］. 中国企业家，2007（5）.

有赚钱论的其他理由如 Manne（1972）指出的管理者缺乏承担社会责任的能力、管理者是股东的受托人、行业竞争导致社会责任缺乏可行性等均被后来的相关理论挑战甚至否定。唯有赚钱论会导致企业无暇顾及也缺乏动力去考虑参与解决社会问题，更谈不上企业开展有效的社会责任议题管理。

2. 纯粹慈善论

纯粹慈善论将企业社会责任看作是"单纯的支持慈善公益事业"，认为企业履行社会责任就是要开展慈善公益活动，或者说，企业社会责任的全部内容就是支持慈善公益事业。从具体表现来看，纯粹慈善论往往将企业社会责任异化为慈善公益的各种具体形式，如公益捐赠、志愿服务、扶贫济困等。纯粹慈善论的出现与盛行很大程度上是由于企业社会责任的思想与理念发端于商人的社会责任，而最早时期商人的社会责任集中表现为捐建教堂、捐助学校等慈善事业，这使得早期人们往往都或明或隐地将企业社会责任看作企业家或企业在纯粹道德良知的驱动下支持公益慈善事业。理论上来看，无论是克拉克（Clark，1916）最早提出的企业社会责任思想，还是谢尔顿（Sheldon，1923）正式提出的企业社会责任概念，抑或是鲍恩（1953）的开山之作《商人的社会责任》，以及 20 世纪 30～50 年代伯利（Berle）和多德（Dodd）之间关于公司受托人的争论，核心思想都是企业应自愿履行慈善责任。从实践中来看，无论是重商时代的商人为社区提供公共服务，还是资本主义早期出现的欧文"和谐村"、洛厄尔公司城镇、普尔曼的家长式仁慈①，以及 20 世纪 50 年代开企业慈善先河的 A. P. Smith 制造公司向普林斯顿大学捐赠的判例，都有将企业社会责任看作支持慈善事业的明显痕迹。早期企业社会责任的"慈善公益"观点影响十分深远，时至今日仍然在许多人的脑海里形成固化。虽然许多企业有意识或无意识地强调企业社会责任不仅仅是支持公益事业，但他们一谈到社会责任时，所展示的或表达的却全部是企业的慈善公益行为，难免有依然抱有纯粹慈善论之嫌。

事实上，无论是后来对企业社会责任理论认识的进一步深化，还是现代企业社会责任实践的不断发展，企业社会责任不仅仅局限于慈善公益已经被广泛认可。理论上，社会责任国际标准 ISO26000 对社会责任的界定、卡罗尔（Carroll）的金字塔模型、埃尔金顿（Elkington）的三重底线模型等都从理论

---

① 沈洪涛，沈艺峰. 公司社会责任思想起源与演变［M］. 上海：世纪出版集团，上海人民出版社，2007.

上阐明，慈善公益是企业社会责任的内容之一，但仅仅是非常有限的一部分。实践中，企业社会责任内容的确定需要考虑具体企业的实际，慈善公益在一些性质的企业并不一定是合适的社会责任内容。例如，对于公共政策性国有企业来说，其核心社会功能是提供可靠可信赖的公共产品和服务，即以安全、高效、绿色、和谐、透明的方式保障公共产品和服务的可持续供应，完成国家赋予的具体政策目标。由于这一类企业的全部投入和精力都应致力于可靠可信赖的公共产品和服务提供，因此对于与公共产品和服务提供没有关联的普遍性社会问题（包括慈善公益）原则上不宜以企业主体参与解决。纯粹慈善论一方面可能发出错误的资源配置信号，引导企业将资源投向其不擅长的业务和领域，损害其社会价值创造能力，甚而导致"向企业乱摊派"的回潮（李伟阳，2012）；另一方面容易使企业将落实社会责任议题聚焦和局限于慈善公益，而对其他更宽泛、更重要的社会责任议题则视而不见和漠不关心，导致企业社会责任议题管理误入歧途。

3. 无私奉献论

无私奉献论将企业社会责任看作是不计回报的"给予和牺牲"，认为企业履行社会责任就是"简单的做好人好事和无私奉献"，企业社会责任因此成为泛道德的"无私奉献"和"学雷锋运动"。从具体表现来看，无私奉献论将企业社会责任"美德化"，将其异化为企业的"大公无私"、"乐于助人"、"勇于牺牲"和"不计得失"，现实中则是企业津津乐道于各种见义勇为、无偿服务、无私行善、默默付出和义无反顾地奉献于社会的急难险重，企业在展现社会责任时充满了无私奉献的英雄豪情和自我感动。无私奉献论在社会上之所以经常出现，一方面是社会心理学的利他行为理论、移情理论以及组织行为学的角色外公民行为理论为企业社会责任的无私奉献论提供了一定的理论支持；另一方面则是中国长期倡导的集体主义精神、奉献精神和社会主义美德，让企业自然而然地往上靠，使得社会责任打上"无私奉献"的烙印。

实际上，如果说得温和点，无私奉献论是一种非理性的企业社会责任行为，但如果说得严重点，无私奉献论则是一种对社会不负责任的企业行为。从企业角度来看，无私奉献论将企业社会责任异化为"学雷锋"，不仅会导致企业社会责任成为表面化、形式化的"宣传工程"而无法持续，而且无法引导企业深入思考如何才能充分发挥自身的社会价值创造功能，为可持续发展做出最大的贡献，甚至会出现"好心办坏事"的悲剧，损害自身的社会价值创造能力（李伟阳，2012）。尤其是对国有企业，无私奉献论具有更大的争议性，国有企业对特定利益相关方或群体的无私奉献难免有拿全民所有财富显己之慷慨的嫌疑，严重时更是存有"利益输送"之忧虑。从社会角度来看，无私奉献论意味着企业将社会道德标准提高到"雷锋"层次，但社会上却只可能有少数人和少数企业成为道德楷模，不可能所有人和所有企业都成为"雷锋"。无私奉献的道德标准和履行社会责任标准，将会使得众多企业对履行社会责任望而却步，其结果必然是"做好事"的企业更少，"做好事"变得不可持续，对全社会来说反而造成损害。不管从企业视角还是社会视角，无私奉献论都会对企业落实社会责任议题造成方向性的偏离，也会对企业落实社会责任议题的可持续性造成侵蚀。

4. 泛化箩筐论

泛化箩筐论将企业社会责任看作是一个无所不包、无所不含的"大箩筐"，是一把包罗万象的"巨伞"，它本质是对企业社会责任概念与内容的泛化，也是对企业社会责任边界的模糊化。从具体表现来看，泛化箩筐论将一切社会性议题和一切与企业有关的活动都看作是企业社会责任的内容，如将企业纯粹商业性行为、纯粹内部管理行为、纯粹财务性话题都列为企业社会责任的内容。现实中，泛化箩筐论在许多企业社会责任的评价体系和企业社会责任报告中体现最为明显。目前，许多企业社会责任评价体系指标泛滥，将诸如纯粹市场绩效、纯粹财务绩效和众多与企业无关联的指标都纳入其中，让人难以分辨到底企业社会责任是什么；同样，在许多企业的社会责任报告中，众多企业都将内部管理、内部工作当作社会责任报告内容，让人无法知晓企业哪些活动不是社会责任内容。泛化箩筐论之所以频频出现，一方面是源于对卡罗尔金字塔模型、埃尔金顿三重底线模型、美国经济发展委员会同心圆模型等社会责任模型中的"经济责任"理解泛化；另一方面是企业在实践中倾向于戴"社会责任"的帽子，愿意将企业所有的行为和活动都说成或看作企业对社会做出的贡献和履行对社会的责任。

显然，泛化箩筐论将企业社会责任变成五味俱全的"大杂烩"，严重削弱了企业社会责任的正当性与合法性，背离了企业社会责任概念提出的初衷，造成社会对企业社会责任认知的困惑与混淆。泛化箩筐论容易导致企业履行社会责任的三种不良现象：一是企业对履行社会责任感到无所适从，因为什么都是企业社会责任的内容，那么企业反而不知从何着手，反而不知道该做哪些和不该做哪些，其结果必然是越来越多的企业会放弃"社会责任"；二是企业容易夸大自身对社会做出的贡献，有选择性地将企业已经在从事的纯粹商业性行为和内部工作作为企业履行社会责任的实践，缺乏动力和投入去开展真实的企业社会责任议题，其结果必然是企业的行为方式依然在"原地打转"；三是企业社会责任评价指标的泛化对企业履行社会责任形成模糊甚至错误导向，对社会公众的认知也造成误导，尤其是一些基于泛化箩筐论的企业社会责任评价排名或评奖导致企业社会责任的激励约束机制出现严重偏离。进一步来看，泛化箩筐论一方面会严重影响企业落实社会责任议题的积极性，另一方面也容易导致企业在社会责任议题选择上的困惑与困难。

5. 特定议题论

特定议题论将企业社会责任简单地认为是某一项或某几项具体的议题，而企业履行社会责任的全部内容就是落实这些少数的特定议题。特定议题论本质上是对企业社会责任理解的"狭隘化"，更是对企业社会责任内容边界的"窄化"。从具体表现来看，特定议题论者分成三类：第一类是明确或隐含地主张企业社会责任就是某个或几个社会性议题，如纯粹慈善论本质上也是特定议题论的一种，其他的有将企业社会责任等同于环境保护，有将企业社会责任等同于 HSE（Health、Safety、Environment）管理体系等；第二类是明确或隐含地提出企业社会责任就是回应特定利益相关方关注的议题，如很多企业在谈到社会责任时都将其等同于对客户的优质服务议题；第三类是学者在进行企业社会责任实证研究时，用少数议题作为企业社会责任的衡量指标，如企业社会责任评价的"企业慈善法"和"TRI 法"（Brown 和 Fryxell，1995）。特定议题论之所以存在与流行，主要有三个方面的原因：一是知识的惰性与移植性，即许多人或企业在对企业社会责任这一新概念进行接受时，并没有进行新知识的学习和吸收，而是将自身在某些议题上熟悉的知识移植到这一新概念上，形成简单的映射关系；二是从特殊到一般的简单套用，即许多企业简单地从自身已有实践出发，将自身关注的少数议题作为企业社会责任的一般性和全部内容；三是简单实用主义的结果，即少数学者基于衡量的简单以及数据的可获取，采取所谓的"实用主义"态度，选取相对容易获得的议题作为企业社会责任衡量指标。

特定议题论犯了明显的"以偏概全"错误，陷入"盲人摸象"的陷阱，也有对企业社会责任理解的"断章取义"之嫌。实际上，企业社会责任内容非常丰富，绝不是个别或少数几个议题就能完全代表，否则就会造成企业社会责任在现实中的逐渐衰退。特定议题论会给企业社会责任实践与研究带来三个方面的问题：一是容易导致"一叶障目，不见泰山"。企业对履行社会责任往往倾向于所认知的个别或少数几个议题，对于其他更多议题甚至更为重要的议题视而不见，不仅导致履行社会责任的"避重就轻"，而且可能引发企业履行社会责任的"形式主义"。二是容易导致"社会责任不能真正对社会负责任"。特定议题论者置身于个别或少数几个议题理解社会责任，无法看到社会责任的整体性要求，尤其是不能理解企业实践社会责任对企业行为方式的新要求，因而在个别或少数几个议题上的实践也依然遵循传统方法，无法真正做到对社会负责任。三是容易导致研究结论的错误。特定议题论的学者对个别或少数几个议题进行企业社会责任实证研究，并将其推广为企业社会责任的一般结论，其结果必然是难以保证结论的可靠性和可信性，很多情况下可能会出现错误。特定议题论导致的这三个方面，均可能对企业开展社会责任议题管理带来消极影响。

6. 单纯报告论

单纯报告论将企业社会责任简单地认为就是"编制和发布社会责任报告"，或者把"编制和发布社会责任报告"作为企业履行社会责任的核心，其拓展形式则是将企业社会责任异化为"企业工作和业绩的社会表达"（李伟阳，2012）。从具体表现来看，单纯报告论在现实中主要有两类明显倾向：一类是将编制和发布社会责任报告等同于落实社会责任的主要甚至全部工作。不少企业在谈及对社会责任的理解时，往往将重点甚至绝大部分要点都放在自身编制和发布社会责任报告上，而在工作安排上，则很多企业将落实社会责任的绝大部分精力都置于社会责任报告上，甚至一些企业把编制和发布社会责任报告当作每年落实社会责任的唯一事情。另一类是误认为社会责任报告披露了和对外说了的内容就表明企业实际履行了和做了，由此导致很多企业挖空心思"编"社会责任报告，但实际上报告中反映的很多行动与绩效并不是企业真实的东西。单纯报告论之所以在企业中比较普遍，主要有两个方面的原因：一是将企业社会责任与企业社会责任推进相混淆。许多企业对社会责任推进与社会责任没有进行区分，将实践企业社会责任误以为就是企业社会责任推进工作，而目前在许多企业，编制和发布社会责任报告几乎成为社会责任推进工作的主要甚至唯一抓手。而且，目前已经出台的很多企业社会责任制度性文件，对编制和发布社会责任报告做出的要求是最为明确和最多的。二是外部机构对企业社会责任评价的主要信息获取均来自于企业社会责任报告，因此只要社会责任报告披露的"指标绩效好"，那么企业的社会责任评价结果就会相应地"变好"，这促使很多企业将绝大部分时间和精力都置于社会责任报告的编制上，造成编制和发布社会责任报告与实践企业社会责任等同的印记。

单纯报告论对企业社会责任的理解严重"简单化"和"表面化"，陷入"落实行动"与"总结表达"本末倒置的陷阱。客观讲，编制和发布社会责任报告对于展示企业履行社会责任的理念、行动与绩效固然重要，也是企业开展社会责任信息披露、增进企业透明度的重要载体，但实践企业社会责任更重要的在于"落实行动"，远远不能停留于编制和发布社会责任报告的"总结表达"，而且后者必须以前者为基础。单纯报告论对于企业实践社会责任容易造成两个方面的负面影响：一是容易导致"重说轻做"。单纯报告论会使企业将时间和精力都花在编制社会责任报告上，把"对企业工作和业绩的社会表达"作为重点，而忽视落实社会责任的具体行动。二是容易导致"报喜不报忧"和"瞎编造假"。单纯报告论使企业误以为"说得好"就是"真的做得好"，或者利益相关方和社会公众就相信"做得好"，其结果是企业在社会责任报告中"报喜不报忧"，平衡性较差。更有甚者，一些企业夸大其词，胡编乱造，将企业并未真实落实行动的内容也"编"进去，误导利益相关方和社会公众，形成虚假传播。进一步来看，单纯报告论容易导致企业缺乏真实落实社会责任议题的意愿和行动，甚至可能诱发企业在社会责任议题披露上的瞎编乱造。

二、企业社会责任性质的认知误区

对企业社会责任性质的错误认知将会严重影响企业落实社会责任议题的意愿和行动。现实中，社会上对企业社会责任性质的认知充斥着各种误解，典型的包括新瓶旧酒论、新办社会论、非黑即白论、高大上品论、最低要求论、万能工具论、额外负担论和形象包装论。

1. 新瓶旧酒论

新瓶旧酒论认为企业社会责任只不过是从西方舶来的新概念，其所包含和强调的内容并没有什么新东西，都是企业已经在做的甚至已经做到的，只不过原来没有冠以企业社会责任之名而已，因此企业社会责任其实就是"新瓶装旧酒"。例如，在国务院国资委 2008 年下发《关于中央企业履行社会责任指导意见》之后，很多中央企业就认为，文件中所要求的"坚持依法经营诚实守信"、"不断提高持续盈利能力"、"切实提高产品质量和服务水平"、"加强资源节约和环境保护"、"推进自主创新和技术进步"、"保障生产安全"、"维护职工合法权益"、"参与社会公益事业"等都是企业已经做到的，只是原来就是当成企业的运营管理活动，而不叫企业社会责任，或者没有从企业社会责任角度进行总结表达，现在则将它们赋予企业社会责任之名。新瓶旧酒论之所以流行，很大程度上是由于人们对企业社会责任的理解方式错误，总是希望从内容罗列的视角去理解企业社会责任，而不是从新的思维方式、新的行为方式去认知企业社会责任，其结果是没能将企业社会责任与企业的已有运营管理活动区分开来。此外，企业社会责任内容认知的"泛化箩筐论"将企业的许多纯粹商业性行为、纯粹内部管理行为、纯粹财务性话题都列为企业社会责任的内容，也是导致新瓶旧酒论出现的重要原因。

新瓶旧酒论显然是对企业社会责任的严重曲解，企业社会责任绝不是简单的"新瓶装旧酒"。正如联合国前秘书长安南所言：企业社会责任，"我们不是要求公司做与他们正常经营不同的事情，而是要求他们以不同的方式进行正常经营"①。可见，企业社会责任意味着企业还是在"做酒"，只是要求以新的方式"做酒"，并且做出更高"品质"和"品位"的酒。现实中，新瓶旧酒论对企业开展社会责任实践造成了严重损害，主要表现在两个方面：一是导致企业领导人对社会责任的漠视。新瓶旧酒论一方面让企业领导人感觉企业社会责任所强调的内容企业都已经做到，无须做出更多和更大的努力；另一方面这种简单理解的企业社会责任概念所能贡献的增量知识和价值确实极为有限，无法推动企业领导人对企业社会责任实践倾注真正的热情、智慧和创造力。二是导致陷入恶性循环的怪圈。新瓶旧酒论使得企业没有动力去改变行为方式，继续沿着原有的路子去开展已经被冠以企业社会责任之名的原有活动，如此则无法实现这些活动的方式优化，这似乎又验证了企业社会责任没有真正价值，企业社会责任在实际中更加被企业所抛弃，如此就形成恶性循环。新瓶旧酒论造成的这两个方面问题，都会使得企业缺乏动力、缺乏热情去发现和真正落实社会责任议题，更谈不上进行社会责任议题的有效管理。

2. 新办社会论

新办社会论将企业社会责任看作是新时期"企业办社会"的卷土重来、回潮变异甚至新发展，认为企业社会责任要求企业参与解决社会问题，实际上是企业替代政府行使部分公共服务职能或社会职能，本质上与计划经济体

---

① 中石油. 环境与社会［EB/OL］. 中国石油网站，http://ptrcbm.cnpc.com.cn/，2012-08-15.

制下的"企业办社会"有异曲同工之处。从具体表现来看，新办社会论有两种典型的现象：一是认为企业社会责任要求对员工负责，而现在一些国内外一流企业为了增进员工的身体和心理健康，内部开设供员工使用的健身场所、聘用心理医生为员工开展心理健康咨询，这些与"企业办社会"时期企业为员工提供从摇篮到坟墓的所有服务（包括产前产后服务和职工生活、福利、社会保障）无异，因此企业社会责任是新时期"企业办社会"的新表现形式。二是认为企业社会责任要求企业承担一些公益性事务，如捐建学校、参与扶贫等，实际上是企业超越社会分工而承担非生产性社会职能，与"企业办社会"中企业办医院、办学校、建设基础设施等没有多大区别，因此企业社会责任是对"企业办社会"的回潮。新办社会论之所以出现，主要是由于国有企业长期受到"企业办社会"的拖累以及国有企业改革过程中企业与社会职能分离的艰辛，因此一提到企业社会责任，就本能地误以为是企业又去承担社会职能，害怕企业又重新陷入"企业办社会"的拖累中。当然，新办社会论出现的最根本原因还是在于企业没有从本质上理解企业社会责任。

新办社会论是对企业社会责任真正内涵的误解，企业社会责任绝不能与"企业办社会"等同。"企业办社会"是计划经济时期的产物，由于社会分工体系落后，社会无法提供必要的公共服务，迫使企业从事很多自身并无优势、也干不好的事情，从而阻碍社会分工体系的深化、细化、优化，而着眼于全社会角度，此类企业行为必然导致社会资源配置效率低下，也就是说，最后结果是对社会不负责任（李伟阳，2012）。而企业社会责任则不同，它是现代市场经济下的制度安排，它要求企业明确自身在整个社会分工体系中的角色和位置，从增进社会福利和促进社会资源优化配置视角优化自身行为，在生产运营过程中考虑更加广泛的利益相关方的利益和期望，最大限度地创造经济、社会、环境综合价值。企业通过参与解决社会问题而践行社会责任，也并不是无边界地去承担自身没有优势的社会职能，而是立足自身优势，与利益相关方和其他社会主体一道，发挥他们各自的优势与社会分工体系中的角色作用，共同协作解决社会问题。即使是企业为员工提供增进身心健康的设施，其目的也不是纯粹福利性、供给性和安置性的，而是基于以人为本的要求出发，从企业与员工共同成长的需要出发，况且很多企业以购买社会服务的方式来为员工提供各种身心健康服务，因此不再可能出现"企业办社会"时期企业变成小社会的现象。新办社会论容易导致企业本能地抵制企业社会责任，使得企业缺乏动力甚至极为抵触去落实社会责任议题。

3. 非黑即白论

非黑即白论认为企业要么是一个负责任的企业，要么是一个不负责任的企业，企业社会责任就是一个由"负责任"和"不负责任"构成的二元体，"负责任"与"不负责任"是判断企业行为的两极。从具体表现来看，非黑即白论有两种典型的现象：一种是无论社会公众、媒体传播还是专家观点，他们在谈到特定企业履行社会责任时，往往会进行"负责任"与"不负责任"的判断和表述，隐含地表明他们采取非黑即白的二元思维。另一种是部分研究者在进行实证研究时，采用哑变量模式（"负责任"为1、"不负责任"为0）对企业社会责任进行衡量，也表明他们将企业社会责任看作一个由对立两极构成的二元体。非黑即白论之所以普遍存在于不同群体中，主要有三个方面的原因：一是长期固化的二元思维模式。非黑即白论出现的最根本原因在于大多数人都会习惯性地采用非黑即白、是或否、对与错、恰当与不恰当等二元对立的思维思考问题。在这一思维模式下，"负责任"与"不负责任"自然形成企业履行社会责任的判断坐标。二是对责任的片面化理解。很多人与企业都自然而然地认为，企业社会责任的核心是"责任"，而主体要么是承担了责任，要么是没有承担责任，相对应的也就是"负责任"和"不负责任"。三是选择性地关注两极现象。无论是媒体传播还是公众知晓，一般都重点关注承担社会责任非常优异或社会责任严重缺失的企业或案例，长此以往就形成"负责任"和"不负责任"两个极端概念。

非黑即白论将企业履行社会责任问题片面化、绝对化，极易造成判断结论的争议和错误。实际上，无论是企业社会责任概念本身，还是企业对待社会责任的态度，都不可能是由"负责任"和"不负责任"构成的二元体，而是一个从"不负责任"到"负责任"的连续体。例如，Fassin 和 Buelens（2011）研究发现，企业对待社会责任的态度和行为就是一个连续体，它有七种状态或类型，分别是理想主义、真诚主义、现实主义、怀疑主义、机会主义、伪善主义和犬儒主义（见表5-1）。由此可见，非黑即白论忽略了企业社会责任的多维属性，也没有考虑企业社会责任的层级与中间状态，因此经常会挫伤许多正在履行社会责任道路上探寻的企业的积极性。非黑即白论同样会影响企业对待社会责任议题的态度，也会造成对企业落实社会责任议题绩效的不合理判断，进而会损害企业落实社会责任议题的积极性。

表 5-1　企业对待社会责任的态度和行为连续体

类型	履责动机	行动强度	沟通强度
理想主义	积极的	高，最大努力	低
真诚主义	积极的	高，最大努力	高
现实主义	经济绩效驱动，积极的和消极的	中等，一些努力	低
怀疑主义	消极的和积极的	有限	低
机会主义	消极的	有限但针对性很强的努力	高
伪善主义	纯粹经济绩效驱动	有限	高
犬儒主义	纯粹经济绩效驱动	非常有限	高

资料来源：Fassin 和 Buelens（2011）。

4. 高大上品论

高大上品论认为企业社会责任是一种高大上的"奢侈品"，很多企业尚没有能力"消费"它，也还没有到"消费"它的发展阶段。对于很多企业来说，生存和做好本分才是现阶段的务实要求，谈企业社会责任尚是一种理想主义。从具体表现来看，高大上品论有三种典型现象：一是认为企业社会责任是来自西方的舶来品，是一种先进的、前沿的价值观和理念，现阶段对于许多中国企业来说仍然达不到，因此尚属于"奢侈品"。二是企业社会责任被认为是高尚的道德追求，是马斯洛需求层次上的上层需求，是大企业追求的东西，对于广大中小企业来说尚属于"奢侈品"。三是目前的企业社会责任推进工作尚由少数人承担，属于小众群体，被认为是有情怀、有理想、愿牺牲的从业人员，由此企业社会责任推进变成高冷行业，企业社会责任自然也变成高大上的东西。高大上品论的出现，一方面是由于企业社会责任在中国的引入时间尚短，人们对企业社会责任的误解颇多，要么将其看作遥不可及的前沿概念，要么将其看作纯粹的高尚道德追求，完全脱离一般性企业对新知识的接受习性；另一方面是目前全球经济形势较差，企业的生存压力陡增，而企业社会责任往往被认为是要进行投入和付出成本，因此从心理上认为企业履行社会责任将冲击企业的生存与发展。

高大上品论显然违背了企业社会责任概念提出与推广的初衷，与企业社会责任的真实理念也严重背离。虽然不同规模、不同行业、不同发展阶段等不同属性的企业在承担社会责任的不同层次内容与议题上会有所差别，但企业社会责任绝不是只有少数大企业、少数群体可以消费的"奢侈品"，它在价值理念上具有普适性，适用于所有企业和绝大多数群体。企业社会责任作为一种新的思维方式和行为方式，实际上对所有企业都提出了新要求。高大上品论的危害是显而易见的，它将数量占绝大多数的企业排除在企业社会责任要求之外，不仅会使企业社会责任变得越来越小众化、高冷化，并最终导致企业社会责任走向死亡，而且会使数量占绝大多数的企业走上社会责任的背离方向，导致企业社会责任缺失现象的不断出现。高大上品论也会导致众多企业不愿意参与解决社会问题，忽视对社会责任议题的落实，而且，高大上品论可能对企业社会责任议题的选择和实施产生错误性引导。

5. 最低要求论

最低要求论恰恰与高大上品论相反，它将企业社会责任看作是企业运营的最低要求，认为企业社会责任反映了企业被动回应社会要求。尤其是，在最近几年关于"企业社会责任是否已死"的争论中，很多人士与企业就提出，企业社会责任作为最低要求已不足以满足企业可持续经营的需要，取而代之的应当是企业社会创新（CSI）、企业共享价值（CSV），即企业通过生产、营销、人力资源、研发、财务投资等运营资源，结合大众重视的社会问题，创新提出解决方案，创造社会经济的共享价值。最低要求论的来源主要有四个方面：一是一味强调传统企业社会责任对合规的重视，将合规要求当作企业社会责任的核心，由此企业社会责任自然就变成了企业运营的最低要求。二是认为企业社会责任就是对企业运营的负外部性进行责任承担，回应社会对企业负外部性的关注，而这被认为是企业运营的最低要求。三是片面理解"影响"，一谈到企业社会责任的概念，即"以透明和道德的方式有效管理企业对利益相关方和社会的影响"，就将其中的"影响"自然而然地理解为"消极影响"，而减少"消极影响"自然也被认为是企业运营的最低要求。四是混淆履责方式与履责内容。一些人在提出诸如企业社会创新、企业可持续发展等所谓新概念时将企业社会责任看作企业运营的最低要求，而前者属于履责方式，后者强调履责内容，因此他们实际上是由于混淆了二者的区别而提出最低要求论的观点。

最低要求论反映了很多人士与企业对企业社会责任的一知半解与片面化理解，忽视了履责方式与履责内容之间的明显差别。无论是将企业社会责任看作以合规为核心，还是作为对负外部性与消极影响的回应，都只是看到企业社会责任内容的低层次，即底线与防范风险的层次，而对于更高层次的积极价值创造、社会资源整合与优化配置等都没能有效识别与理解。从履责方式来看，所谓的企业社会创新、企业可持续发展等新概念所阐释的只是企业实践社会责任的一种范式，企业履行社会责任的方式绝不仅仅只有最低要求论所强调的守住底线范式，还包括纯粹利他的履责范式、平台化履责范式等，企业社会创新、企业可持续发展等概念不可能取代企业社会责任概念。最低要求论一方面会引导企业履行社会责任的方向受限甚至出现严重偏差，对企业落实社会责任议题的范围与重点都会形成钳制；另一方面会导致企业社会责任难以发挥其应有的微观与宏观功能，让企业失去对企业社会责任的信心与信任，不仅影响企业落实社会责任议题的动力，而且可能引发人们对企业社会责任发展的悲观情绪。

6. 万能工具论

万能工具论将企业社会责任看作解决所有社会问题和企业问题的灵丹妙药，认为企业社会责任是企业解决一切难题、实现生存、谋取利润、获得发展的万能钥匙和通用工具。从具体表现来看，万能工具论有四种典型现象：一是每当社会上出现践踏法律的恶性事件时，许多人都会将其归结为这些企业不讲社会责任，因此解决的方法就是全社会要大力倡导企业社会责任（李伟阳，2012）。其背后隐含的观点就是认为企业社会责任可以是解决触及法律和道德底线问题的灵丹妙药，能够阻止违法的恶性事件发生。二是在面临和解决社会问题时，认为企业可以替代政府和社会公众，企业社会责任可以替代政府公共服务和权力规制，成为解决一切社会问题的主导。三是每当企业领导人在对企业社会责任理念和概念进行学习与接受时，许多领导人都会问同样的问题：企业社会责任能不能解决企业的业务运营问题、财务困境问题、内部管理问题、外部竞争问题、关系改善问题等，其背后隐含的观点就是认为企业社会责任应当成为解决企业所有问题的有效工具。四是认为企业社会责任就是企业谋取利润的新手段、追求利润最大化的新工具，或者只是以社会责任为名的市场竞争策略（李伟阳，2012）。万能工具论之所以大量出现，一方面是受到"道德空论"的影响，将企业社会责任异化为空洞的道德说教，并相信道德说教的力量；另一方面是受到纯粹工具理性理论和"开明的自利"理论（Enlightened Self-Interest）的影响，在"目的—手段"链中将企业社会责任纯粹地定位为手段。

万能工具论明显将企业社会责任的功能夸大或过度期望，带有严重的纯粹工具理性特点，背后隐含地将企业的经济功能与社会功能割裂开来。从宏观上来说，企业与政府、非政府组织在社会上具有各自应有的社会分工和定位，企业社会责任的功能在于对政府失灵、市场失灵和社会失灵的补充性治理，它不可能替代政府与公民社会去行使公共服务提供和社会问题解决的主导者角色，它也不可能替代立法和执法去遏止践踏法律的恶性事件的发生。企业社会责任虽然是一个国家重要的道德资源、思想资源、组织资源和制度资源（李伟阳和肖红军，2012），但它也仅仅是补充性的治理机制，其社会治理功能绝不是无限的，而是有限的。从微观上来说，企业在本质上是兼具经济功能和社会功能且两者密不可分的社会经济组织，更是通过为社会提供商品和服务，有效管理内嵌于商品和服务提供过程中的人与人的关系而增进社会福利的有效方式（李伟阳，2010），因此企业社会责任的核心是以社会价值为本位的社会福利增进方式，而不是以企业盈利为本位的纯粹工具。实践企业社会责任虽然能够促进企业行为方式的优化和运行方式的创新，但企业社会责任绝不是企业解决一切内外问题的万能良药。万能工具论对企业社会责任的不合理定位，将会导致企业实践社会责任方式的偏离，企业落实社会责任议题的动机与方式也会变得功利化与短期化，并使社会对企业社会责任未能满足"万能"的预期而变得失望。

7. 额外负担论

额外负担论将企业社会责任看作企业迫于社会压力而不得不承担的新增工作和额外负担，对于企业来说是一种"净投入"和"净支出"，属于"类税收"的沉没成本。从具体表现来看，额外负担论有三种典型现象：一是许多企业和企业领导人虽然公开强调社会责任的重要性，但在进行决策时却只是将其作为成本投入考虑，其决策的结果往往是将其置于最无关紧要的位置。二是许多企业在经济形势不佳和企业效益下滑时，最先砍掉的支出往往就是社会责任方面的投入，反映出企业将其作为额外负担的思想。三是许多企业认为社会责任与经营管理是独立的两项工作，实践中将其看成两张皮，久而久之企业社会责任就成为企业经营管理之外的新增工作，成为企业的额外负担。额外负担论之所以出现与普遍存在，主要有四个方面的原因：一是对企业社会责任理解的"纯粹慈善论"和"无私奉献论"导致企业将社会责任看作纯粹的付出。二是深受企业社会责任必须以"经济牺牲"为条件这一认知的影响。企业社会责任领域一直存在一个争论，即企业社会责任是否必须以付出经济代价、不求经济回报为前提条件（郑海东，2007）。一些学者支持"经济牺牲"的观点，如 Manne 和 Wallich（1972）就指出，企业社会责任要求企业必须付出实际经济代价，并且不能追求经济回报；Walton（1967）也把"愿意花费可能无法评价直接经济回报的成本"作为企业社会责任的基本要素之一。三是狭隘地理解企业履行社会责任的方式。额外负担论者都隐含地认为，纯粹利他的履责范式是企业履行社会责任的主要甚至唯一方式，这必然得出企业履行社会责任只有企业付出的推论。四是企业社会绩效（CSP）与企业财务绩效（CFP）之间的关系没有一致的实证结论，影响了企业对社会责任价值的判断。尽管学术界对CSP与CFP之间的关系进行了长时间的大量实证研究，以期论证企业社会责任的正当性，但结论却很不一致。

额外负担论要么对企业社会责任错误理解，要么完全忽视企业社会责任对企业的益处，显然属于一种狭隘的错误认知。从前者来看，企业社会责任作为一种新的企业行为方式，其核心是要求企业改变思维模式和运营方式，并不一定要求企业进行大量投入，也不一定要求企业进行"经济牺牲"。从后者来看，企业履行社会责任可能短期需要进行投入，但它也能为企业带来多重好处：首先是企业社会责任可以作为企业重要的风险管理工具和机制，能够让企业全面认识到内生于运营过程中的社会风险和环境风险，提升社会和关键利益相关方对企业决策的认可程度；其次是企业社会责任可以成为企业全面提高综合价值创造能力、运营透明度、品牌美誉度和可持续发展能力的战略举措；最后是企业可以通过履责方式的创新，采用战略性企业社会责任、共享价值、企业社会价值等履责模式，将社会问题转化为商业机会，不仅有效履行社会责任，而且可以产生直接财务收益，实现履行社会责任投入的成本带来更大的企业收益。额外负担论带来的危害是显而易见的，它容易导致企业社会责任被排除在企业和企业领导人的决策之外，使得企业不愿意、不考虑去参与解决社会问题，也就谈不上对企业社会责任议题的落实。

8. 形象包装论

形象包装论认为企业社会责任只不过是提升企业社会形象的装饰物，其核心是"品牌形象策划、包装与传播"，让社会公众"感觉"企业具有社会责任感，而不需要进行实质性的履责行动。从具体表现来看，形象包装论有三种典型的现象：一是以为获奖就是社会对企业履行社会责任的肯定，就会让社会公众"感觉"企业具有社会责任感，于是在日常运营中热衷于追求形形色色的社会责任奖项，被各种所谓的奖项牵着鼻子走，甚至以不正当的方式谋取奖项。二是企业倾向于粉饰社会责任表现，"口号履责"、"妙笔履责"成为普遍现象，"口惠而实不至"、"说一套，做一套"甚至"道貌岸然"的企业伪社会责任行为和现象屡见不鲜，典型的包括道德伪善、社会责任商业作秀、夸大性公益营销、"漂绿、漂白、漂红"等。三是"只说不做"、"说多做少"的纯粹宣传倾向十分明显，很多企业将主要精力甚至全部时间都放在如何进行业绩表达、如何进行宣传上，而对真正开展履责行动则不感兴趣，认为只要"宣传好"、"包装好"，最终的社会认可效果是一样的。形象包装论之所以广泛盛行，一方面是由于众多企业均存在机会主义倾向，选择不费事的"宣传包装"比需要大量精力投入的"行动履责"更加容易，可能会达到同样的效果；另一方面是绝大多数企业均没有体会到企业社会责任对企业"内质"建设的益处，没能感受到企业社会责任对企业的真正价值，认为企业社会责任就是"花拳绣腿"、"绣花枕头"和"用来说说而已"。此外，信息不对称普遍存在于企业社会责任领域，社会公众对企业是否真正履行社会责任辨识困难，有时更多的是"听其言"，这也造成许多企业仅仅重视通过宣传来进行形象包装。

　　形象包装论将企业社会责任"表象化"、"虚渺化"和"虚伪化"，犯了明显的机会主义、空洞主义和表象主义错误，存在严重的本末倒置倾向。虽然好的企业社会责任表现的确能够提升企业形象，但这种表现却不是"包装"出来的。企业社会责任的核心和关键在于"行动履责"，表达传播必须是在"做"的基础上进行的真实反映，企业在社会公众中的负责任形象也必须建立在"行动履责"的基础上，缺乏"做"的"说"和纯粹形象包装最终都会为社会公众所识破、指责与唾弃，其结果必然是适得其反。形象包装论对于企业社会责任发展会造成非常恶劣的影响，主要包括四个方面：一是错误引导企业履行社会责任的方向。形象包装论容易导致企业将履行社会责任的重点置于"口号担责"、"妙笔担责"，以宣传为企业社会责任的导向，最终是表里不一。二是挫伤企业与社会对企业社会责任的信心。一些没有行动、依靠包装的企业获得一些所谓的"社会荣誉"，将使得其他企业与社会公众质疑企业社会责任的真正意义和价值。三是导致"劣币驱逐良币"的不良社会氛围。一旦有缺乏行动的企业通过包装策划而投机取巧地获得所谓的"社会荣誉"时，必定有更多企业盲从跟随，形成"涟漪效应"，并通过信息不对称造成逆向选择，最终使得企业社会责任领域出现"劣币驱逐良币"的现象。四是催生众多的设租与寻租现象。形象包装论使得许多企业希望以低成本获得所谓的"社会荣誉"，由此导致一些社会机构从中嗅到寻租机会，假借各种评判或颁奖而寻租敛财，其原则是"企业愿意给钱，我就认为你讲社会责任；不给钱，我就不给你认证或颁奖"（李伟阳，2012），而企业则争相竞逐各种奖项，

"花钱买奖"现象普遍。显然，形象包装论也会导致企业不愿意真正投入物力、财力和精力去落实社会责任议题，即使有所行动，也必定会"表象化"和"虚伪化"，完全背离参与解决社会问题的初衷。

三、企业社会责任议题的认知误区

对企业社会责任议题的正确认知与理解是企业社会责任议题管理的基础，反之则可能导致企业社会责任议题管理出现方向性错误、策略性错误以及操作性错误。当前，社会上对企业社会责任议题的认知与理解存在许多误区，典型的包括议题公关论、议题替代论、议题政治论、议题固化论、议题同质论和议题无关论。

1. 议题公关论

议题公关论将企业落实社会责任议题看作是发生丑闻或危机时的公关行为，以及为达到企业某项目的（如影响政府制定有利于企业的政策）而开展的公关活动，认为"公关"是企业落实社会责任议题的基本目的和主要内容。从具体表现来看，议题公关论有三种典型的现象：一是将落实企业社会责任议题的牵头任务赋予公共关系部门，相应地，实施社会责任议题的操作方式也基本上是公共关系策划与管理方法的照搬和移植，将工作重点和核心置于社会公众信息传播、联络感情的公关活动等方面，而不是从理念、制度、管理、行动等方面将社会责任议题落到实处。二是很多企业对某项社会责任议题的关注与回应均是受自身或行业丑闻驱动，而落实社会责任议题的方式则主要是暂时性的危机公关，丑闻平息后则又将社会责任议题搁置或敷衍式地落实。三是在识别、评估和选择企业社会责任议题时，一味地从公共关系尤其是与政府的关系出发，忽视对其他重要因素的考虑。议题公关论的产生与扩散，一方面是深受"议题"概念产生的影响，因为"议题"概念最早就是出现在公共关系与公共政策领域，因此企业社会责任议题的概念理解很容易就会打上"公共关系"的烙印，而实践中也就容易带上浓厚的"公关"色彩；另一方面是受到"形象包装论"的影响以及对利益相关方理论的扭曲，前者必然认为所有企业社会责任议题的落实关键在于搞好形象宣传，维护好公共关系，后者则认为搞好利益相关方关系尤其是与政府和社会公众的关系是落实企业社会责任议题的核心甚至全部，其结果必然是将工作重点置于公共关系活动中。

议题公关论将企业社会责任议题严重"狭隘化"和纯粹"功利化"，企业社会责任议题的落实变得完全"表象化"和明显"短视化"。建立与维护好公共关系固然是企业落实社会责任议题的内容之一，但它绝对不是企业落实社会责任议题最核心和最根本的东西，更不是企业落实社会责任议题的全部内容。企业社会责任议题的落实关键在于实实在在地开展"议题"各项行动，而包括公共关系活动在内的沟通行为只是议题落实行动的一部分，其目的也是为了使议题落实更加顺利、成效更加显著。议题公关论对企业社会责任议题落实造成了严重危害，主要包括两个方面：一是目的手段的全面"公关化"将导致企业落实社会责任议题的方向与行动出现严重偏离。企业社会责任议题的识别、评估、选择、策划、实施、评价等都全面"公关化"，必然带来议题资源配置的扭曲，社会责任议题无法真正落到实处，无法真正形成企业行为的优化，也无法真正产生综合价值增量。二是容易导致大量伪社会责任行为的出现。面对缺乏真正落实的社会责任议题，企业要在社会公众面前展现出卓越的落实绩效，其常用的方法必然是"伪装"和"伪造"，以言语和表象去"遮盖"公众的眼睛。然而，"皮之不存，毛将焉附"，缺乏实际行动的"花言巧语"最终会被识破，其所希望维护的公共关系也最终会"竹篮打水一场空"。

2. 议题替代论

议题替代论认为不同类型、不同层次、不同属性的企业社会责任议题之间可以相互替代，企业在积极价值创造类社会责任议题上的优异表现能够弥补在底线类社会责任议题和消极影响防范类社会责任议题上的表现不足，即"功过相抵"。从具体表现来看，议题替代论有三种典型的现象：一是一些企业高调进行慈善公益活动，投入大量捐赠资金，开展各种扶贫活动，但却跨越守法合规的底线要求，做出践踏人权的种种行为，以为落实慈善公益等自愿性议题就能掩盖或替代对守法合规、人权等底线议题的违背。二是一些企业在发生生态破坏、环境污染等社会责任危机事件而受到社会的广泛指责后，为了改变社会公众的印象，开展大量慈善公益行动，但却对如何矫正"生态破坏、环境污染"做得不够，以为实施慈善公益等自愿性议题就能弥补生态环境破坏等消极影响类议题的不足。正因如此，一些企业甚至抱怨，为什么生态破坏、环境污染事件过了这么久，企业捐赠了那么多钱，但媒体还是抓住企业这个事件不放。三是一些企业在产品质量、服务过失等丑闻发生后，不将改进重点放在产品与服务等核心社会功能上，而是开展广泛的慈善公益等普遍性的公民行为，以为实施普遍性的公民行为议题能够抵消在核心社功能议题上的过错与不足。议题替代论出现的根本原因在于对企业社会责任的错误理解，认为自由裁量的自愿性责任才是企业社会责任的核心，因此深受"纯粹慈善论"、"无私奉献论"、"形象包装论"等错误观点的影响。

议题替代论试图用高层次的社会责任议题替代低层次的社会责任议题，或者用外围层次的社会责任议题替代核心层次的社会责任议题，犯了明显的本末倒置、舍本逐末、主次不分、避重就轻的错误。企业履行社会责任要求企业在底线责任上必须坚守，绝不能跨越，而在消除运营所带来的消极影响方面则要求全力以赴，绝不怠慢，对于纯粹利他的公民行为则可量力而行，不应强求。这意味着自愿性的积极价值创造类社会责任议题绝不能替代底线类社会责任议题和消极影响防范类社会责任议题，企业不能因为追求前者而忽视后者，后者必定是基础。与此同时，任何企业履行社会责任的内容均由核心社会功能的充分发挥与自愿性的企业公民行为构成，但前者才是企业最核心和最重要的社会责任，后者不可能替代前者。议题替代论一方面将会导致企业落实社会责任议题出现方向性错误，忽视最为根本和最为重要的社会责任议题，追求相对次要或根本不重要的社会责任议题；另一方面也会严重影响企业落实社会责任议题的效果，利益相关方和社会公众会认为企业逃避责任、"掩耳盗铃"，不仅会诟病企业在重要社会责任议题上的不作为，而且会不认可企业在其他社会责任议题上的努力。

3. 议题政治论

议题政治论将企业社会责任议题政治化，认为某些企业社会责任议题是西方发达国家对发展中国家进行的意识形态输出，是对发展中国家政治体制进行渗透的工具，是对发展中国家经济社会进行干预的阴谋。从具体表现来看，议题政治论有四种典型现象：一是意识形态化，将人权、结社自由等作为企业社会责任议题的"禁区"。很多企业认为人权、结社自由等企业社会责任议题是西方国家意识形态的反映，与中国等许多发展中国家的政治体制格格不入，因此就出现"谈人权色变"、"谈结社自由色变"。二是殖民主义化，将应对气候变化、发展权利等作为西方国家新殖民主义的手段。Banerjee（2007）就指出，企业社会责任是"丑陋的"，西方国家通过所谓的人权、发展权利解决方案，更多地剥夺了发展中国家已经被边缘化的人口的权利，实际上是对发展中国家资源、财富、权利的掠夺。三是投资贸易壁垒论，将一些企业社会责任议题认为是西方国家针对发展中国家的投资限制和贸易壁垒，是西方国家试图遏制发展中国家经济发展的阴谋。四是国家交往中的政治化，将一些企业社会责任议题当作政府交往和相互谈判的工具，一些企业因为某些社会责任议题的国际政治斗争而沦为牺牲品。议题政治论的出现有其复杂的原因，既有新政治经济学对企业社会责任的批判观点作为支持，又有当前"逆全球化"将部分企业社会责任议题作为政治交易工具的现实情景，更有长期以来发展中国家与发达国家之间在意识形态上的冲突，还有企业社会责任引入中国等发展中国家是源于跨国贸易与接受跨国投资的历史背景。

议题政治论反映了企业强烈的政治敏感性和警惕性，但也难免有过于敏感之嫌。实际上，虽然人权、结社自由、发展权等企业社会责任议题在不同国家会有不同的内涵与表现，但从理念上和哲理上而言，它具有普世性，任何企业不应当否认这些议题。而且，从一定程度上来说，对这些议题的接受或转化反映出一个国家经济社会发展的进步，例如，中国政府已经逐步接受人权概念，不但编制人权规划，而且发布人权白皮书。对于新殖民主义来说，企业社会责任议题本身没有错，恰恰表明很多跨国公司或机构没有真正落实社会责任议题，而是借社会责任议题之名行赚钱或达己目的之实，实际上是真正的不负责任，这更凸显出真正落实这些企业社会责任议题的重要性。对于投资贸易壁垒，应当从更加正面的角度看待，企业社会责任议题出现在投资贸易规则中，反映出打造负责任经济的新要求，可以倒逼企业通过落实社会责任议题改变生产运营方式，促进企业的转型升级。议题政治论会阻碍企业对某些具有普世性社会责任议题的接受和落实，也会使企业在国际话语体系中处于不利地位，甚至影响企业的海外投资与经营。

4. 议题固化论

议题固化论认为企业社会责任议题亘古不变，既包括企业社会责任议题范畴的一成不变，也包括特定社会责任议题状态保持不变，前者指的是企业社会责任包括哪些议题是固定不变的，后者指的是某项社会责任议题对企业的要求基本不变。从具体表现来看，议题固化论有三种典型的现象：一是许多企业社会责任标准规范都列出了企业社会责任议题，但一些标准规范多年来都没有对企业社会责任议题进行更新，表明其对社会责任议题不变的认知。二是许多企业的社会责任报告显示，他们所关注的社会责任议题永远没有变化，即使一些议题已经变得不再具有企业社会责任议题的性质和特征。三是许多企业对待某一项特定的社会责任议题，其实施策略长时间基本没有变化，即使该社会责任议题所处的生命周期阶段已经发生明显转移。议题固化论之所以为一些企业所秉持，主要有三个方面的原因：一是没能对"企业界"与特定企业进行区分，将企业社会责任议题中的"企业"理解为"企业界"，而企业界的社会责任议题变化相对缓慢。二是认为特定企业的社会责任内容边界是不变的，即某个企业一旦确定其社会责任内容边界，那么内容边界内所包含的社会责任主题及其之下的社会责任议题都是不变的。三是习惯性地以静态视角与静态思维看问题。一些企业在运营活动中习惯于采用静态思维和静态视角去解读和处理问题，缺乏动态学习能力，并将这种思考和行为方法移植到企业社会责任议题的认知与处理上。

议题固化论将企业社会责任议题与外部环境割裂开来，孤立地和静止地将其置身于自我视域进行理解，犯了明显的孤立主义和静态主义错误。企业社会责任议题是企业与社会互动过程中涉及的社会性问题，它必然随着企业外部环境的变迁而不断发生改变，不仅企业社会责任议题的内容范畴会发生变化，而且特定社会责任议题的生命周期状态也会发生变化。实际上，从历史演变角度来看，虽然部分企业社会责任议题一直存在，但某些企业社会责任议题已经终结其生命周期，而一些新的企业社会责任议题却不断出现，企业社会责任议题显然是在动态调整与更新的，与经济社会发展共同演化。议题固化论必然导致企业落实社会责任议题的僵化，无法跟随外部环境变迁的要求，使得企业落实社会责任议题变得"活在自己的世界里"、"不合时宜"和"不合事宜"，其结果是企业实施社会责任议题无法达到预期效果，甚至可能"费力不讨好"。

5. 议题同质论

议题同质论认为不同企业所要落实的社会责任议题是无差别的，包括议题类别、议题细目、议题内容、议题要求都是相差无几甚至完全相同，任何企业在所有社会责任议题上都应当一视同仁地对待和要求，且不同社会责任议题对企业来说也都是同等重要与相同要求的。从具体表现来看，议题同质论有三种典型的现象：一是众多的企业社会责任标准规范在罗列社会责任议题以及对各社会责任议题提出要求时，往往都是统一标准、统一规范和统一口径，对不同企业的适用性不加区分。二是很多企业在识别、选择与实施社会责任议题过程中，往往不假思索地照搬照抄，将自己熟悉、行业相似企业的社会责任议题全盘移植，甚至一些企业属性差别巨大的企业也完全移植其他企业的、根本不适合自身的社会责任议题，由此导致许多企业在社会责任议题上的高度雷同。三是一些企业将所有社会责任议题地位同质化，对不同社会责任议题均匀施策，缺乏重点，采用平均配置资源的方式开展社会责议题的落实，导致所有社会责任议题都未能有效落实或表现欠佳。议题同质论之所以出现并为一些企业所采用，主要有三个方面的原因：一是对企业的异质性、企业与社会关系的异质性缺乏认识，对"企业界"与企业个体不加区分，认为既然企业社会责任是"企业界"与社会关系的反映，是对"企业界"的普遍性要求，那么企业所要落实的社会责任议题应当是普遍的、一致的、相同的。二是对企业社会责任的层级性缺乏认识，认为企业社会责任所包含的所有内容都是处于同一层级的，都是同等重要的，由此将各项企业社会责任议题看作平行关系。三是企业对落实社会责任议题的"惰性"、"应付了事"的态度和方法缺失，使得企业不愿意去研究、分析、识别、选择和创新实施社会责任议题，而是选择照搬照抄的"捷径"。

议题同质论本质上反映了企业缺乏对社会责任的深入理解，没能把握现实中企业社会责任的运行规律，犯了混淆普适性与差异性的错误。虽然企业社会责任在理念层面上具有普适性，但在企业操作层面却具有差异性，这种差异性也反映在企业对社会责任议题的落实上。不同国别、不同规模、不同行业、不同成长阶段的企业，它们与社会之间关系的交互节点、交互方式和交互媒介都可能不同，因此实践社会责任的重点与方式也可能不同，相应地需要落实的社会责任议题也存在差异。而且，无论是卡罗尔的金字塔模型，还是将企业社会责任分为必尽责任、应尽责任和愿尽责任，以及从底线责任和共赢责任去理解企业社会责任，都可以发现企业社会责任内容具有层级性，而相应的社会责任议题也会具有不同的重要性。尤其是，对于不同属性的企业来说，不同企业社会责任议题对其产生的影响、可以发挥的作用、对社会的价值创造水平都是不同的，因此企业对不同社会责任议题应当有一个优先顺序判定，而不是一视同仁。议题同质论一方面可能导致企业落实社会责任议题的"千篇一律"，甚至导致资源的重复配置和浪费，根本就谈不上社会责任实践的创新；另一方面会导致企业对落实社会责任议题"轻重不分"，其结果必然是"什么都在做，却什么都没做好"。

6. 议题无关论

议题无关论认为很多社会问题的产生都与特定企业个体没有直接关系，因此这些特定企业个体与解决这些社会问题没有关系，他们没有必要、也没有能力去参与和实施相应的社会责任议题。从具体表现来看，议题无关论主要有三种典型的现象：一是很多企业认为自己的价值链活动没有对某些社会问题的形成造成直接影响，因此相应的社会责任议题与自己没有关系。例如，一些金融机构就认为，气候变化问题主要是制造类企业的污染物排放引起的，金融机构的生产性活动与气候变化问题没有关系，因此应对气候变化这一社会责任议题与自己毫不相干。二是很多中小企业认为，许多企业社会责任议题都是大企业的事情，目前自己的主要任务是赢得生存和发展，即便这些社会责任议题与自身的价值链活动相关联，目前自己也没有能力和必要去关注，这些社会责任议题与自己没有关系。三是很多企业坚持"各扫门前雪"的态度，认为包括价值链成员在内的其他企业是否落实社会责任议题与自己没有关系，如一些企业认为供应链社会责任议题与自己就没有关系。议题无关论之所以出现并有不少支持者，一方面是由于对企业社会责任概念中的"影响"理解偏差，局限地将其认为仅仅是直接影响，而忽略企业运营可能产生的间接影响；另一方面是受到"高大上品论"的企业社会责任性质认知误区的影响，同时对"影响越大、责任越大"的"责任铁律"形成误解，认为中小企业因为影响小，所以就无须承担许多社会责任议题。

议题无关论反映了很多企业对企业与社会关系的狭隘认知，"事不关己，高高挂起"与"搭便车"倾向十分明显。然而，从"影响"角度来看，很多企业的价值链活动对一些社会问题的产生虽然没有直接作用，但他们却可能带来间接影响，因此落实相应的社会责任议题也是责无旁贷的。例如，银行通过信贷投向会对高耗能、高污染产业的发展产生影响，进而影响到气候变化问题。从系统角度来看，正如 Drucker（1973）所言，"一个健康的企业和一个病态的社会是很难共存的"①。即便一些普遍性社会问题与某个企业的价值链活动没有直接或间接关系，但如果从企业长远的健康发展角度来看，在能力范围内也可以积极参与这些社会问题的解决。从要求角度来看，无论是大企业还是中小企业，底线类社会责任议题和消极影响防范类社会责任议题适用于所有企业，任何企业没有任何借口去逃避这些社会责任议题。议题无关论一方面会成为许多企业逃脱责任、回避期望、忽略问题的借口，使得"搭便车"现象严重；另一方面也容易导致企业遗漏和忽略一些重要的社会责任议题，使得企业对可持续发展的贡献潜力不能充分发挥，甚至可能招致利益相关方和社会公众的质疑与责难。

---

① Drucker, P. F. Management Task, Responsibilities and Practices ［M］. New York：Harper & Row, Inc., 1973.

第二节　行为误区

企业落实社会责任议题的关键在于行为表现，错误的行为导向、偏离的行为方式和欠妥的行为方法都会导致企业社会责任议题管理的失败。然而不幸的是，现实中确实存在各式各样的、程度不一的行为误区，导致众多企业落实社会责任议题的低效、无效甚至负效。

一、企业落实社会责任议题行为的导向误区

只有导向正确，才能确保行为方式与方法的不偏离，否则必然导致企业落实社会责任议题的"南辕北辙"。综观国内外企业社会责任议题管理的失败案例，绝大多数企业都犯了程度不同的导向错误，陷入形形色色的导向误区，典型的包括传播导向、偏好导向、应急导向、从众导向、奉献导向和寻租导向。

1. 传播导向

传播导向指的是企业将对外传播置于社会责任议题落实的首要位置和中心地位，社会责任议题的选择、策划、实施和评价等所有环节都以最有利于对外传播为出发点和指导，对外传播成为企业落实社会责任议题的主要工作内容。从现实中的企业行为来看，传播导向主要有三种典型的表现：一是议题目标的传播化，将传播效果即利益相关方和社会公众对企业落实社会责任议题的知晓度与认同度作为企业落实社会责任议题的核心目标，并"以终为始"，选择最适合对外传播而非最有价值的社会责任议题作为企业的落实对象。二是议题活动的传播化，企业落实社会责任议题的主体都是对外传播，所有议题活动都带来浓厚的传播色彩，相应地，企业对于社会责任议题的资源配置也向对外传播活动倾斜。三是操作方式的传播化，企业对于落实社会责任议题所运用的手段、方法、工具等都是传播学领域的操作手法，企业将创新的重点也放在对外传播方式、渠道、内容等方面。传播导向之所以被许多企业所喜好，主要是受到企业社会责任性质认知"形象包装论"和企业社会责任议题认知"议题公关论"的影响，一方面是公共关系部门、新闻宣传部门、对外联络部门等作为企业社会责任推进部门，习惯于用传播思维、传播方式和传播手段去落实社会责任议题；另一方面是"宣传履责"、"妙笔履责"、"口号履责"相比较于实实在在地投入资源开展社会责任议题落实行动

更为容易、成本更低，尤其是社会责任议题落实行动需要调动业务部门、职能部门甚至企业领导的真实投入和实际"做事"，社会责任推进部门往往难以调动，而"宣传履责"则是自己部门能掌控、能操作的方式。

传播导向无疑会使企业落实社会责任议题变得"停留在纸上"、"停留在口号上"、"停留在媒体上"，没有实质内容和实际行动，让人感觉企业落实社会责任议题就是开展了一次主题性的宣传活动。当然，企业落实社会责任议题不能否认和忽视适度对外沟通与传播的重要意义，因为企业落实社会责任议题的价值需要为利益相关方和社会公众所认可与认同。然而，传播主导而无实质行动、过度传播与渲染必然使得企业在特定社会责任议题上的形象成为"空中楼阁"，招致利益相关方和社会公众的质疑。尤其是，传播导向容易导致企业"编故事"、"造情境"，挖空心思将编造出来的社会责任议题落实过程变得"有真实感"，或者绞尽脑汁将过分夸大的社会责任议题落实成果变得"令人信服"。可见，传播导向引起企业将落实社会责任议题的"做"与"说"本末倒置，不仅浪费了企业资源和社会资源，而且极易使企业陷入"伪社会责任"陷阱，最终结果必然是企业与社会的共输。

2. 偏好导向

偏好导向指的是企业以"偏好使然"而非"规律使然"的方式，按照企业领导人或社会责任推进负责人员的个人偏好落实社会责任议题，社会责任议题的选择、策划与实施都集中反映和体现了企业领导人或社会责任推进负责人员的个人意志，而不是企业与社会的需要。从现实中的企业行为来看，偏好导向主要有三种典型的表现：一是很多企业对落实社会责任议题的态度完全取决于企业领导人的个人偏好，社会责任推进部门往往会去揣测企业领导人对待社会责任和落实社会责任议题的偏好程度，进而决定企业社会责任议题管理的策略。二是企业的社会责任重点议题完全凭企业领导人或社会责任推进负责人员的个人喜好或熟悉程度来进行选择，很多企业选择的社会责任重点议题都与企业领导人或社会责任推进负责人员的以往从业经历、学习经历、日常生活爱好密切相关，但与企业所拥有的优势和实际需求却并不匹配。三是企业对特定社会责任议题的实施策略和模式选择都依据企业领导人或社会责任推进负责人员的个人偏好而确定，社会责任议题的对外传播也完全是企业领导人或社会责任推进负责人员个人风格的反映。偏好导向之所以在很多企业出现，一方面是由于这些企业缺乏规范的社会责任议题管理体系，"人治"代替"规治"，社会责任议题的决策与管理完全凭个人经验、个人能力、个人偏好和个人关系；另一方面是因为许多企业缺乏有效的组织治理，企业领导人强势领导甚至独裁式领导，加之路径依赖和旧有心智模式，其结果必然是企业领导人的偏好主导企业的社会责任议题落实。

偏好导向反映出企业落实社会责任议题缺乏科学有效的模式、体系、方法和工具，或者缺乏能够得到有效落实的社会责任议题管理程序，往往容易造成社会责任议题落实重点的偏离和错位，甚至可能将社会责任议题落实变成企业领导人或社会责任推进负责人员的"自留地"。偏好导向将个人喜好、个人倾向作为企业落实社会责任议题的全程指挥棒，其必然结果是企业对落实社会责任议题基本规律的忽视，造成企业落实社会责任议题的低效、无效甚至负效。而且，偏好导向极易带来企业社会责任议题落实的不连续，企业领导人的更替或者社会责任推进负责人员的变化往往会引起对正在实施的社会责任议题进行调整甚至推翻，进而转换到全新的社会责任议题，这不仅会使已有的社会责任议题项目半途而废，让实施人员和利益相关方骑虎难下，而且会使新社会责任议题项目的实施人员和利益相关方缺乏信心，观望多于实质行动。现实中，国有企业领导更替频繁，许多企业受偏好导向的影响，企业落实社会责任议题的重点和项目也经常变化，导致具体实施人员无所适从，也引起利益相关方和社会公众的诟病。

3. 应急导向

应急导向指的是企业对于某项社会责任议题的落实是对外部社会压力的暂时性回应，属于应急之策，而相应的社会责任议题行动和举措都是以应急为指导，没有真正落实与长期改变的想法和做法。从现实中的企业行为来看，应急导向主要有四种典型的表现：一是将落实某项社会责任议题作为企业丑闻之后的应急之用。一些企业在丑闻（如环境污染、食品安全）发生之后，为了应对来自利益相关方和社会公众的压力，往往会应急性地提出或采取策略去实施某项社会责任议题，但丑闻平息过后则又将之束之高阁，"好了伤疤忘了疼"。二是将落实某项社会责任议题作为对行业性丑闻或社会运动进行暂时回应的应急之用。一些企业面对行业性丑闻（如奶粉行业的三聚氰胺事件）所引致的社会压力，或针对某项社会运动（如生产守则运动）所触发的社会压力，往往被动性地提出或实施特定社会责任议题的应急之策，而在压力缓解之后则又归于原状。三是将落实某项社会责任议题作为对国家相关政策进行短期回应的应急之用。一些企业针对许多国家政策在初始执行阶段相对严格并受到广泛关注、而后则可能逐步弱化的特点，往往会在国家政策颁布的初始阶段对其进行暂时性回应，应急地提出和实施某项社会责任议题的短期策略，而之后则又回归原点。四是将落实某项社会责任议题作为配合企业开展某项重大行动的应急之用。一些企业在策划与实施某项重大行动（如重要并购）时，往往会为了防范可能的风险或增进企业形象，针对性地开启某项社会责任议题，采取应急之策与举措，而在重大行动完成之后，社会责任议题的实施也会随之消失。应急导向之所以普遍出现，关键在于企业对于落实社会责任议题的真正价值缺乏深刻认识，而机会主义和侥幸心理又增加了他们对应急实施社会责任议题的"想象空间"。

应急导向反映了企业落实社会责任议题的短视性、功利性、被动性与表面化，既有急功近利之嫌，又有敷衍了事之过。企业社会责任议题的落实贵在"长期做"和"真正做"，重在"真实效果"，绝不能仅仅是应一时之需和行一时之策。需要承认的是，现实中一些企业发起和启动某项社会责任议题，的确是因为丑闻驱动或回应压力需要，但关键是企业不能由此将其作为应急之用，而应当以此为起点进行长效落实。应急导向容易导致企业落实社会责任议题的行动步入歧途：首先是举措短期化，应急导向使得企业不可能从长效落实的视角去考虑社会责任议题应当采取的举措，而是从短期内可以做、可以出效果、可以应对外部压力的角度设计策略和寻找措施；其次是工作表面化，应急导向使得企业并不去追求社会责任议题落实的深层次要求和最为科学的方法，而是从最能"忽悠住"和"蒙住"利益相关方和社会公众的角度去开展工作，其结果必然是缺乏落实社会责任议题的实质行动；再次是投入扭曲化，应急导向使得企业倾向于在短期内集中向某项社会责任议题投放资源，但因重点举措错位、实质行动缺乏和后续无法跟进，往往造成资源配置的错位与浪费；最后是不可持续性，应急导向使得企业对某项社会责任议题的落实变得不可持续，由此会给企业与利益相关方造成各种显性或隐性的不良后果。

4. 从众导向

从众导向指的是企业采取跟随一般性、大众性企业的方式去落实社会责任议题，社会责任议题的选择来自众多企业落实的一般性议题，社会责任议题的实施复制于众多企业的一般性做法，企业落实社会责任议题缺乏自我战略、独立判断和差异策略。从现实中的企业行为来看，从众导向主要有三种典型的表现：一是"不冒头"，一些企业抱有"枪打出头鸟"、"人怕出名猪怕壮"的心理，对于落实社会责任议题采取"随大流"的策略，多数企业做什么议题自己就做什么议题，多数企业做到什么程度自己就做到什么程度，绝不"鹤立鸡群"。二是"照搬照抄"，一些企业或者因为"不知道怎么做"，或者因为"省事"，所以采取简单化跟随处理，即"别人怎么做自己就怎么做"，完全模仿和复制其他众多企业的一般性做法。三是"集体平庸"甚至"集体沦陷"，一些企业社会责任议题领域存在"行业潜规则"和"社会潜规则"，而许多企业都会从众地陷入"潜规则"之中，出现某些社会责任议题的"集体沦陷"。从众导向在企业落实社会责任议题中之所以被普遍采用，主要有三个方面的原因：一是受到固有"从众心理"的影响，企业是由人管理的，企业社会责任议题的落实也是由人来完成的，人固有的从众心理和从众行为会引起许多企业对待履行社会责任和落实社会责任议题的从众行为或羊群行为。二是受到传统"法不责众"的影响，一些企业认为自己只要做到平均水平，只要做了大家都做的、没做大家都不做的，即使社会责任议题落实不到位或出现问题，那么也会因为"法不责众"而免于责任。三是受到有效知识供给不足和自身"惰性"的影响，一些企业鉴于社会责任领域和社会责任议题管理方面的有效知识供给不足，加上企业自身长期形成的"惰性"、"懒做"习惯，往往倾向于采取跟随大流的、简单复制的社会责任议题落实方式。

从众导向意味着企业对其他企业落实社会责任议题做法的"如法炮制"，反映出企业缺乏自我、缺乏创新、缺乏自信、缺乏担当。当然，不能否认模仿学习是企业落实社会责任议题的重要方式，也不能否认对标借鉴是企业社会责任议题管理的有效方法，但模仿学习、对标借鉴都必须是在消化吸收基础上进行的，而不是简单的"照搬照抄"，更不是表面的全盘复制"大众做法"。从个体来看，从众导向可能对企业个体落实社会责任议题带来不利影响，"照搬照抄"、全盘复制、追求平庸使得企业所直接引入的方式方法可能并不一定适合于自身，缺乏取舍、缺乏消化吸收可能导致企业对社会责任议题的落实变得"囫囵吞枣"。同时，一些对自己更重要、更有意义的社会责任议题则会因为不是众多企业的一般性议题而被忽略。从社会来看，从众导向可能对企业社会责任的整体发展带来不利影响，如果所有企业都采取从众行为和羊群行为，企业社会责任的创新就会无从谈起，而社会资源在同一社会责任议题上的严重重复配置现象也可能出现。例如，在志愿者服务议题上，许多企业都相互模仿，造成服务对象、服务方式、服务内容上的严重趋同。一个典型的例子是，每当重阳节时，多个企业的志愿者都会给某个敬老院的老人理发，造成同一个老人短时间内理发几次、让人啼笑皆非的现象。

5. 奉献导向

奉献导向指的是企业以纯粹道德追求、完全无私奉献为基本出发点，以不计回报、纯粹利他为根本要求，将"奉献"作为企业落实社会责任议题的指挥棒，社会责任议题的选择、策划和实施都深度融入企业的"奉献"精神。从现实中的企业行为来看，奉献导向有三种典型的现象：一是社会责任议题的选择以最能体现企业的无私奉献精神为准则，只要是体现道德制高点的议题、只要是社会期盼企业无私付出的议题，企业就会毫不犹豫地去承担，而不考虑自身的能力和社会期望的合理性，现实中一些企业开展了一大堆纯粹利他的慈善公益项目，但企业运营和发展却极其不乐观。二是社会责任议题实施的完全甚至过度"雷锋化"，一些企业在实施时完全不考虑成本投入、不考虑产出效果，哪怕只能产生些微社会价值却要付出巨大成本，企业也在所不惜，同时，要求所有员工在社会议题落实过程中都"当雷锋"，"不怕苦、不怕累，不怕流血、不怕牺牲"，不计个人得失，只要是利益相关方所要求的，都不惜一切代价、不惜个人牺牲地去满足。三是社会责任议题传播的"雷锋化"彰显，一些企业在进行优秀社会责任议题或员工评选时，评选的标准和内容都是"比奉献"和"比惨"，既有连续多少小时奉献在一线的事迹，也有父母亲病重、妻子分娩、爷爷奶奶去世而坚守奉献不回家的事迹，还有带病工作、不幸负伤甚至牺牲的事迹等。奉献导向在企业落实社会责任议题过程中之所以出现，与一些企业对社会责任的"纯慈善公益论"认知和"纯无私奉献论"认知密切相关。

奉献导向表面上反映了人性的光辉和道德的力量，但实际上却可能是一种非理性甚至对人性抹杀的倾向。纯粹利他固然是企业落实社会责任议题的一种方式，道德追求也是企业落实社会责任议题的一种驱动力，但完全无私奉献的"雷锋化"绝不能成为企业落实社会责任议题的主导取向和指挥棒。奉献导向将会导致企业落实社会责任议题的方向、方式和方法出现偏离：一是偏离基本规律，在社会责任议题落实过程中，一些问题本应当用市场化和社会化的方式解决，但企业通过免费提供、免费服务、无私给予等方式进行替代，实际上是违背基本规律，会助长社会的一些不良倾向和带来做法的不可持续。二是偏离基本人性，"比奉献"和"比惨"的渲染意味着一个对亲情冷漠的人能够真心实意地为别人无私付出，这显然会带来人性的偏离与抹杀。三是企业实践的不可持续，长期不计代价、不求回报，不考虑能力而全力付出，可能会导致企业在社会责任议题项目上的不可持续。四是大大抬高社会道德标准，奉献导向将会使社会责任议题落实的道德标准大大提高，远远脱离现实和绝大多数企业的实际，会导致其他企业"望而却步"，实际上会造成社会责任议题在全社会落实的不可持续。

6. 寻租导向

寻租导向指的是企业将落实某项社会责任议题作为寻租的手段或工具，社会责任议题的选择、策划和实施都以最有利于实现寻租目的为导向，最终将社会责任议题的落实变成一种彻头彻尾的寻租行为。从现实中的企业行为来看，寻租导向有三种典型的表现：一是政治寻租，一些企业领导人为了谋得个人政治上的前途，迎合某些社会事业的政治化需要，选择和实施一些能够彰显成绩的社会责任议题项目，甚至不惜代价、违背规律地去开展一些政绩工程，将社会责任议题的落实变成一种"政治献金"。二是公关寻租，一些企业为了寻求与政府的关联关系，将落实某项社会责任议题作为开展与政府关系的手段，以便有机会影响政府政策决策或资源配置，从而取得政府给予的特殊政策或倾斜。三是寻租腐败，一些企业领导人或社会责任推进负责人员将开展某些社会责任议题项目变成自己的"自留地"，作为个人利益输送或者个人利益获取的载体。寻租导向在一些企业尤其是国有企业之所以存在，主要有三个方面的原因：一是制度性缺陷，既有国有企业领导人双重身份的制度设计问题，也有企业参与解决社会问题的政治化问题，还有企业尤其是国有企业与政府关系的不合理定位问题。二是信息不对称，企业在社会责任议题项目实施过程中，因为很多项目具有专业性、专有性以及标准的模糊性，不仅利益相关方和社会公众对议题项目所能获取的信息较少，而且企业内部非实施部门能够得到的信息也较少，信息不完全和不对称导致对议题项目实施的监督非常困难。三是管理不规范，企业对于社会责任议题的落实缺乏规范的管理程序、管理制度和管理方法，"人治"色彩浓厚，"人为"因素主导社会责任议题的落实，为企业领导人或社会责任推进负责人员提供了寻租的空间。

寻租导向以个人政治抱负、个人利益获取或企业利益不正当获取为主导，必然带来社会责任议题落实的严重偏颇。虽然有研究表明，企业履行社会责任和落实社会责任议题能够通过改善企业与政府的"政治关联"而获得一些好处，如张川等（2014）认为，企业社会责任行为能够为企业带来政策补贴、税收优惠以及市场影响力，而戴亦一等（2014）则论证了慈善捐赠能够为民营企业带来融资便利、政府补助和投资机会，但是，企业落实社会责任议题绝不能以寻租为导向，否则会对企业个体与社会带来伤害。从企业个体来看，寻租导向通常会使得企业落实社会责任议题违背基本规律，社会责任议题的选择与实施出现方向性偏离，导致企业在社会责任议题上的资源配置严重错位甚至浪费，企业的可持续发展能力受损，同时极易引发腐败风险和社会舆论风险。因此，企业落实社会责任议题就会变得适得其反，不仅不能达到增进社会福利的目的，而且会增加企业对社会的不负责任程度。从社会来看，寻租导向必然会带来一系列不良倾向和后果，将会引起社会资源配置效率的下降，造成经济效率的损失，破坏社会责任秩序，形成糟糕的立法和政策，导致政府公信力的丧失（肖红军和张哲，2016）。

二、企业落实社会责任议题行为的方式误区

正确的导向必须配以科学的执行才可能到达成功的彼岸。企业落实社会责任议题也不例外，执行过程和落实方式对实现社会责任议题的预期目标至关重要。反观众多企业落实社会责任议题的失败案例，执行过程和落实方式误入陷阱的占有相当比例，典型的包括好心办坏事、道德锦标赛、充当救世主、责任近视症、做成两张皮、纯自娱自乐、透明度缺失、共谋式合作、伪社会责任、猴子掰玉米和依葫芦画瓢。

1. 好心办坏事

好心办坏事指的是企业在社会责任议题落实过程中，出于"好心"的良好动机去实施某项行动，但结果却适得其反，不仅未能达到"好心"的目的，而且产生未曾预料的不良后果。从现实中的企业行为来看，好心办坏事有四种典型的表现：一是违背规律型的"好心办坏事"。历史上就有很多违背自然规律的"好心办坏事"故事，如拔苗助长、画蛇添足。一些企业不尊重特定社会责任议题自身的运行规律，强行"拔苗助长"或"画蛇添足"，最终结果是"好心办坏事"。二是过犹不及型的"好心办坏事"。一些企业在社会责任议题落实过程中，出于"好心"去越界帮助利益相关方做他们本应该做的事情，或者出于"好心"去满足利益相关方不合理的一切期望，最终却可能换来利益相关方的不满意。三是盲目无知型的"好心办坏事"。一些企业在社会责任议题落实过程中，由于不了解利益相关方的真实需求，但却盲目地采取行动，最终可能不仅没能为利益相关方创造真正的价值，而且可能"惹来一身骚"。四是方式不当型的"好心办坏事"。2015年诺贝尔经济学奖得主安格斯·迪顿就说过，富国对穷国的直接援助可能会加剧穷国的贫穷。类似地，

一些企业采取的"授人以鱼"方式救助弱势群体可能会增加被救助对象的依赖性，降低其长期发展能力等，最终导致"好心办坏事"。好心办坏事在企业落实社会责任议题过程中之所以经常出现，主要是一些企业将"社会责任"理解为"好心"，认为只要出发点是好的就必然产生好的结果，忽略做事的方式方法，缺乏规律意识、社会分工意识、责任边界意识、全局意识、长远意识和换位思考意识。

好心办坏事反映了企业落实社会责任议题的复杂性，良好的动机并不一定就带来良好的结果。好心办坏事的结果是落实社会责任议题的任何一方可能都不满意：对于企业来说，好心办坏事意味着企业"费力不讨好"，不仅浪费了企业的有限资源，而且还可能招致利益相关方的不满意，企业的社会形象可能因此而受损，其结果必然是严重挫伤企业落实社会责任议题的积极性。对于利益相关方来说，企业所"做的"并不是自己"想要的"，甚至可能出现"帮倒忙"的情况，实际上是没有任何价值增值甚至带来负效用，而企业的越界行为则使得利益相关方的价值创造潜能未能充分发挥，利益相关方缺乏参与感和价值实现感。对于整个社会来说，好心办坏事一方面会带来社会福利的整体损失，社会资源配置效率低下；另一方面还会导致社会公众对"好心"、"善心"和履行社会责任的价值意义产生怀疑，对企业落实社会责任议题形成不良氛围。好心办坏事的危害性表明，企业在落实社会责任议题过程中，应当树立系统思维、全局思维、辩证思维，把握议题的基本运行规律，厘清责任边界和分工定位，切实理解利益相关方的真实诉求，保持谦逊、克制和理性，最大限度地避免好心办坏事。

2. 道德锦标赛

道德锦标赛指的是企业之间在"自由裁量"的社会责任议题或纯粹利他的公民行为议题上进行道德攀比，比无私奉献多少、比自我牺牲多少、比爱心大小，将对这些社会责任议题的落实变成道德竞赛。对于特定企业来说，道德锦标赛意味着企业将获取道德制高点、赢得相对其他企业的道德胜利作为落实社会责任议题的行动指南，"竞争模式"变成落实社会责任议题的主要方式。从现实中的企业行为来看，道德锦标赛有四种典型的表现：一是捐赠攀比。许多企业将捐赠排行榜当成爱心排行榜，认为企业的捐赠名次越靠前，表明企业的爱心奉献越多、责任感越强，于是不遗余力地追求慈善捐赠排行榜的名次。实际上，中国每次在出现大的灾难捐款时，都不同程度地出现了企业捐赠攀比的现象。二是牺牲攀比。许多企业在落实某项社会责任议题时，经常认为企业牺牲越大、付出越多就是爱心越多、责任感越强，于是将落实重点放在与其他企业"比牺牲"、"比付出"、"比代价"上。三是道德绑架。一些企业在落实某项社会责任议题过程中，往往会被"道德竞赛"逼迫行事，甚至做不尽合理的事，如经常听到"这么大的企业就捐这么一点"、"这个企业这么有道德，肯定能满足我们的所有要求"等。四是贬损别人。一些企业为了赢得道德竞争，为了显示自己在道德上更胜一筹，会自觉或不自觉地、时不时地贬损其他企业，例如，经常听到一些企业说，"就做了这点事，也好意思拿出来说"。道德锦标赛之所以在企业落实社会责任议题中经常出现，主要有企业与社会两个层面的原因：从企业层面来看，企业经常受到"纯粹慈善论"、"无私奉献论"等社会责任认知以及"奉献导向"的社会责任议题落实导向的影响，同时将道德功利化、爱心庸俗化、攀比泛滥化，从而极易催生自己去进行爱心攀比和道德竞赛。从社会层面来看，社会公众对道德、爱心的认知缺乏理性，对捐赠观、奉献观的理解也存在一些偏颇，而社会上许多评价排行榜都具有误导性，这些都可能诱发道德竞赛的出现。

道德锦标赛虽然一定程度上反映了社会对道德、爱心等价值观的认同与倡导，也在某种程度上体现了企业追求美好事物的进取心，但它会带来一系列不良后果，对企业落实社会责任议题和整个社会健康发展都可能产生消极影响。从企业来看，道德竞赛一方面可能导致企业超越能力地去承诺或实施道德奉献，结果要么是"诺而不捐"、"诺而不行"，要么是道德奉献行为的不可持续甚至无疾而终；另一方面会使得企业不考虑自身优势、不考虑社会需要而将一些最能体现"爱心"和"奉献"的社会责任议题作为重点，结果要么是议题落实方式的简单粗暴，要么是花费巨大代价却没能做好。此外，道德竞赛也经常会导致企业对社会责任议题的落实变得"费力不讨好"、"好心办坏事"。从社会来看，道德竞赛表面上似乎是激发社会主体奉献爱心、贡献社会的一种机制，但实际上它却可能是一种"恶性循环"机制，导致企业"杀鸡取卵"、"釜底抽薪"，打击各个社会主体真实的积极性，而道德绑架更是会使得企业心生倦怠，这必然使得整个社会的爱心奉献变得不可持续。而且，道德竞赛可能带来爱心资源、道德资源和要素资源的重复配置，资源的价值创造潜能不能得到最为充分的发挥。道德锦标赛可能引致的不良后果表明，企业和社会公众都应当通过树立正确认知、理性开展行动、科学设计机制等方式，尽可能地避免落入道德锦标赛的陷阱。

3. 充当救世主

充当救世主指的是企业在落实社会责任议题过程中，将自己定位为"拯救人类的上帝"，扮演成救世主的角色，对所有事情大包大揽，仿佛自己能够解决一切社会问题、满足一切他人需要、掌控一切事物进程。从现实中的企业行为来看，充当救世主有三种典型的表现：一是过度涉猎积极影响类社会责任议题。一些企业将自己当成社会问题的拯救者，策划和实施过多的积极影响类社会责任议题项目，就像业务过度多元化一样，涉及几乎所有社会问题领域，仿佛企业致力于解决所有社会问题，最终是"贪多嚼不烂"。二是做事大包大揽、越俎代庖。一些企业不顾特定社会责任议题运行规律、不顾社会分工协作要求、不顾利益相关方参与合作诉求、不顾责任边界界定，将不属于自己分工范围、优势范围、职责范围和利益范围的事情全部揽过来，越界落实社会责任议题，并美其名曰"替政府分忧"、"替利益相关方着想"。三是有求必应地满足利益相关方的不合理诉求。一些企业要么出于害怕利益相关方对自己的不满意，要么纯粹出于"好心"，对利益相关方的诉求往往有求必应、来者不拒，由此使得企业不得不经常满足利益相关方一些违背原则、违背规律、超越边界的不合理诉求。充当救世主在企业落实社会责任议题过程中之所以经常出现，主要是企业的心智模式不合时宜、不合事宜，包括依靠情怀驱动而缺乏理性、真正自我出发而忽视真实外部视野、控制欲强而忽略他人感受、一厢情愿而破坏规律、系统观缺乏而跨越边界、价值取向偏颇而过犹不及。

充当救世主反映企业自以为是、自以为万能的心态，体现出企业缺乏对落实社会责任议题的"度"的有效把握，最终结果可能是对企业、对利益相关方和对社会都会产生不良影响。从企业来看，充当救世主不仅要耗费企业过多的资源在过量的积极影响类议题项目上，影响企业正常的商业运营，最终导致社会责任议题项目难以为继，而且可能会出现意想不到的"好心办坏事"，助长利益相关方的不合理诉求。正如托克维尔谈到政府时所说的，当政府像上帝一样包揽一切的时候，别人就要把所有的、与其有关系没关系的，连最自然的灾害也都归咎于它，甚至生老病死。企业也是如此，企业在落实社会责任议题过程中的大包大揽可能会导致利益相关方和社会将越来越多的不合理期望强加于企业，将会导致企业背负无法承受的压力。从利益相关方来看，充当救世主一方面会使得利益相关方在企业落实社会责任议题过程中缺乏参与感、成就感，甚至出现不适感和挫败感；另一方面还可能进一步加剧利益相关方对外部的不恰当依赖，损害其自我发展的能力。从社会来看，企业充当救世主本质上会造成对社会分工、社会秩序的破坏，甚至成为反社会、反市场的行为，由此导致企业落实社会责任议题可能从宏观上不仅未能促进社会进步，而且会打乱社会的正常运转秩序。充当救世主所带来的微观与宏观不良影响表明，企业在落实社会责任议题过程中应当谦逊、克制和理性，避免落入充当救世主的陷阱。

4. 责任近视症

责任近视症指的是企业在落实社会责任议题过程中，决策和行动都"只看眼前影响而忽略长远影响"、"只看局部影响而忽略整体影响"、"只看作用点影响而忽略系统影响"，表现出"一叶障目，不见泰山"，形成对履行社会责任的目光短浅和错误判断。从现实中的企业行为来看，责任近视症有三种典型的表现：一是"目光短浅"型近视症。一些企业在开展社会责任议题策划与实施时，往往只考虑行动举措对经济、社会、环境发展的当下影响而无视长久影响，只考虑生命周期的某一阶段影响而忽略全生命周期的影响，如对改善汽车的污染排放问题只考虑汽车使用环节。二是"考虑不全"型近视症。一些企业在开展社会责任议题策划与实施时，往往只考虑了对部分利益相关方的影响和行动，一些重要利益相关方被忽略，或者只考虑了对经济、社会、环境发展的部分影响，一些重要的影响内容被忽视。三是"就事论事"型近视症。一些企业在开展社会责任议题策划与实施时，往往只考虑行动举措对议题本身的影响，或者只考虑行动举措对具体作用点的影响，忽略可能带来的更广范围和更深层次的影响。例如，在一些贫困国家或地区，跨国公司严格禁止供应链对童工的使用，并通过各种方式"拯救"被雇用的童工，似乎是在全面落实禁用童工的社会责任议题，但许多童工在被"拯救"后就陷入了生存危机，境况更加悲惨。责任近视症在企业落实社会责任议题过程中之所以普遍存在，主要是由于对企业社会责任理解得不够全面深入和企业心智模式存在缺陷，前者是企业没有从最大限度贡献于可持续发展、最大限度创造综合价值的角度理解社会责任，后者是企业缺乏长远视野、辩证思维、系统观、全局观和互动观。此外，一些企业急功近利、急于求成的心态也是导致企业患上责任近视症的重要原因。

责任近视症一方面反映出企业落实社会责任议题的复杂性，另一方面也体现出企业落实社会责任议题的方式偏颇。责任近视症意味着企业在落实社会责任议题过程中，表面上采取了对利益相关方、对社会负责任的行动举措，但实际上却因为目光短浅、考虑不周和就事论事而造成对社会不负责任的结果。责任近视症对企业和社会都可能带来危害：从企业来看，责任近视症具有隐蔽性、迷惑性，容易导致企业落实社会责任议题的决策出现方向性错误而不自知，使得企业在毫无意识的情况下采用不合理的议题落实方式甚至走上错误的议题实施道路，带来"好心办坏事"、"费力不讨好"等一系列对社会不负责任的后果。从社会来看，责任近视症往往涉及许多有争议性的社会问题，而方向性错误会引发社会资源配置的错位，阻碍整体社会福利的增进和社会进步。责任近视症的危害性表明，企业需要在树立科学的社会责任观、改善心智模式两个方面，通过培育和树立长远视野、辩证思维、系统观、全局观和互动观，尽可能避免和有效矫正责任近视症。

5. 做成两张皮

做成两张皮指的是企业将落实社会责任议题与日常经营管理相分离，落实社会责任议题变成业务运营和企业管理之外的独立工作，二者之间原本存在的必然联系或依附关系被忽略而成为互不相干的"两张皮"。从现实中的企业行为来看，做成两张皮有四种典型的表现：一是部门分工独立引致的"两张皮"现象。一些企业将社会责任推进部门作为落实各项社会责任议题的责任部门和主导部门，落实社会责任议题成为社会责任推进部门的事情而其他部门不关心、不参与，由此导致各项社会责任议题的落实变得浮于表面，与其他部门的工作缺乏关联。二是决策活动分离引致的"两张皮"现象。一些企业将落实社会责任议题作为一项独立的工作，在社会责任议题的决策或活动开展中不考虑企业的业务运营，而在企业的业务运营决策和活动中则不考虑社会责任议题的要求，二者之间平行独立实施。三是制度流程分设引致的"两张皮"现象。一些企业在业务运营和管理的制度制定与流程设计时并不考虑社会责任相关议题的要求，而社会责任议题落实的制度与流程也是独立于业务运营和管理的制度与流程，二者"油水分离"。四是企业管理割裂引致的"两张皮现象"。企业的基础管理和职能管理采用传统模式而不考虑社会责任的新要求，而企业的社会责任议题管理也独立实施，二者之间相互割裂、相互分离。做成两张皮之所以在企业社会责任实践和企业落实社会责任议题中经常出现，一方面是企业受社会责任"额外负担论"认知的影响，将企业社会责任看作"一项新工作"、"一件新事情"，把落实社会责任议题作为正常运营之外的工作；另一方面是现有的企业社会责任落地做法几乎都采取"增材"模式，难以实现社会责任与企业运营管理的融合。

做成两张皮反映出企业落实社会责任议题的表面性和避重就轻，缺乏实质有效的可持续落实模式。实际上，由于企业社会责任源于企业的核心社会功能，脱离业务运营则无从谈起企业的社会责任，因此企业社会责任与企业的运营管理天然就是相互紧密联系在一起的，将二者割裂开来的"两张皮"做法必定会导致企业社会责任实践和企业落实社会责任议题浮于表面。"两张皮"做法将会对企业履行社会责任和企业发展均带来不良影响：一方面，"两张皮"使得企业落实社会责任议题无法为企业的正常经营提供支持和产生价值，社会责任议题的要求也无法真正在企业落地，落实社会责任议题被真正当成了企业的"一项负担"，浪费了企业的资源投入；另一方面，"两张皮"使得企业的业务运营和企业管理仍然沿用传统做法，无法满足企业对社会负责任的要求，引发许多显性或隐性的社会和环境风险，对企业的可持续发展形成挑战，甚至导致企业失败。做成两张皮容易导致企业对待社会责任的"恶性循环"，最终必定会使得企业落实社会责任议题的不可持续，因此企业在开展社会责任实践和落实社会责任议题的过程中，应当警惕和防止"两张皮"现象。

6. 纯自娱自乐

纯自娱自乐指的是企业纯粹按照自己的喜好而不考虑外部的需要去落实社会责任议题，或者将落实社会责任议题变成"小圈子"群体实现自我爱好的载体和途径，表现出明显的自编自导、自我娱乐、自我肯定、自我满足的特征。从现实中的企业行为来看，纯自娱自乐有四种典型的表现：一是"象牙塔"式的自娱自乐。一些企业采用完全的"偏好导向"，对于选择哪些和如何落实社会责任议题纯粹凭企业的爱好，由此使得一些社会责任议题严重脱离现实社会需要和企业实际，成为不能解决现实问题、纯粹实现自我偏好的自娱自乐行为。二是"独行者"式的自娱自乐。一些企业对某些社会责任议题的落实完成采取自我偏好、自我兴趣、自我行动、我行我素的方式，"自己想怎么做就怎么做"、"自己做自己的"，不考虑利益相关方的诉求、不让利益相关方参与、不与利益相关方合作，将这些社会责任议题的落实变成企业的独立"小王国"。三是"边缘者"式的自娱自乐。一些企业落实社会责任议题完全由处于边缘地位的社会责任推进部门来实施，其他部门没兴趣、不知晓、不参与、不认同，使得落实社会责任议题"浮于表面"，但社会责任推进部门却自我感觉良好、自我感觉重要、自我感觉前瞻。四是"小圈子"式的自娱自乐。对于某些社会责任议题，除了少数企业和少量专业性机构的少数人员涉猎其中外，社会上绝大多数企业、机构和人员均不了解、不参与、不涉猎，由此变成少数人"玩"的"小圈子"议题。纯自娱自乐在企业社会责任实践和企业落实社会责任议题中之所以出现，一方面是受到企业社会责任"高大上品论"、"额外负担论"认知的影响，另一方面是企业缺乏利益相关方视野、合作意识、社会资源整合与优化配置理念。

纯自娱自乐既反映出企业落实社会责任议题的狭隘视角和自以为是的心智模式，也反映出当前企业社会责任发展所面临的困难和挑战。企业社会责任的真实内涵已经表明，企业社会责任议题的有效落实必然需要外部利益相关方的参与和合作，要求企业内部各部门的正确分工和通力协作，甚至需要广泛的社会资源整合与优化配置，绝不能采取纯自娱自乐的落实方式。从后果来看，纯自娱自乐带来的最直接结果必然是企业落实社会责任议题的低效、无效甚至负效，社会责任议题难以在企业得到真正落实，尤其是无法融入企业的业务运营和管理活动中，企业落实社会责任议题最终走向失败。此外，纯自娱自乐还会导致企业社会责任进一步被边缘化、"小众化"，企业社会责任的存在价值和合法性会受到更多的质疑，企业社会责任发展的前景会变得更加悲观。正是因为纯自娱自乐会对企业落实社会责任议题和企业社会责任发展带来不良后果，因此企业在落实社会责任议题过程中，应当全力避免陷入纯自娱自乐的陷阱。

7. 透明度缺失

透明度缺失指的是企业在落实社会责任议题过程中"只做不说"或者"说不到点上"，缺乏有效的利益相关方沟通，没有满足利益相关方和社会公众对企业落实社会责任议题行为的透明要求。从现实中的企业行为来看，透明度缺失有三种典型的表现：一是利益相关方沟通缺失。一些企业在落实社会责任议题过程中，缺乏利益相关方视角，忽略利益相关方对议题实施的知情权、参与权和监督权，只"埋头干活"以满足利益相关方的利益诉求，没有或缺乏与利益相关方的沟通。二是社会传播缺失。一些企业在落实社会责任议题过程中，秉持"酒香不怕巷子深"的理念，对媒体和社会公众的关注点没有进行积极回应，没有向媒体和社会公众开展必要的和适度的传播，让人感觉企业社会责任议题的落实过程和结果是一个"黑箱"。三是透而不明。一些企业在落实社会责任议题过程中，由于沟通内容、沟通方式、沟通渠道和沟通载体的不当，"自说自话"，与利益相关方和社会公众所期望的、习惯的和偏好的相差甚远，企业所披露的信息并没有为利益相关方和社会公众所接受，而利益相关方和社会公众的反馈也无法有效到达企业。透明度缺失之所以在企业落实社会责任议题过程中经常出现，主要有三个方面的原因：一是对企业社会责任的理解出现偏颇，认为企业对社会负责任只要"做好"即可，而不需要对外界的沟通透明，将透明度从企业社会责任的概念中剔除。二是对透明度的理解出现偏颇，认为企业只要把需要传递的信息和表达的内容向外披露即可，而不需要考虑受众是否能够有效接受，以及受众的感受、要求和建议的反馈。三是企业缺乏系统规范的透明度管理体系，对于企业决策和活动的透明度要求、透明度管理策略、透明度管理规范、透明度管理流程等都缺乏明确和制度化，由此企业落实社会责任议题自然也就缺乏透明度管理。

透明度缺失反映出企业落实社会责任议题的沟通缺位或错位，体现出企业传统的"眼睛向内"思维和"自说自话"特点。实际上，透明度原则是企业社会责任的重要原则，企业对社会负责任的行为要求必须是"透明的方式"，保持适度合理的透明度是企业成功开展社会责任实践和落实社会责任议题的重要影响因素。透明度缺失对企业落实社会责任议题将会带来三个方面的不利影响：一是议题项目实施受阻。由于缺乏与利益相关方的沟通，利益相关方不了解企业落实社会责任议题的行动和价值，甚至会对企业的社会责任议题项目形成误解，进而反对和阻挠企业实施社会责任议题项目。二是价值创造能力受限。由于缺乏与利益相关方的沟通，企业难以真正了解和理解利益相关方的诉求与期望，难以真正找到为利益相关方创造价值的"点"，结果是所创造的所谓"价值"不是利益相关方所需要的，变得"毫无价值"。同时，由于缺乏利益相关方的参与，企业在落实社会责任议题过程中的价值创造潜能也无法最为充分地发挥。三是社会认可认同缺失。由于社会传播的缺失和"透而不明"，社会公众对企业落实社会责任议题并不了解，甚至可能产生诸多猜疑与曲解，从而使得企业的社会责任议题项目难以获得社会的认可和认同。透明度缺失的不良后果表明，企业在落实社会责任议题过程中应当重视透明度管理，保持对利益相关方和社会公众适度合理的透明度，避免落入透明度缺失的陷阱。

8. 共谋式合作

共谋式合作指的是企业在落实社会责任议题过程中，通过秘密协议或黑箱操作的方式与特定利益相关方或社会主体开展合作，以损害其他利益相关方或社会主体的利益为代价，谋取合作双方不正当的私利，达到共谋的目的。

从现实中的企业行为来看，共谋式合作有四种典型的表现：一是以损害其他利益相关方利益为代价的共谋。一些企业在落实社会责任议题过程中，为了获取企业特定的私利，寻求与议题的特定利益相关方秘密合作，双方共谋商定和实施能够让彼此获得各自私利的不正当行为，而这一行为却给其他利益相关方的利益带来损害。二是以损害社会利益为代价的共谋。一些企业在落实社会责任议题过程中，完全不顾社会公众的利益，采取与利益相关方"暗箱操作"的合作方式，实施不当行为，谋取双方各自的利益最大化，从而损害社会整体福利。三是以利益输送为目的的共谋。一些企业在落实社会责任议题过程中，为了实现企业领导人的政治追求、达到社会责任推进负责人员的个人目的或者获得企业的独有利益，开展与特定社会主体的不正当合作，向其进行利益输送，从而达到寻租的目的。四是无意识的共谋。一些企业在落实社会责任议题过程中，虽然从动机上和主观上没有采取共谋的意图，但做法上的最终结果却变成与特定社会主体的共谋，而企业自身却不知。共谋式合作在企业落实社会责任议题过程中之所以会被采用，要么是企业主观上具有机会主义倾向，加之信息不对称，将落实社会责任议题作为寻租手段，由此采取共谋作为实现方式；要么是企业没能对社会责任议题运行规律予以真正把握，缺乏系统观、全局观、长远视角和辩证思维，共谋成为企业的无心之为和无意识之过。

共谋式合作反映出企业对利益相关方合作或社会合作的不当运用，体现出企业对落实社会责任议题的不良动机和方法失当。虽然利益相关方合作是企业履行社会责任的核心要义，也是企业落实社会责任议题的重要机制，但这一合作必须以共赢为基础，绝不能以共谋为目的。共谋式合作将会给企业和社会带来一系列不良后果，包括：一是对利益相关方利益和社会利益造成损害，共谋式合作只考虑企业自身和合作对象的利益，采用损人利己的方法，必然带来严重的负外部性。二是利益相关方合作和社会责任议题落实的不可持续性，共谋式合作虽然使企业从社会责任议题落实中获得了暂时利益，也找到了"臭味相投"的合作对象，但因为招致其他利益相关方的质疑和反对，长远来看必将是合作与议题落实无法持续。三是可能给企业带来致命风险，共谋式合作一旦被揭露，企业可能面临来自众多利益相关方和社会公众的责难甚至"用脚投票"，严重时将导致企业的危机。四是破坏社会秩序，共谋式合作实际上扰乱了社会分工协作和正常的市场秩序，对社会健康运行造成破坏。共谋式合作的多重危害表明，企业在落实社会责任议题过程中，无论是有意识的共谋还是无意识的共谋，都应当予以避免。

9. 伪社会责任

伪社会责任指的是企业虚假的或伪装的"对社会负责任的行为"，是思行不一或言行不一地在表面上落实社会责任议题，前者是企业并非出于真实对社会负责任的动机而在表面上表现出社会责任议题落实行为或"对社会负责任的"结果的过程，后者是企业在公众面前宣称甚至鼓励别人对社会负责任，但私底下却没有采取落实社会责任议题的行动甚至实施违背社会责任的行为（肖红军等，2013）。从现实中的企业行为来看，伪社会责任有四种典型的表现：一是"漂绿、漂白、漂红"。一些企业没有采取真正的绿色发展行动，而是通过传播虚假的绿色信息以获得具有环保责任感的绿色形象，即漂绿（Beers 和 Capellaro，1991）；一些企业开展了某些社会责任缺失的行为，却通过某种途径进行"漂白"或"漂红"。二是道德伪善（Moral Hypocrisy）。一些企业打着"道德"的幌子去落实社会责任议题，但道德只停留在口头上和态度上，而到具体实施行动中却背道而驰，甚至干着违背道德的勾当，言与行、知与行"两张皮"。三是社会责任商业作秀。一些企业将落实某些社会责任议题作为商业作秀的手段，议题的选择、策划和实施完全服务于商业作秀的需要，表面上向社会公众呈现出企业履行社会责任的行为，但实际上却是"只说不做"或者"多说少做"。四是夸大性公益营销。一些企业在开展公益营销过程中，将落实某项社会责任议题作为产品或服务营销的手段，但企业所承诺的、展现的"公益"成分在实际执行中却大打折扣，甚至变成欺骗行为。伪社会责任在企业落实社会责任议题过程中之所以经常出现，主要是受到压力（Pressure）、机会（Opportunity）、借口（Rationalization）和曝光（Exposure）四个方面因素的影响（肖红军等，2013）：压力是企业实施伪社会责任行为的动机，是直接的利益驱动，并可分为内生性压力和外源性压力；机会是企业将伪社会责任行为动机转化为实际行动的内外部条件，包括制度性条件即制度供给不足与监管缺位，以及信息认知条件即信息不对称与有限理性；借口是企业必须找到某个理由，从而使得伪社会责任行为与企业的道德观念、行为准则相吻合，即将伪社会责任行为自我合理化；曝光是企业伪社会责任行为被发现和揭露的可能性大小，以及被发现和揭露后将遭受的惩罚强弱。

伪社会责任反映出企业对人性假设的矛盾认知、对企业与社会关系的矛盾认知、对企业社会责任的矛盾认知，体现出企业落实社会责任议题的异化。

伪社会责任行为或现象的大量出现引发了一系列后果，无论是对企业、行业还是整个社会都带来了严重危害，主要包括四个方面：一是损害企业的可持续竞争力。作为一种机会主义行为，企业伪社会责任行为一旦遭到曝光，不仅企业的生产运营和市场销售立刻受到巨大冲击，而且企业长期积累的品牌资产与品牌声誉会瞬间崩溃（刘呈庆，2010），企业的合法性也将受到质疑，因为与那些从未做过社会责任声明的企业相比，社会公众对那些声称善良的、有责任感的但事实上却造假的企业更为痛恨。二是导致市场的逆向选择。伪社会责任现象的大量出现很有可能导致"劣币驱逐良币"，这是因为企业社会责任的诸多议题领域都具有明显的信息不对称性，外界对于企业是真正履行社会责任还是实施伪社会责任行为难以鉴别和判断，而真正履行社会责任又需要付出成本并导致企业的产品或服务缺乏价格优势，由此使得企业真正履行社会责任的积极性受挫。三是造成整体社会福利的损失。伪社会责任行为将直接导致利益相关方潜在的或现实的利益受损，抑制和扼杀利益相关方参与和合作的积极性，无法发挥利益相关方的综合价值创造潜能，导致明显的外部不经济性，引发不同程度的社会信任危机和道德危机。四是威胁社会责任运动的发展。"涟漪效应"导致企业伪社会责任行为或现象日益增多，而不断被曝光的企业伪社会责任行为或现象导致人们对企业社会责任的正当性和存在合理性产生严重质疑，甚至越来越多的人怀疑企业社会责任是个伪命题，这对全球企业社会责任运动的健康发展形成了认知模式上的严重威胁。伪社会责任的严重危害性表明，企业在落实社会责任议题过程中，应当最大限度地避免落入伪社会责任的陷阱。

10. 猴子掰玉米

猴子掰玉米指的是企业在落实社会责任议题过程中，频繁更换项目，一个项目尚未完成又撕弃而转移到新的项目，最终企业开展了大量社会责任议题项目，但每个项目都有始无终或者草草收场，就像"猴子掰玉米"一样，结果是"两手空空"、"一无所获"、"一事无成"。从现实中的企业行为来看，"猴子掰玉米"有两种典型的表现：一是重点社会责任议题的频繁转移。一些企业对于积极影响类社会责任议题，经常毫无依据或毫无目的地对重点议题进行频繁调整，当原有确定的重点议题尚未得到实质性落实时，就将其放弃而又转移到新的重点议题，如此不断更换，最终是每个重点议题都变成"半拉子工程"，均没有得到有效落实和产生实效。二是社会责任议题项目的频繁更换。一些企业对于同一个社会责任议题下的项目策划和实施，也同样存在频繁更换项目、经常"断舍离"的现象，每个项目都半途而废、虎头蛇尾甚至无疾而终，最终是各个项目都没能得到持续开展和成功完成。"猴子掰玉米"现象在企业落实社会责任议题过程中之所以会出现，主要有三个方面的原因：一是缺乏整体策划和战略定力。一些企业对于社会责任议题管理缺乏整体性的规划和部署，也没有主动性的策略制定，而是"想到什么做什么"，或者"别人做什么就做什么"，加之企业缺乏战略定力，其结果就容易"心猿意马"、"见异思迁"和"朝三暮四"。二是领导人的频繁更换和偏好使然。一些企业尤其是国有企业，领导人更替频繁，加上社会责任议题的落实全凭领导人的偏好，其必然结果就是重点社会责任议题和社会责任议题项目的频繁调整与更换。三是落实社会责任议题的"创新陷阱"。一些企业打着"创新"的旗号，经常进行社会责任议题新项目的策划与实施，甚至频繁开展"破坏性创新"、"激进式创新"和"跳跃式创新"，不断"推陈出新"甚至"推倒重来"，但结果却是每个项目都在创新之下被"夭折"。

"猴子掰玉米"反映出企业落实社会责任议题的易变性、随意性和不连续性，体现出企业"贪多"、"喜新厌旧"和"三心二意"的弊病。企业落实社会责任议题的确是需要根据外部环境演变和企业发展情况进行动态更新，但绝不是"有头无尾"、"变化无常"、"见异思迁"的猴子掰玉米。"猴子掰玉米"一方面使得企业每个社会责任议题项目都没能真正实现既定目标，无法达到预期效果，社会责任议题本质上没有得到真正落实，而企业所投入的大量资源都先后被沉没掉和浪费掉；另一方面是许多社会责任议题项目的中断将会给利益相关方带来意想不到的消极影响，甚至会对关键对象产生适得其反和更加恶劣的影响，例如，一些企业扶贫项目的突然中断或戛然而止会使受助对象的处境更加艰难。更进一步来看，"猴子掰玉米"也会导致社会资源的浪费，本质上是一种对社会更加不负责任的行为。"猴子掰玉米"所带来的诸多不良影响表明，企业在落实社会责任议题过程中，应当重视社会责任议题项目的连续性，科学合理地进行动态调整与更新，避免落入"猴子掰玉米"的陷阱。

11. 依葫芦画瓢

依葫芦画瓢指的是企业在落实社会责任议题过程中，不考虑企业的实际情况和社会责任议题的特点，并由于一知半解或者"不懂装懂"而采取"照猫画虎"的方式，最终是方法运用"形似神不似"，没有发挥任何作用，甚至产生负效应。从现实中的企业行为来看，"依葫芦画瓢"有三种典型的表现：

一是对企业管理的一般性方法工具进行简单的移植和挪用。一些企业基于自身对传统企业管理方法工具的掌握，将其简单地移植和挪用到企业社会责任议题管理中，结果是"怪相百出"，要么"驴唇不对马嘴"，要么"不知所云"，要么明显冲突，要么"故弄玄虚"，要么浮于表面，要么完全错误。二是对企业社会责任基本方法工具的简单套用、表面应用和错误使用。一些企业在落实社会责任议题过程中，虽然表面上应用了企业社会责任的一些基本方法工具，如利益相关方识别工具，但实际上所得到的结论完全不是应用方法工具的结果，方法工具的应用只是用来"装点门面"而没有发挥任何作用；一些企业模仿已有案例对企业社会责任基本方法工具的应用，但只是局限于简单套用，没有考虑应用情境的区别，结果是毫无帮助甚至错误引导。三是事后的"纸上谈兵"。一些企业在落实社会责任议题过程中，虽然识别、策划、实施甚至评价的全过程都没有运用企业社会责任管理方法工具，但在事后的总结报告中却"挖空心思"寻找"合意"的方法工具，将落实社会责任议题的过程与成果进行"方法化"、"工具化"，实现对社会责任议题总结的"高度包装"，而社会责任管理方法工具的运用也变成事后的"纸上谈兵"。"依葫芦画瓢"在企业落实社会责任议题过程中之所以经常出现，一方面是客观上企业社会责任领域严重缺乏有效的知识供给，可用的、好用的方法工具相当匮乏；另一方面是企业对待方法工具的态度出现问题，盲目追崇方法工具，加之企业学习能力和创新能力相对缺乏，难免会出现各种各样的"依葫芦画瓢"现象。

"依葫芦画瓢"反映出企业对方法工具应用的刻板和形似神缺，体现出企业落实社会责任议题面临的方法工具困境。"依葫芦画瓢"对企业落实社会责任议题可能带来三个方面的不利影响：一是方法工具的错误应用容易导致企业落实社会责任议题的方向偏离、策略错误和行动无效。社会责任议题识别与选择阶段的方法工具误用，将使企业能否"做正确的事"成为问题；社会责任议题策划和实施阶段的方法工具误用，将使企业能否"正确地做事"成为问题；社会责任议题评价阶段的方法工具误用，将使企业能否"做出正确导向"成为问题。二是方法工具的表面应用容易导致企业落实社会责任议题的真实性和科学性受到质疑。企业在落实社会责任议题过程中对方法工具的表面应用容易被利益相关方和社会公众识破，"装点门面"的印象会使利益相关方和社会公众对企业是否真正采取了落实社会责任议题的行动，以及企业是否采取了正确的实施路径产生怀疑。三是方法工具的简单套用、表面应用和错误使用容易导致企业、利益相关方和社会产生"方法无用论"的感知，不利于企业社会责任领域方法工具的开发和发展。"依葫芦画瓢"可能带来的一系列不利影响表明，企业在落实社会责任议题过程中，应当在准确理解、消化吸收和结合情境的基础上，科学正确地应用各种方法工具，避免落入"依葫芦画瓢"的陷阱。

三、企业落实社会责任议题行为的环境误区

离开适宜的外部环境，企业采取正确的行为方式将变得异常艰难。企业社会责任生态系统的持续健康发展，离不开"合意"的外部环境。现实中，企业落实社会责任议题也是处于一定的经济社会发展环境中，必定受到外部环境的影响，企业有效落实社会责任议题有赖于和谐健康的外部环境。然而，当前社会上却存在一些不适宜、不利于企业有效落实社会责任议题的思潮、倾向和误区，典型的包括不合理期望、不恰当评价和不严于律己。

1. 不合理期望

不合理期望指的是政府和社会对企业履行社会责任和落实社会责任议题的期望要求不科学、不合理、不适宜，要么期望要求过度、过高、过多，要么期望要求过低、过少、不足，影响企业正确地履行社会责任和落实社会责任议题。现实中，不合理期望有四种典型表现：一是超越发展阶段和企业能力的过度期望。政府与社会普遍存在一种观点，即认为对企业的期望要求越高，企业对社会的负责任水平和做出的贡献就会越大。受这一观点影响，政府和社会大众往往会超越经济社会发展阶段，不考虑企业的实际承受能力，对企业承担的责任提出过高的期望要求。例如，新劳动合同法对企业的要求是否过高就一直备受争议。二是超越责任边界的过度期望。政府和社会公众经常会忽略社会分工的基本要求，将政府应当承担的责任和任务、社会组织应当承担的责任和任务、公众应当承担的责任和任务强加于企业，期望企业承担超越自身责任边界和范围的、违背社会分工要求的任务。三是不符合规律和不符合可持续发展要求的错误期望。政府和社会公众同样具有有限理性，对规律的理解和事物的认知可能存在偏颇，特别是有些规律和事物本身就存在观点分歧与争议，因此对企业所承担的责任也可能出现错误要求。四是过低的期望要求。无论是经济环境差的原因，还是政府与社会公众的认知水平尚不到位的原因，政府与社会公众在有些时候和有些方面可能对企业所应承担的责任期望要求不足。政府和社会公众对企业履行社会责任之所以出现不

合理期望，原因可能是多种多样的，但根本原因还是对企业、政府、社会组织和社会公众等不同主体在社会中的角色定位缺乏正确认知，对符合可持续发展目标要求的社会分工缺乏科学理解。

不合理期望会对企业开展社会责任实践和落实社会责任议题造成不利影响，企业不可避免地陷入"左右为难"的困境。一方面，社会期望和要求会对企业形成压力，企业不得不做出回应，但如果企业按照政府和社会公众的过度期望要求行事，那么不仅意味着企业超越自身能力去做不属于责任范围内的事情，损害企业的可持续发展能力，企业履行社会责任会变得不可持续，而且意味着企业对社会分工的破坏，不可避免地影响社会资源的最优配置，导致社会运行效率的下降和社会秩序的混乱。特别是，一旦企业接受过度期望要求，政府和社会公众的过度期望会变得成为"一种习惯"，导致更多的过度期望，形成恶性循环。事实上，现实中一些企业正是由于"来者不拒"地承担过度的社会期望要求，不仅使得企业承受难以"承担之苦"，而且造成其他社会主体的习惯性缺位，本质上变成一种对社会不负责任的行为。另一方面，如果企业保持足够理性，对不合理的社会期望要求不予回应，那么企业可能会受到来自政府和社会公众的责难，企业的社会声誉和公众形象会受损。因此，对于企业来说，当面临来自政府和社会公众的不合理期望时，应当要有足够的智慧去审慎地处理，既不能一味迎合，也不能置之不理，而是需要加强与政府和社会公众的沟通，引导他们认识到期望要求的不合理，促使和协同他们寻找到符合可持续发展目标的更优解决方案。

2. 不恰当评价

不恰当评价指的是社会机构对企业开展社会责任实践和落实社会责任议题进行不科学、不正确的评价，评价目的功能化、评价方法欠妥当、评价结果易误导，对企业履行社会责任形成不当激励和错误引导。现实中，不恰当评价有四种典型表现：一是基于设租目的的评奖与排行榜屡见不鲜。一些社会机构凭借自身在社会上或社会责任领域的影响力，以功利化的设租为目的开展社会责任评奖或建立社会责任排行榜，其基本操作方式是"谁给钱谁获奖"、"谁给钱谁排名靠前"，因此就出现一些令人"啼笑皆非"、"跌破眼镜"的现象：一些社会责任表现好的企业因为不给钱而不上榜、一些社会责任表现差的企业因为给了钱而排名靠前；一些企业"前脚刚获奖、后脚就出事"；一些企业前一年排名倒数，后一年因为给了钱就变成前几位。二是社会责任评级与验证的客观性严重缺乏。一些社会机构为企业开展社会责任报告评级与验证服务，但评级与验证的过程简单，结果缺乏客观性，很多都是依据企业与机构之间的关系紧密程度来确定验证级别，关系紧密评级自然就高。与此同时，一些社会机构既当"运动员"，又当"裁判员"，也就是他们既为某家企业提供社会责任报告的编写服务，又为其提供评级与验证服务，即自己评价自己编写的报告，其结果可想而知。三是动机评价思路和标准的不合理。社会上许多机构和公众对企业开展社会责任实践和落实社会责任议题的评价都偏好从考察动机出发，甚至将动机作为唯一的评价标准。如果企业是出于纯粹利他的良好动机，即使"好心办坏事"，也认为企业是对社会负责任的；反之，如果企业是出于经济利益的工具理性动机，即使实现"共享价值"，也认为企业是对社会不负责任的。四是多数评价体系和方法存在程度不一的缺陷。企业社会责任的现有社会评价体系和方法中，多数都存在各种各样的问题和争议性，要么是理论基础的缺陷，要么是评价维度的错误，要么是评价指标的争议，要么是评价方法的有待商榷。社会上对企业履行社会责任的不恰当评价之所以出现，一方面是社会上对企业社会责任的理解仍然存在诸多偏颇，认知的深度尚有欠缺，普遍的科学企业社会责任观并未真正形成；另一方面是部分社会机构毫无底线的趋利行为导致评价体系、评价方法和评价结果的扭曲。

不恰当评价反映出企业社会责任的社会评价"乱象丛生"，企业社会责任在全社会的发展仍然处于初始阶段。不恰当评价对企业社会责任生态系统的持续健康发展会带来致命的危害，主要体现在三个方面：一是误导企业。不恰当的社会评价可能会诱导企业偏离正确履行社会责任的方向，将开展社会责任实践和落实社会责任议题的重点放在"寻租"和"形象包装"上，追求扭曲的社会责任奖项和饱受非议的社会责任排行榜，而不是踏踏实实地在生产运营中落实各项社会责任议题，将社会责任理念和要求全面融入企业的业务运营与管理过程。现实中，一些企业将主要精力都放在争取社会责任奖项上，甚至一些企业每年为争取奖项单独列有预算支出，其结果是奖项买到不少，但社会责任表现却毫无进步。二是误导公众。不恰当的社会评价可能会引导社会公众对企业社会责任的许多现象形成错误认知，让社会公众对企业社会责任形成狭隘甚至错误的理解。三是扰乱秩序。"一粒老鼠屎坏了一锅粥"，部分社会机构跨越底线的设租行为使得企业社会责任的社会评价领域秩序混乱，社会机构的公信力普遍下降，甚至一度遭受行业性的声誉危机，同时还引起企业社会责任对企业的价值、对社会的意义受到广泛质疑，很大程度上催生了企业社会责任悲观论。因此，要推动企业社会责任生态系统的持续健康发展，不合理的社会评价必须得到有效治理，这既需要政府对企业社会责任领域中介机构的整顿，也需要企业对不合理评价的联合抵制和理性对待，更需要社会机构坚守最基本的底线要求和职业道德，同时还需要提升全社会对企业社会责任真正理解、辨识的水平和能力。

3. 不严于律己

不严于律己指的是众多的社会主体虽然对企业履行社会责任提出明确的期望和要求，甚至通过各种制度安排与各项具体举措推动企业落实社会责任要求，但对自身行为是否符合社会责任的要求、是否有利于可持续发展却要求甚少，甚至很多行为逆向而行之，从而不利于促进企业履行社会责任。现实中，不严于律己有五种典型表现：一是责任采购的缺失。包括政府在内的很多社会机构都强调企业要履行社会责任，开展负责任的产品生产和服务提供，但在进行产品和服务采购时，仍然将价格、质量和交货及时性作为最重要甚至全部的考量因素，而对"责任采购"原则和要求则抛之脑后。二是责任投资的缺失。无论是机构投资者还是个人投资者，绝大多数在资本市场上的投资行为完全以"回报"为衡量标准，根本不理会甚至不知道"负责任的投资"、"社会影响力投资"、"社会价值投资"等责任投资的理念和要求；对于银行、信托等机构，虽然近年来绿色金融快速发展，但绝大多数机构开展信贷、发行债券、推出信托产品都依然沿袭传统思维和传统方法，绿色信贷、绿色债券、绿色信托等所占比重相对较小，而一些比重较大的也有"数字游戏"之嫌。三是责任消费的缺失。社会公众普遍认为企业履行社会责任理所当然，但很多公众在自身进行生活消费时，不仅在经济利益计算之下摒弃了"责任消费"追求，而且经常出现奢靡生活、过度消费的现象，完全不符合可持续消费的要求。四是责任教育的缺失。无论是大学之前的教育，还是大学及之后的教育，普遍都缺乏人对社会承担责任的教育。五是责任公民的缺失。人们经常指责某些企业缺乏诚信、丧失道德，但一些社会公众同样没能成为一个"好公民"，"道德危机"现象大行其道，"诚信缺失"现象屡见不鲜。不严于律己在社会上之所以普遍出现，主要是包括中国在内的许多发展中国家公民社会起步较晚，加之受到一些正在经历深刻变化的社会思潮和社会观念的影响，传统的生活方式、消费习惯、教育模式和投资理念很难在短时间内完全改变。

不严于律己反映出企业履行社会责任的重要推动力量即公民社会的发展

仍然很不成熟，人们倾向于对企业要求和自我约束采取双重标准，企业履行社会责任的外部环境并不是"想象得那么好"。客观上讲，除了制度约束和道德自律外，责任采购、责任投资、责任消费对企业履行社会责任形成了重要的市场选择机制，但不严于律己本质上破坏了这一市场选择机制，企业履行社会责任的治理失去了一根重要的支柱，甚至可能引发企业的逆向选择。不严于律己所带来的危害是显而易见的：从企业来看，责任采购的缺失、责任投资的缺失、责任消费的缺失、责任教育的缺失和责任公民的缺失，意味着企业履行社会责任处于一个极度不利的外部环境中，外部环境不仅无法为企业履行社会责任提供"营养补给"，而且可能对企业履行社会责任形成障碍。企业从履行社会责任的动机机制上难以自然获得"合法性"，而诸如"共享价值"式、战略性企业社会责任的社会责任履行模式创新也可能无法达到预期的效果。从社会来看，责任采购的缺失、责任投资的缺失、责任消费的缺失、责任教育的缺失和责任公民的缺失，实际上都可能带来社会资源的浪费，都不符合可持续发展的目标要求，都是对社会进步的一种阻碍。因此，无论是为了推动企业社会责任生态系统的持续健康发展，还是为了整个社会的可持续发展，都需要多措并举地推动各个社会主体走出"不严于律己"的陷阱，提升责任意识，落实责任行为，形成责任氛围，做到责任采购、责任投资、责任消费和责任教育，成为负责任的好公民。

参考文献

［1］Anderson J. , Markides C. Strategic innovation at the base of the pyramid ［J］. Mit Sloan Management Review, 2007, 49 （1）: 83 – 88, 93.

［2］Bagnoli M. , Watts S. G. Selling to socially responsible consumers: Competition and the private provision of public goods ［J］. Journal of Economics & Management Strategy, 2003, 12 （3）: 419 – 445.

［3］Baron D. P. Private politics, corporate social responsibility, and integrated strategy ［J］. Journal of Economics & Management Strategy, 2001, 10 （1）: 7 – 45.

［4］Beck U. Politics of risk society ［J］. The Politics of Risk Society, 1998: 9 – 22.

［5］Beck U. World risk society ［M］. Polity Press, 1999.

［6］Buchholz et al. Enterprise management ［M］. Claendon Press, 1989.

［7］Buchholz R. A. Adjusting corporations to the realities of public interests and policy ［J］. Strategic Issues Management, 1988: 50 – 72.

［8］Burke L. , Logsdon J. M. How corporate social responsibility pays off ［J］. HR Magazine, 1996, 29 （4）: 495 – 502.

［9］Bruyaka O. , Zeitzmann H. K. , Chalamon I. , et al. Strategic corporate social responsibility and orphan drug development: Insights from the US and the EU biopharmaceutical industry ［J］. Journal of Business Ethics, 2013, 117 （1）: 45 – 65.

［10］Chase. Public affairs council ［M］. Westview Press, 1978.

［11］Carroll A. B. A three – dimensional conceptual model of corporate performance ［J］. Academy of Management Review, 1979, 4 （4）: 497 – 505.

［12］Coombs W. T. Ongoing crisis communication: Planning, managing, and responding ［M］. Sage Publications, 2014.

［13］Crable R. E. , Vibbert S. L. Mobil's epideictic advocacy： "Observations" of prometheus bound ［J］. Public relations inquiry as rhetorical criticism： Case studies of corporate discourse and social influence, 1995： 27 – 46.

［14］Davis K. Can business afford to ignore social responsibilities? ［J］. California Management Review, 1960, 2（3）： 70 – 76.

［15］Drucker P. F. Converting social problems into business opportunities： The new meaning of corporate social responsibility ［J］. California Management Review, 1984, 26（2）： 53 – 63.

［16］Du S. , Bhattacharya C. B. , Sen S. Maximizing business returns to corporate social responsibility（CSR）： The role of CSR communication ［J］. International Journal of Management Reviews, 2010, 12（1）： 8 – 19.

［17］Fassin Y. , Van Rossem A. , Buelens M. Small-business owner-managers' perceptions of business ethics and CSR – related concepts ［J］. Journal of Business Ethics, 2011, 98（3）： 425 – 453.

［18］Grunig J. E. , Hunt T. Managing public relations ［M］. New York： Holt, Rinehart and Winston, 1984.

［19］Hart S. , Prahalad C. K. The fortune at the bottom of the pyramid ［J］. Strategy + Business, 2002, 26（1）： 54 – 67.

［20］Heath R. L. , Cousino K. R. Issues management： End of first decade progress report ［J］. Public Relations Review, 1990, 16（1）： 6 – 18.

［21］Husted B. W. , Allen D. B. Strategic corporate social responsibility and value creation among large firms： Lessons from the Spanish experience ［J］. Long Range Planning, 2007, 40（6）： 594 – 610.

［22］Jamali D. , Mirshak R. Corporate social responsibility（CSR）： Theory and practice in a developing country context ［J］. Journal of Business Ethics, 2007, 72（3）： 243 – 262.

［23］James J. Brummer. Corporate responsibility and legitimacy ［M］. Greenwood Press, 1991.

［24］Jones B. L. , Chase W. H. Managing public policy issues ［J］. Public Relations Review, 1979, 5（2）： 3 – 23.

［25］Kasperson R. E. , Renn O. , Slovic P. , et al. The social amplification of risk： A conceptual framework ［J］. Risk Analysis, 1988, 8（2）： 177 – 187.

［26］ Lantos G. P. The boundaries of strategic corporate social responsibility ［J］. Journal of Consumer Marketing, 2001, 18 (7): 595 – 632.

［27］ Levitt T. The danger of social responsibility ［J］. Harvard Business Review, 1958, 36 (5): 41 – 50.

［28］ Matten D., Moon J. "Implicit" and "explicit" CSR: A conceptual framework for a comparative understanding of corporate social responsibility ［J］. Academy of Management Review, 2008, 33 (2): 404 – 424.

［29］ Mc Williams A., Siegel D. Corporate social responsibility: A theory of the firm perspective ［J］. Academy of Management Review, 2001, 26 (1): 117 – 127.

［30］ McWilliams A., Siegel D. S. Creating and capturing value: Strategic corporate social responsibility resource – based theory and sustainable competitive advantage ［J］. Journal of Management, 2011, 37 (5): 1480 – 1495.

［31］ Midttun A. Strategic CSR innovation: Serving societal and individual needs ［R］. BI Norwegian School of Management's Research Reports, 2009.

［32］ Moore J. F. The death of competition: Leadership and strategy in the age of business ecosystems ［J］. Ecosystems, 1996.

［33］ Nelson R. A., Heath R. L. A systems model for corporate issues management ［J］. Public Relations Quarterly, 1986, 31 (3): 20 – 24.

［34］ Porter M. E., Kramer M. R. The big idea: Creating shared value. How to reinvent capitalism and unleash a wave of innovation and growth ［J］. Harvard Business Review, 2011, 89 (1 – 2): 62 – 77.

［35］ Porter M. E., Kramer M. R. The competitive advantage of corporate philanthropy ［J］. Harvard Business Review, 2002, 80 (12): 56 – 68.

［36］ Porter M. E., Kramer M. R. The link between competitive advantage and corporate social responsibility ［J］. Harvard Business Review, 2006 (12): 78 – 92.

［37］ Porter M. E., Kramer M. Creating shared value: Redefining capitalism and the role of the corporation in society ［J］. Harvard Business Review, 2011 (1).

［38］ Prahalad C. K. The fortune at the bottom of the pyramid, philadelphia ［M］. Wharton School Publishing, 2005.

［39］Porter M. E. , Kramer M. R. The link between competitive advantage and corporate social responsibility ［J］. Harvard Business Review, 2006（12）: 78 – 92.

［40］R. Ackerman, R. Bauer. Corporate social responsiveness: The modern dilemma ［M］. Reston Press, 1976.

［41］Renn O. , Burns W. J. , Kasperson J. X. , et al. The social amplification of risk: Theoretical foundations and empirical applications ［J］. Journal of Social Issues, 1992, 48（4）: 137 – 160.

［42］Renn O. , Klinke A. , Van Asselt M. Coping with complexity, uncertainty and ambiguity in risk governance: A synthesis ［J］. Ambio, 2011, 40（2）: 231 – 246.

［43］Sethi S. P. Dimensions of corporate social performance: An analytical framework ［J］. California Management Review, 1975, 17（3）.

［44］Sekhar Bhattacharyya S. Exploring the concept of strategic corporate social responsibility for an integrated perspective ［J］. European Business Review, 2010, 22（1）: 82 – 101.

［45］Wilson I. The social responsibility of technology based corporations［J］. Journal of the Franklin Institute, 1975, 300（2）: 129 – 137.

［46］Wartick S. L. , Cochran P. L. The evolution of the corporate social performance model ［J］. Academy of Management Review, 1985, 10（4）: 758 – 769.

［47］Wood D. J. Corporate social performance revisited ［J］. Academy of Management Review, 1991（16）: 691 – 718.

［48］陈颖. 基于扎根理论的社会企业战略模式研究 ［J］. 福建商业高等专科学校学报, 2014（2）: 1 – 9.

［49］杜慕群. 管理沟通 ［M］. 北京: 清华大学出版社, 2009.

［50］郭惠民, 廖为建, 格鲁尼格. 关于公共关系学若干基本问题的国际对话 ［J］. 国际关系学院学报, 2000（1）: 37 – 44.

［51］胡百精. 公关、对话及其可能性——从三鹿奶粉看公关的价值前提 ［J］. 国际新闻界, 2008（10）: 23 – 27.

［52］胡晓云. "品牌"定义新论 ［J］. 品牌, 2016（2）: 26 – 32.

［53］胡亦玺, 丁伟斌, 郭化林. 资产全寿命周期管理: 内在机理与全景

式展现［J］．财会月刊，2015（9）：92－95.

［54］黄合水．品牌建设精要［M］．厦门：厦门大学出版社，2004.

［55］李书华．电动汽车全生命周期分析及环境效益评价［D］．吉林大学博士学位论文，2014.

［56］李伟阳，肖红军．基于管理视角的企业社会责任演进与发展［J］．首都经济贸易大学学报，2010（5）：61－69.

［57］李伟阳，肖红军．企业社会责任的逻辑［J］．中国工业经济，2011（10）：87－97.

［58］李伟阳，肖红军．全面社会责任管理：新的企业管理模式［J］．中国工业经济，2010（1）：114－123.

［59］李伟阳，肖红军．走出"丛林"：企业社会责任的新探索［M］．北京：经济管理出版社，2012.

［60］李伟阳．基于企业本质的企业社会责任边界研究［J］．中国工业经济，2010（9）：89－100.

［61］刘文彬．基于效率内涵的企业社会责任边界假说［J］．科技进步与对策，2007，24（11）：135－138.

［62］刘晓明．基于生命周期评价的建筑碳减排对策研究［D］．河北工程大学硕士学位论文，2012.

［63］卢代富．国外企业社会责任界说述评［J］．现代法学，2001，23（3）：137－144.

［64］闵庆飞，王莎莎，李源．基于社会化媒体的沟通管理研究［J］．预测，2013，32（2）：1－6.

［65］彭雪蓉，刘洋．战略性企业社会责任与竞争优势：过程机制与权变条件［J］．管理评论，2015，27（7）：156－167.

［66］琼克，维蒂．企业社会责任管理模型［M］．李伟阳，肖红军等译．北京：经济管理出版社，2012.

［67］苏晓东．720°品牌管理：概念与应用［M］．北京：中信出版社，2002.

［68］王长波，张力小，庞明月．生命周期评价方法研究综述——兼论混合生命周期评价的发展与应用［J］．自然资源学报，2015，30（7）：1232－1242.

［69］王京京．国外社会风险理论研究的进展及启示［J］．国外理论动

态，2014（9）：95－103．

［70］王水嫩，胡珊珊，钱小军．战略性企业社会责任研究前沿探析与未来展望［J］．外国经济与管理，2011（11）：57－64．

［71］吴晓波，姜雁斌等．包容性创新理论框架的构建［J］．系统管理学报，2012，21（6）：736－747．

［72］肖红军，李伟阳，许英杰．企业社会责任评价研究：反思、重构与实证［M］．北京：经济管理出版社，2014．

［73］肖红军，王晓光，李伟阳．中国上市公司社会责任能力成熟度报告（2015）［M］．北京：社会科学文献出版社，2015．

［74］肖红军，许英杰．企业社会责任评价模式的反思与重构［J］．经济管理，2014（9）：67－78．

［75］肖红军，郑若娟，李伟阳．企业社会责任的综合价值创造机理研究［J］．中国社会科学院研究生院学报，2014（6）：21－29．

［76］肖红军．共享价值、商业生态圈与企业竞争范式转变［J］．改革，2015（7）：129－141．

［77］余澳，朱方明，钟芮琦．论企业社会责任的性质与边界［J］．四川大学学报：哲学社会科学版，2014（2）：78－84．

［78］俞舟．迅达公司战略型企业社会责任项目评价研究［D］．上海外国语大学硕士学位论文，2014．

［79］袁纯清．共生理论：兼并小型经济［M］．北京：经济科学出版社，1998．

［80］周国银．你的企业社会责任有多成熟？［J］．社会与公益，2012（7）：72－73．

［81］周鸿祎．欢迎来到微创新时代！［J］．中外管理，2010（11）：51．

［82］周青，吴云，方刚等．新常态下企业微创新的特征与类型［J］．科学学研究，2015，33（8）：1232－1239．

［83］资雪琴．基于品牌价值观的高校品牌管理研究［D］．东华大学博士学位论文，2014．